팀장의 성과관리

# 팀장의 성과관리

**초판 1쇄 인쇄일**   2014년 5월 15일
**초판 3쇄 발행일**   2018년 1월 10일

**지은이**      이동근
**펴낸이**      최길주

**펴낸곳**      도서출판 BG북갤러리
**등록일자**    2003년 11월 5일(제318-2003-000130호)
**주소**        서울시 영등포구 국회대로72길 6, 405호(여의도동, 아크로폴리스)
**전화**        02)761-7005(代)
**팩스**        02)761-7995
**홈페이지**    http://www.bookgallery.co.kr
**E-mail**     cgjpower@hanmail.net

ISBN 978-89-6495-066-1 03320

이 도서의 국립중앙도서관 출판시도서목록(CIP)은 e-CIP홈페이지(http://www.nl.go.kr/ecip)
와 국가자료공동목록시스템(http://www.nl.go.kr/kolisnet)에서 이용하실 수 있습니다.
(CIP제어번호 : CIP2014013931)

# 팀장의
# 성과관리

이동근 지음

**BG** 북갤러리

# 성과관리를 성공하기 위해서는
# 새로운 시각의 접근이 필요하다

새로운 것을 찾고, 연구하고, 개발하는 것은 언제나 즐거운 일이다. 나아가 그 결과를 세상에 내놓아 많은 사람들이 공유하고, 다른 이들에게 도움을 준다는 생각은 더 큰 즐거움이자 보람이다. 내 첫 번째 저서인 《연봉제의 원리》가 세상에 나온 지 5년이 지난 요즈음도 꾸준히 찾아 주는 사람이 있고, 내 책을 읽은 인사담당자들에게 도움이 되었다는 응답은 또 다른 책 쓰기를 독려하고 어려운 작업을 지속하게 하는 원동력이 된다.

내 직장 경력의 대부분을 쌓아 온 인사관리 분야에서 컨설팅을 시작했고, 그보다 조금 늦게 시작한 성과관리에 관한 컨설팅도 벌써 약 5년의 경력이 쌓였다. 최초의 성과관리 컨설팅 경험은 직원 약 20명의 회사의 사장께서 "우리 직원들이 늘 시키는 일만 하는데 스스로 알아서 하는 방법을 찾아 주시라"는 요구에서 시작되었다. '직원들이 스스로 알아서 일을 하는 방법'이라는 것이 직원들 스스로 할 일을 찾고, 그 일을 열심히 할 수 있도록 하는 것인 바, 그 해답은 결국 성과관리에서 찾을 수밖에 없었다. 성과관리에서 목표설정은 성과관리의 출발이자 가장 중요한 단계이다. 외부 컨설턴트로서, 직원들의 업무에 깊이 개입하여 개인의 목표설정을 코치하는 일은 그때까지 내가 쌓아온 모든 경력과 역량을 쏟아 부어야 하는 지극히 도전적인 작업이었다. 직원 1명에 대해 적어도 4시간 이상의 대화와 토론을 거친 후에 비로소 목표다운 목표, 사장이 바라는 목표, 구체적인 목표가 도출되었다.

　이후 여러 기업에서 수십 명이 넘는 팀장의 목표설정을 코치하면서 중견·중소기업 직원들의 일하는 모습, 일하는 내용과 방법을 체득하고, 또한 이들에 대한 CEO의 애로와 답답함을 이해하게 되었다. 직원들이 일하는 모습의 문제점, CEO가 느끼는 답답함의 정체는 바로 직원들이 '일다운 일'을 하지 않고 그저 해 오던 대로, 별로 중요하지 않은 일에 매달려 있고, 정작 중요한 일은 CEO가 시키지 않으면 하지 않는다는 것이었다. 이 문제를 해결하는 유일한 방법이 바로 성과관리이고, 특히 일다운 일을 찾아서 목표로 설정하는 일이었다. 팀장 개개인과 수 시간에 걸친 토론과 협의 끝에 비로소 명확하게 나타나는 일다운 일, 목표다운 목표는 그 자체로서 팀장의 의욕을 한껏 고무시켰고, 팀장의 목표를 보고 받는 CEO 또한 대단히 만족하였다. "그래, 이것이 바로 내가 바라는 일입니다. 올해 적어도 이것만은 반드시 달성하도록 합시다!" 비록 항상 그런 것은 아니지만 팀장 한 사람, 한 사람에게 일다운 일을 찾게 하고 일하는 방법을 지도하는 일은 하나의 작은 감동이었고 컨설턴트로서 기업의 발전에 기여한다는 보람을 느끼게 해주었다. 그렇게 해서 출판을 결심한 것이 바로 나의 두 번째 책인 《일다운 일을 하게 하라》였다.

이후 성과관리 컨설팅에 본격적으로 매진하면서 더 많은 기업에서 성과관리의 사례를 접하게 되었다. 이후의 경험은 성과관리를 새로 도입하는 회사가 아닌, 이미 성과관리를 운영하고 있는 중견기업이 대부분이었다. 성과관리를 운영하고 있는 제법 규모가 있는 기업에서 느끼는 공통된 문제점은 회사 담당부서나 목표를 추진하는 팀장들이 연초에 공들여 설정한 목표가 결코 팀장들의 업무로, 목표 달성을 위한 노력으로 연결되지 않는다는 것이었다. 이 책의 본문에서 표현한 대로 '목표 따로, 업무 따로'의 문제를 겪고 있는 것이었다. 여기서 다시 한 번 컨설턴트로서 고민이 시작되었다.
'어떻게 팀장들의 성과 목표와 본인의 업무를 일치시킬 것인가?' 이것은 바로 이 책의 주제인 동시에 이 책을 쓰게 된 동기이기도 하다.

왜 많은 시간을 들여서 어렵게 만든 목표가, 팀장들이 1년 동안 최선을 다해 노력해서 달성해야 하는 대상이 되지 못할까? 그렇다면 인터넷을 통해 쉽게 검색되는 수많은 성과관리 사례는 무엇이란 말인가? 또한 컨설팅 현장에서 팀장의 목표로서 가장 흔히 나타나는 영업팀장의 매출 목표, 생산팀장의 납기 준수, 품질관리팀장의 품질 개선 목표는 무엇이며, 이런 목표들이 팀장의 상사로서 임원과 CEO 그리고 팀장 본인에게는 어떤 기능을 할 것인가?

이 문제를 고민하고 해결방안을 찾는 데 다시 2년이 흘렀고 그간의 고민 끝에 내린 결론은 바로 다음과 같은 내용이었다.

"팀장을 비롯한 직원들의 성과를 '평가'할 목적으로, 매출액이나 품질 불량률, 납기 준수율과 같은 평가지표를 나열하는 것만으로는 결코 이들의 성과를 향상시키는 데 도움이 되지 않는다."

나아가 직원들의 성과를 올리기 위해서는, 매출을 올리고, 품질 불량률을 낮추고, 납기 준수율을 올리기 위한 구체적인 과제를 찾아서 실행하도록 하는 것만이 유일한 해결방안이라는 결론에 이르렀다.

많은 중견·중소기업에서 시행되는 팀장의 성과관리의 문제점과 이를 해결하는 올바른 방법을 논리적으로 설명하기 위해, 성과관리에 관한 지금까지 아무도 사용하지 않았던 전혀 새로운 용어들을 개발하고, 개념을 정리하고, 이것들을 엮어 새로운 팀장의 성과관리의 방법을 서술하는 작업은 참으로 보람 있는 시간이었다.

이 책에는 회사의 CEO도, 임원도 아닌, 팀장의 성과를 관리하는 방법이 담겨 있다. 팀장의 목표는 어떤 모습으로 설정되어야 하며, 또한 팀장은 팀원들의 목표를 어떻게 설정해 줄 것인가에 관한 내용이다.

팀장이란 조직에서 어떤 사람인가? 팀장은 회사의 전략이나 방침을 수립하는 사람(CEO)도 아니고 회사의 방침에 따라 업무의 방향을 가리키는 사람(임원, Director)도 아닌, 전략이나 방침 달성을 위해 특정한 과제를 수행하는 '실행자'이다. 팀장은 수많은 과제를 몸과 발로 실행함으로써 회사의 경영 목표 달성에 기여한다. 따라서 수많은 과제를 실행하는 것, 이것이 바로 팀장의 임무이다.

그러므로 팀장들이 실제로 목표에 매진하여 성과를 올리게 하는 방법은 바로, 조직의 성과 향상에 기여하는 핵심적이고 구체적인 과제를 찾아서 그 과제가 지향하는 KPI와 함께 목표로 설정하고 실행을 독려, 지원하는 것이다.

이 책이 회사의 직원들께는, 내 업무에 관한 '일다운 일'을 찾고 실행력을 높이는 데 실질적인 도움이 되고, CEO에게는 직원들의 업무관리와 회사의 경영관리에 영감을 제공함으로써, 더 좋은 회사, 발전하는 회사라는 CEO와 직원 모두의 염원을 달성하는 데 일조하게 될 것으로 기대한다.

'팀장의 성과관리'라는 책의 주제를 정한 이후 수십 차례의 토론을 통해, 복잡하게 얽힌 문제에 대해 생각의 가닥을 잡아주고, 해결방안에 대한 아이디어를 제공하고, 내용 정리에 있어 논리적인 결함을 지적하고 바로 잡는 데 도움을 준 ㈜피앤피퍼스트의 컨설턴트들, 김완수 수석, 김남형 수석, 김명수 수석, 그리고 마지막 탈고 과정에서 새로운 시각으로 전체 내용의 편집에 도움을 준 이기석 후배에게 감사의 말씀을 전한다.

2014년 4월

이동근

## 제3부 과제실행과 성과평가

### 제12장 실행과 중간점검 / 327

### 제13장 성과의 평가와 보상 / 347

### 제14장 집단평가와 보상 / 379

# 제1부

# 성과관리란 무엇인가?

# 제1장
# 성과관리의 현주소

## 1. 성과관리에 대한 반성

### (1) 성과관리의 문제점

1990년대 초무렵 목표관리(MBO, Management by Object)라는 이름으로 국내에 소개된 성과관리는 1998년의 외환위기 사태를 겪으면서 2000년대 초부터 대기업을 중심으로 본격 도입, 확산되었다. 이와 함께 2002년 참여정부의 정부기관 혁신, 공공기관의 경영성과평가와 더불어 균형성과지표(Balanced Score Card)에 의한 성과관리가 공공부문에 광범위하게 확산되었다. 나아가 2010년대에 들어서면서 중견기업을 비롯하여 어느 정도 규모를 갖춘 중소기업에서도 성과관리를 도입, 운영하거나 도입하려 하고 있다.

하지만 기업이 처음으로 도입하는 최신 설비나 공정, ERP 등이 그렇듯이, 경영관리의 도구로서 성과관리 또한 새로 도입, 시행한 이후 그것이 순조롭게 정착되어 도입 본연의 목적인 '개인이나 조직의 성과 향상'에 기여하도록 하는 데는 많은 애로를 겪고 있는 실정이다.

다음은 국내에 성과관리가 도입된 지 약 10년이 지난 2007년에 조사한 〈성과관리 도입 보고서〉에 나타난 성과관리 시행상의 문제점을 요약한 것이다.

- KPI에 대한 조직 내 공유 부족
- 정성적 지표의 객관적인 관리방안 미흡
- 비재무지표의 무리한 계량화
- 목표 수준에 대한 합리적인 근거 부족
- 전사적인 성과지표와 단위 조직의 성과 불일치
- 실적 조작 및 보고 회피 경향
- 전산시스템 미비로 성과지표관리를 위해 수작업(데이터 입출력)이 너무 많음.
- 성과지표의 변경을 전산시스템이 충분히 따라가지 못함.

출처 : 인터넷, 대기업 및 금융기관의 BSC 도입사례에 관한 컨설팅기관 보고서

이런 내용과는 별도로 실제 성과관리를 운영하고 있는 회사에서 팀장들이 느끼는 문제점은 대략 다음과 같다.

- 연초 목표설정에 많은 시간을 투입하지만 시간이 지나면서 '목표 따로, 업무 따로'가 된다.
- 전사 또는 다른 팀과 공동책임이 있는 목표라서 별로 신경을 안쓴다.
- 일하기도 바쁜데 쓸데없는 페이퍼 워크에 너무 시간을 뺏긴다.
- 관리를 위한 관리에 지나지 않는다.
- KPI의 정량화, 측정에 시간이 많이 소요된다.

또한 사장의 입장에서는 성과관리에 대해 다음과 같은 애로를 토로
한다.

- 수년간 시간을 들여서 관리는 하는데 실제 지표(성과)는 좋아지지 않는다.
- 직원들이 목표를 세워 오기는 하지만 늘 비슷하고 별로 임팩트 있는 게 없다.
- 관리지표를 설정한다고 하지만 실제로 집계된 실적은 별로 믿을 게 못 된다.

마지막으로 회사 내에서 성과관리를 주관하는 팀(주로 기획팀)에서
는 다음과 같은 문제를 이야기한다.

- 팀장들이 목표를 다 달성했는데도 불구하고 회사의 전체 목표는 달성이 안
  된다.
- 팀장들이 제안하는 목표의 수준은 차이가 있다. 달성하기 어려운 목표도 있
  고 쉬운 목표도 있다. 이것을 어떻게 잡아야 하나?
- 연초 수차례의 팀장 워크숍 등을 통해 설정된 목표가 목표로서 팀장들의
  실제 행동에 이어지지 못한다.
- 직원들의 성과평가를 상사가 하지만 평가의 객관성(정확성)에 대해서는
  검증할 방법도 없고, 별로 믿음이 안 간다.

(2) 성과관리를 도입하는 목적

다음은 최근 성과관리를 도입하려는 어느 지방자치단체의 컨설팅
입찰공고 내용이다. 공고의 내용을 보면 성과관리를 도입하려는 배경
과 목적이 가장 교과서적으로 잘 드러나 있다.

## 가. 추진 배경

- 급변하는 외부 환경 변화에 능동적으로 대응하고 지역 주민의 삶의 질을 높여 우리 지역의 임무와 중·장기목표를 달성하기 위한 효율적이고 객관적인 성과관리체계시스템 구축 필요
- 시정의 전반적인 흐름을 시장(또는 부시장)이 조직 전체를 한눈에 보고 조정·관리할 수 있는 시스템 필요

## 나. 추진 목적

- 성과관리체계, 즉 미션 및 비전과 전략 목표, 성과 목표와 지표, 평가체계 등을 고려한 성과관리시스템을 구축하여 목표 지향적 정책 운영
- 조직의 비전 달성과 효율적인 조직 관리, 성과에 대한 평가와 보상체계의 정립으로 평가 결과를 정책에 환류. 인사와 보수에 반영함으로써 성과 중심의 조직문화 구축
- 지표 및 이행과제에 대한 관리. 추진평가를 시스템화하여 실시간 모니터링으로 전략적인 조직운용에 의한 목표를 달성하여 지역 시민의 고객 만족도를 증진시키고자 함.

  (공고를 낸 단체를 파악할 수 없도록 일부 내용을 삭제, 수정하였다.)

또 하나의 사례로서 주로 1990년대 말에 금융기관을 포함한 여러 대기업의 도입 배경과 목적을 보자.

- 전사 BSC 지표 개발을 통해 전사 차원의 전략을 공유하고, 이를 중심으로 가치사슬 및 프로세스를 재구축하여 고객대응능력을 강화함.
- 전사 전략의 실행을 수시 점검하고 책임경영을 실시할 수 있는 경영체계 확립

- 균형성과지표를 도출하고, 이를 중심으로 계열사 사장 및 본부장 중심으로 경영회의를 통해 성과를 평가하고 성과 향상을 위한 Action Item을 도출하여 실행을 독려함.
- 균형성과지표를 통하여 사업부간의 역할과 성과평가의 기준으로 활용함.

이상의 2가지 사례에서 표현하고 있는 성과관리의 도입 목적을 정리하면 다음과 같다.

- 최고 책임자(CEO, 시장)가 단위조직의 성과를 한눈에 파악, 조정, 관리
- 전략 목표의 설정 및 공유, 책임 경영을 통한 성과의 향상
- 조직의 전략적인 목표를 달성하여 고객 만족도 증진
- 성과에 따른 보상, 목표 지향적인 업무수행을 통한 성과주의 조직 문화 구축

성과관리체계를 시행하거나 도입하려는 많은 회사나 공공기관의 목적 또한 이와 크게 다르지 않으며, 이는 성과관리의 본래 목적 그 자체라 할 것이다. 성과관리의 궁극적인 목적은, 이런 저런 표현에도 불구하고 한마디로 '조직의 목표 달성'이거나 '성과 향상' 그 이상도 이하도 아니다.

많은 회사에서 시행하는 성과관리의 기본적인 모습은 대략 다음과 같다.

"연초에 먼저 회사 전체의 경영 목표와 전략과제를 설정한 후, 각 하

부 조직은 전사 목표를 달성하기 위해 각각의 성과 목표를 설정하고, 이어서 개인단위까지 성과 목표를 설정한다. 이후 정기적으로 목표 대비 실적을 점검, 관리하고 연말에 성과를 측정하고 평가하여 보상(연봉 등)에 반영한다."

이러한 성과관리체계를 구축하고 실행하기 위해, 여력이 있는 회사나 공공기관들은 균형성과표(BSC, Balanced Score Card)에 근거한 성과지표를 설정하고 실적관리를 위해 ERP 등을 구축하는 데 많은 투자를 하고 있다(참고로 위에서 예로 든 지방자치단체의 경우, 이 비용으로 2억 원의 입찰금액을 공시하였다). 또한 중소기업에서도 굳이 전산시스템까지는 아니더라도, 경영진과 팀장들은 매년 목표설정과 실행관리, 성과평가에 많은 시간과 노력을 투입하고 있다. 하지만 과연 성과가 기대한 만큼 올라가는가? 또는 연초에 목표로 설정한 성과지표를 조직책임자나 직원들이 달성해 내는가? 이에 대한 답은 '별로 그렇지 않다'이거나, 오히려 지나친 페이퍼 워크로 인하여 직원들의 바쁜 시간만 갉아먹는다는 것이다. 물론 성과관리를 성공적으로 시행하여 기대한 만큼 성과를 창출하는 회사도 있겠지만, 마찬가지로 많은 기업에서 성과가 미흡하거나 부작용에 직면하고 있는 것 또한 성과관리의 현 주소이다. 왜 이런 일이 생기는 것인가?

## 2. 성과관리가 성과를 내지 못하는 이유

(1) 성과관리를 바라보는 CEO의 생각

성과관리에 관한 컨설팅 결과로서 전조직 차원의 전략지표가 설정되고, 또 부문의 성과지표가 결정되면 최고 책임자는 이러한 성과지표를 한눈에 파악하고 관리할 수 있는 도구가 필요하다. 대기업이나 공기업, 정부조직 등 대규모 조직에서 성과관리 컨설팅의 최종 결과물로 나타나는 것, 이것이 바로 일명 '대시 보드(Dash Board)'라고 하는 것이다. 이는 자동차를 운전할 때 운전자가 필수적으로 알아야 할 차의 주행 속도, 엔진 회전 수, 유류 잔량 등을 표시하는 계기판과 같은 역할을 한다는 의미에서 그 이름을 차용한 것이다. 이 대시 보드를 통해 조직의 최고책임자는 매출이나 손익 등 조직의 성과지표에 관한 실적을 말 그대로 실시간으로 파악할 수 있다. 또한 좀 더 프로그램 개발에 돈을 들인다면, 문제가 있는 항목을 클릭하면 그와 관련된 각 단위 조직의 하위 지표들과 실적을 한눈에 파악하고, 목표에 미달된 성과지표에 관해 책임자를 불러 이유를 묻고 대책을 수립할 수 있을 것이다. 이런 의미에서 대시 보드는 성과관리의 외형적인 의미에서 가장 발전된 모습이라 할 것이다.

앞 페이지에 소개한 지방자치단체장이 바라는 것 - 시정의 전반적인 흐름을 시장(또는 부시장)이 조직 전체를 한눈에 보고 조정·관리할 수 있는 시스템 - 이 바로 정확히 이것이다.

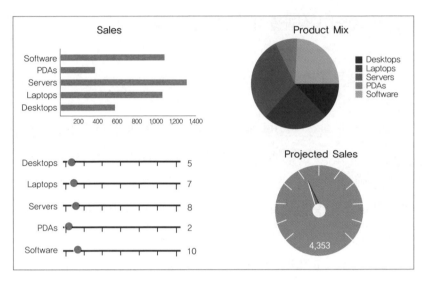

〈그림 1-1〉 대시 보드 사례

경영자 정보시스템

| Highlight | 성과관리 | 업무현황 | 고객현황 | 재무현황 | 리스크관리 | 인사관리 |
|---|---|---|---|---|---|---|
| 경영요약정보 | 전략맵 | 참가자 및 종목현황 | 외부고객만족도 | 손익현황 | 재무리스크 | 인사통계 |
| 금융시장지표 | KPI현황 | 발행업무 | 내부고객만족도 | 자금현황 | 운영리스크 | 연수현황 |
| 임원회의자료 | 경영지표 파악 | 예탁업무 | 고객현황 | 대차대조표 | 법적리스크 | 인사기록정보 |
| CEO지시사항 | 사업진척도관리 | 결제업무 | 핵심고객현황 | 재무비율분석 | | |
| 대외기관자료 | 경영평가 | 담보(파셍)업무 | 대외기관인적정보 | | | |
| MOU 정보 | | 국제업무 | | | | |
| | | 펀드업무 | | | | |

〈그림 1-2〉 금융회사의 대시 보드

얼마나 멋진가? 조직의 최고책임자라면 누구나 탐낼 만한 경영의 도구로서 대시 보드는, 대규모 조직에서 실제로 ERP라는 전산 프로그램을 통하여 조직의 성과를 실시간으로 보여 주고 있다.

## (2) 팀장의 목표설정서

성과관리를 시행하기 위해서 연초에 조직 또는 개인 단위로 목표를 일정한 양식에 기재한 목표설정서를 작성한다. 한 해 동안 달성하여야 할 성과지표와 목표수준을 서면으로 명기한 것으로, 그 명칭은 목표설정서 외에 KPI설정서, BSC계획서 등으로 다양하게 표현되고 있다.

〈표 1-1〉은 중견회사의 목표설정서이다. 이 회사는 전기·전자 제품을 제조하는 회사로 약 5년 동안 성과관리를 시행해 왔으나, 여전히 투입되는 노력에 비해 기대한 만큼의 성과를 내지 못하고 있는 상황에서 나에게 컨설팅을 의뢰한 회사이다.

〈표 1-1〉 A사의 생산팀 목표설정서

| KPI 구분 | KPI 세부사항 | | 단위 | 배점 | 작년 실적 | 올해 목표 |
| --- | --- | --- | --- | --- | --- | --- |
| | 지표명 | 계산식 | | | | |
| 사업부 공유지표 | 사업부 영업이익 | 영업이익 | 억 원 | 20 | 40억 원 | 50억 원 |
| 팀 성과지표 | 월 생산계획 대비 달성률 | 생산실적/생산계획× 100 | % | 10 | 98% | 100% |
| | 적정재고 유지율 (제품&상품) | 재고실적금액/재고계 획금액×100 | 백만 원 | 10 | 12억 원 | 10억 원 |
| | 원가절감(TCM) | TCM 금액산출 | 백만 원 | 10 | 8천만 원 | 1억 원 |
| | 가동률(직진율) | 가동시간/부하시간× 100 | % | 10 | 65% | 70% |

먼저 사업부 영업이익이라는 지표는 생산팀을 포함한 사업부 공통의

성과지표로서 문제가 있지만 일단 이대로 넘어가자.

두 번째 지표는 월 생산계획 달성률을 작년도 98%이던 것을 올해는 100%로 끌어 올려보자는 지표이다.

세 번째 지표는 적정재고 유지를 위해 전년도 12억 원이던 제품 재고를 올해는 10억 원으로 줄여보겠다는 의도이다.

다섯 번째 지표는 제조비용 절감이다.

네 번째 지표는 가동률로서 작년 65%의 가동률을, 올해는 약 70% 정도로 가져가 보겠다는 것이다.

또 하나의 사례로서 〈표 1-2〉를 보자. 이 사례는 전자부품 제조업체로 코스닥에 상장한 중견기업이다. 최근 2년 동안 성과관리를 도입, 시행하고 있는 회사이다(전년 실적과 올해 목표 수치는 삭제했다).

### 〈표 1-2〉 B사의 생산팀 목표설정서

| 구분 | KPI | 산식 | 11년 실적 | 12년 목표 | 배점 |
|---|---|---|---|---|---|
| 생산실적 달성률 | 생산계획 대비 생산 실적 달성도 | 생산실적/생산계획X100 | 85% | 90% | 20 |
| 설비효율 | 종합설비 효율 | 가동률X직행률 | | | 20 |
| 품질 부적합률 | 품질 부적합률 | (부적합 대수/생산 대수)/100 | | | 20 |
| 인당 생산성 | 인당·시간당 생산량 | 생산량/생산직 총 근무시간X100 | | | 10 |
| | 인건비 대비 생산성 | 인건비/(생산수량X품목별 판가)X100 | | | 10 |
| 재고비용 절감 | 재공품률 | (재공금액/총 투입자재 금액)/100 | | | |
| | 불용자재율 | (불용자재 금액/반기입고금액)X100 | | | |

앞의 사례와 거의 비슷하다.

이 정도의 성과지표 또는 목표가 설정되었다면, CEO는 ERP를 구축하여 실시간으로 생산팀의 실적을 매일매일 확인할 수 있을 것이다.

그리고 각각의 성과에 대한 성과 측정기준이 명확하다면 매월 정기적인 실적회의를 통해 실적을 점검할 수 있을 것이며, 연말에 실적을 집계하여 목표를 얼마나 달성하였는지를 객관적으로 평가할 수 있을 것이다. 나아가 이 결과에 따라 연봉이나 팀의 성과급에 반영을 한다면 분명히 팀장과 팀원은 이 목표의 달성을 위해 노력을 할 것이다. 그리고 그 노력의 결과로 인해 성과는 향상되고 향상된 성과로 인한 편익은 분명히 ERP 등에 투자한 비용을 초과할 것이다. 하지만 실제로 이러한 관리에도 불구하고 성과는 기대한 것만큼 향상되지 않는다는 것이 현실이다.

### (3) 성과관리가 성과를 내지 못하는 이유

#### 가. 목표가 주는 메시지

성과관리의 단계는 뒤에서 상세히 설명하겠지만 크게 ① 목표설정 단계 ② 실행 및 중간점검 단계 ③ 성과평가 단계의 세 단계로 구성된다. 성과관리가 본래의 목적인 '성과의 (의도적인 또는 계획적인) 향상'을 달성하기 위해서는 이 세 단계가 면밀하게 설계되고 운영되어야 한다. 앞에서 기술한 성과관리의 문제점은 각각 이 세 단계에서 발생하는 문제점들을 망라한 것이다. 하지만 성과관리의 문제점들을 좀 더 자세히 살펴보면 거의 대부분의 문제가 '잘못된 목표의 설정'과 관련이 있다. 제대로 된 목표를 설정하지 못함으로써 목표가 실제로 팀장들의 구체적인 노력으로 이어지지 못하고, 설사 목표를 달성하더라도 실제 조직의 성과는 향상되지 않으며, 궁극적으로 성과관리를 위한 다양한 작업들이 쓸데없는 시간낭비이거나 페이퍼 워크로 전락하고 마는 것이다. 따라서 실제로 성과를 내는 성과관리를 위해서는 제일 먼저 목표설정상의 문제점을 집중적으로 살펴볼 필요가 있다.

먼저 〈표 1-1〉의 사례에서 첫 번째 목표로 설정된 사업부 공유지표인 사업부 영업이익을 보자. 말 그대로 사업부 전체의 공통목표이기 때문에 생산팀장이 특별한 주의를 기울이지 않을 것이라는 것은 쉽게 이해가 갈 것이다. 물론, 이러한 공유지표를 팀장의 목표설정서에 넣는 이유는 분명하다. 그것은 모든 팀장이 사업부의 일원으로서 본인의 일에만 신경 쓰지 말고 사업부의 전체 이익에도 신경을 쓰라는 의미이다. 하지만 이러한 지표가 실제 각 팀장에게는 '네. 신경은 쓰겠지만… 제가 특별히 해야 할 일은 무엇이죠?' 정도의 의미로 와 닿을 것이다. 이런 목표의 경우 팀장으로서 할 수 있는 일은 그저 연말에 재무팀에서 집계되는 사업부 영업이익으로 '평가를 받는 것' 외에는 별 도리가 없다. 그러므로 이러한 공유 또는 공통지표는 개별 팀장의 목표는 분명히 아니다. 사업부 전체의 이익에 대해 팀장들, 나아가 팀원을 포함한 사업부 전체 인원에게 '신경을 써서 달성을 위해 노력하라'는 메시지를 전달하는 방법은 '집단평가와 보상'이라는 별도의 체계에 의해 구현된다. 여기에 대해서는 이 책의 맨 마지막 장에서 설명할 것이다.

다음으로 생산계획 달성률(또는 납기 준수율)을 보자. 이 지표는 두 사례에 공통적으로 나타나 있다. 생산계획을 달성하는 것, 다시 말해서 성과지표로서 생산계획 준수율을 올리는 일은 생산팀장의 당연한 업무이며, 생산팀의 존재 목적(미션)이기도 하다. 그러므로 납기 준수율을 98%에서 100%로 올리는 목표가 생산팀장이나 팀원에게 주는 메시지는 '당신들 업무 열심히 하시오'라는 것 이상도 이하도 아니다. 생산팀은 이러한 관리지표가 있기 전에도 - 성과관리를 시행하기 전에도 − 일일 생산계획을 수립하고, 생산라인을 순회하며 생산이 제대로 되고 있는지, 원자재 입고는 제때 되고 있는지, 고장 난 설비는 없는지, 있다면 즉시 조치되고 있는지, 품질은 문제가 없는지를 끊임없이 점검하고 부하에게 지시하고 관련부서에 협조를 요청하는 일을 수행한다. 성과관리의 도입으로 인해 달라진 것은 단지, 전에는 측정하지 않던 납기 준수율을 구체적으로 측정함으로써, 실제로 연말이나 반기 말에 생산팀장이 앞에서 적은 수많은 일상적인 일들을 얼마나 열심히 했는지를 측정하고 평가하는 것이다. 이러한 측정과 평가만으로 생산팀장의 구체적인 업무과제나 업무태도가 얼마나 달라질 수 있을까?

다음 관리지표인 〈표 1-2〉의 종합설비효율은 어떤가? 종합설비효율이라는 성과지표는 산식에서 보는 바와 같이, 이 회사에서는 종합설비효율을 설비가동률과 직행률(양품률)의 두 가지 변수로 측정된다. 생산팀장은 종합설비효율의 첫 번째 변수인 설비가동률을 높이기 위해 − 목표를 달성하기 위해 − 설비가 제대로 운전되고 있는 지, 멈춰있는 설비는 없는지를 살펴 관련부서에 최대한 빨리 조치를 요청하고, 너무 노후된 설비는 사장께 보고하여 새로운 설비의 도입을 검토한다. 또한 직행률을 높이기 위해 품질을 체크하고, 불량이 왜 나는지를 분석하고 관련부서와 협조하여 조치할 것은 조치한다. 이렇게 목표 달성을 위한 팀장의 업무를 나열해 보면 결국 이 모든 업무가 생산팀장에게 부과된 미션이며, 생산팀장이 항상 바쁘게 수행하고 있는 일상적인 업무의 전부가 된다. 그러므로 종합설비효율을 향상시키는 목표는 납기 준수율을 높이는 목표와 똑같이 생산팀장에게 '업무 열심히 하시오'

라는 메시지만 전달하게 된다.

품질 부적합률과 그 다음 목표들도 또한 전부 이와 비슷한 성격으로 생산팀장에게 '열심히 하시오'라는 메시지와 더불어 '열심히 해서 성과가 좋으면 연봉 더 올려 주겠소'라는 메시지를 전달한다.

이상으로 살펴 본 사례의 '목표를 설정하는 목적과 기능'을 정리하면 다음과 같다.

•성과지표가 생산팀장의 업무 성과를 측정하고 평가하기 위해 설정되고 사용된다.

•성과지표는 생산팀의 오래된 미션이나 고유 업무(계획된 물량을 싸게, 높은 품질로, 납기 내에 정확히 생산하는 일)를 정량적으로 지표화한 것이다.

•목표는 생산팀장에게 그저 늘 해오던 일을, 그저 열심히 수행하라는 메시지를 전달하는 기능을 한다.

성과관리 컨설팅을 요청하는 많은 기업의 사례 그리고 이 책을 쓰면서 검토한 수많은 - 주로 사례를 수집할 수 있는 공기업의 - 성과관리 컨설팅 보고서는 거의 전부가 조직의 최상위 전략에서 전개된 전략목표 달성을 위해 하부조직의 '관리와 평가'를 위한 지표의 나열로 채워져 있으며, 그 모양은 대동소이하다.

다시 한 번 사례를 보자.

다음은 공기업 홍보실의 성과지표 사례이다. 〈표 1-3〉에서 보는 바와 같이 성과지표의 하나로서 '공사의 이미지 향상 노력을 설정'하였고, 〈표 1-4〉에는 이 성과지표에 대한 평가기준이 아주 상세히 기술되어 있다.

### 〈표 1-3〉 공기업의 성과지표

| BSC 관점 | 가중치 | 핵심전략 과제 | 핵심성공요인(CSF) | 핵심성과지표(KPI) | 지표 가중 | 지표유형 |
|---|---|---|---|---|---|---|
| 고객 | 50 | 공사의 긍정적 이미지 향상 | 사회적 책임 강화 및 경영공시 운영 내실화 | 사회적 책임성 강화 및 윤리경영실천을 위한 최고 경영진의 노력과 성과 | 15 | 비계량 |
| | | | 공사 인지도 및 선호도 광고, 언론 홈페이지 홍보 활성화 | 공사 이미지 향상 – 긍정이미지 향상 노력도 – 공사 명성지수 | 35 | 비계량 /계량 |

### 〈표 1-4〉 지표 정의서

| 핵심전략과제 | 공사의 긍정적 이미지 향상 | | BSC 관점 | 고객 | | 관점 가중치 | 55% |
|---|---|---|---|---|---|---|---|
| 지표명(KPI) | 공사 긍정이미지 향상 노력(통) | | KPI가중치 (유형/속성) | 35% (비계량/선행 20%, 계량/후행 15%) | | 측정주기 | 연 1회 |

| 평가산식 | 9등급 평가 |
|---|---|
| 평가기준 | • 정의 : 언론홍보, 매체 광고/간행물, 홈페이지와 같은 다양한 채널을 통해 공사를 홍보하고, 공사 명성지수 조사를 시행하여 전반적인 홍보활동에 대해 평가하는 등의 공사 이미지 제고를 위한 총체적인 노력도<br><br>• 세부평가기준<br>– 긍정이미지 향상 노력도(20점)(P)<br>1. 홍보효과 제고 노력(40%)<br>2. 매체광고의 효율성 증대 노력(20%)<br>3. 홈페이지 가치 증대 노력(20%)<br>4. 간행물 발간의 적정성(20%)<br><br>– 공사 명성지수(15점)(전략과제)(S)<br>1. 목표 : 54.92점(산출 : 매년(100−전년 결과)X3.5% 향상(2004년도 53.28점)}<br>2. 실적 : 2005년도 공사에 대한 공기업 명성지수<br>3. 측정방법<br> • 조사대상 : 20~59세 남녀 500명 이상 • 조사항목 : 공중에게 표출되는 공사의 명성지수<br> • 조사지역 : 서울, 부산, 대구, 대전, 광주  (공기업수행능력, 외부커뮤니케이션, 임직원 능력,<br> • 조사시기 : 매년 10~12월   국민기여도, 경영자 리더십, 경영투명성, 경영성과, CI)<br> • 조 사 자 : 홍보실 주관 외부조사업체 |
| 정보출처 | 내부문서, 홍보물 견본, 홈페이지 컨텐츠, 명성지수조사 결과 보고서 등 |
| 평가방법 | 9등급 평가 점수 x 가중치(명성지수 : 목표 달성 성과척도 기준계수율 X 가중치) |

이와 같이 성과관리체계를 수립하는 일이 팀의 성과지표를 도출하고, 지표에 대한 상세한 설명과 측정 식(式), BSC의 4대 관점, 성과 측정 방법에 대해서 상세하게 설계하는 일로 마무리되고 있다. 하지만

정작 그 성과지표를 어떻게 달성할 것인가에 대한 검토는 아무데도 보이지 않는다. 성과를 측정하고 평가하기 위한 이런 종류의 성과관리는 아무리 엄격하고 정교하게 그리고 복잡하게 설계되더라도 그것이 직원들에게 주는 메시지는 단 하나이다. '성과지표를 달성하기 위해 (뭔지 모르지만) 열심히 노력하라!'

### 나. 일의 결과의 측정과 평가만으론 부족하다

지금까지 성과관리를 시행하고 있는 몇 가지 사례의 내용과 문제점을 요약하며 다음과 같다.

• 성과관리를 도입하는 목적은 조직의 성과 향상이다.

• 성과 향상을 위해 조직단위로 성과 목표에 관한 지표를 설정한다. 나아가 이들 지표에 관한 실적을 관리하기 위해 대시 보드라고 하는 훌륭한 관리 도구를 만든다.

• 그 지표의 측정과 관련된 방법과 기준을 최대한 명확하고 상세히 설정한다.

• 연말에 성과지표를 측정하여 평가하고, 그 평가 결과를 연봉이나 인센티브에 반영한다.

• 하지만 이와 같은 노력에도 불구하고 조직의 성과는 기대한 만큼 오르지 않는다. 또는 연초 설정한 성과 목표를 달성하지 못한다.

이러한 문제점을 업무 현장에 대입해 보면 대략 다음과 같은 모습으로 나타난다.

연초에 각 팀장들은 목표설정에 많은 시간과 노력을 투입한다.

실제로 위에 적은 A, B사의 팀장들은 연초 성과지표와 측정기준,

배점 등 목표를 설정하기 위해 2회 이상의 팀장 워크숍과 사업부 회의, 전사회의를 거치는 등 많은 시간과 노력을 기울이고, 임원, 사장께 보고하고 확정하였다(앞에 적은 목표설정서가 그것이다). 하지만 실제 팀장 이하 팀원들은 작년에도 그랬고, 재작년에도 그 랬던 것처럼 늘 바쁘고 업무에 쫓기는 상황은 계속되지만 업무의 내용이나 노력의 정도는 별로 변함이 없다. 또한 늘 그렇듯이 실적 이 좋은 팀장은 경영회의에서 칭찬을 받는 반면, 실적이 나쁜 팀장 은 경영진으로부터 질책을 받지만 다음 달의 실적을 높이기 위한 별다른 대책은 없다. 나아가 연말 성과평가 시기에 즈음하여 연초 에 설정한 성과지표별로 실적을 측정하여 집계하고 상사에게 보 고한다. 팀장은 자신의 연간 실적을 집계하고 보고하는 과정에서 연초에 세웠던 목표를 상기하고 '올해는 평가를 제대로 받겠군' 또는 '평가가 나빠도 어쩔 수 없지…. 애초에 목표를 너무 높게 잡 은 것이 문제야, 실적이 낮은 것을 누구를 탓하겠어'라고 생각을 한다.

지금까지 사례로 성과관리의 방식(측정과 평가 중심의 방식)이 실제 직원들의 성과 향상을 이끌어 내지 못하는 과정을 순차적으로 정리하 면 다음과 같다.

① 사례에서 보여준 성과관리, 즉 성과 목표나 측정지표, 평가·보상 기준 등 일련의 체계가 성과 목표를 실행해야 할 팀장들로부터 충분 한, 또는 기대한 만큼의 관심과 노력을 이끌어 내지 못한다.

② 나아가 팀장들이 목표에 관심을 가지지 않는 이유는 설정된 성 과지표가 팀 조직의 미션이나 고유 업무를 나타낼 뿐 팀장에게 특별

한 노력의 방향이나 특정한 과제를 제시하지 못하고 있기 때문이다.

③ 이와 같은 이유로 팀장들은 그저 늘 해오던 대로 똑같은 일을 언제나 하던 것처럼 열심히 수행하고, 그 결과(측정되는 지표)에 대해 처분(평가기준에 따른 보상)을 기다릴 뿐이다.

요약하면, 성과지표가 팀장들의 구체적이고 수많은 업무활동의 총합(생산팀장의 생산활동의 총합으로서 납기 준수율, 홍보팀장의 홍보활동의 총합으로서 '공사의 이미지 향상')으로 나타나는 결과지표이기 때문에, 팀장들은 어떤 '구체적인 업무'를 통해 성과 목표를 달성할지를 알지 못하는 상황에서, 여전히 하던 대로의 업무들만 열심히 할 따름이다. 바로 이러한 이유로 인해 애초에 성과관리의 문제점으로 제기한, '목표 따로, 업무 따로'의 문제가 발생하는 것이다. 말하자면 성과관리가 성과를 내지 못하는 가장 핵심적인 원인은 목표가 직원들의 업무 노력에 별다른 영향을 미치지 못한다는 것이다.

그렇다고 사례에서 보여준 방식의 성과관리가 성과 향상에 전혀 도움이 되지 않는 것은 분명히 아니며, 다만 '의도한 만큼, 투자한 만큼' 성과가 향상되지 않는다는 것이다. 이런 유형의 목표, 이런 유형의 성과관리도 몇 가지 조건이 충족된 상황에서는 성과 향상에 기여할 수 있다(여기에 대해서는 제4장에서 상세히 살펴 볼 것이다).

하지만 회사에서 '실행의 최소 조직단위인 팀' 조직의 성과관리는 이러한 성과지표의 측정과 평가만으로는 부족하다. 측정과 평가만으로는 평가·보상을 통한 간접적인 동기부여 효과는 기대할 수 있으나, 원래 의도한 성과 목표를 달성하게 하는 데는 부족하다.

## 3. 목표와 일을 일치시키는 방법

### (1) 팀의 기능과 역할

경영조직으로서의 팀은 일반적으로 회사의 조직 계층에서 제일 하단에 위치한 최소단위의 조직을 일컫는 명칭이다. 물론 일부 대기업을 비롯한 거대 조직의 경우 팀을 임원이 담당하는 조직으로 하고, 그 산하에 그룹이라는 조직을 두는 경우도 있고, 또한 팀 산하에 파트라는 더 작은 조직을 두는 경우가 있기 때문에 팀 조직이 용어 그 자체로서 최하단의 조직을 일컫는 의미는 아니다. 하지만 한국에서는 대부분의 기업에서 팀이라는 조직 명칭을 회사의 공식 조직 중에서 최소, 최하위 단위의 조직 명칭으로 사용하고 있기 때문에 여기서도 그런 의미로서 팀과, 팀 조직을 관리하는 사람으로서 팀장이라는 용어를 사용할 것이다.

회사에서 최하위계층으로서 팀의 역할은 최상위 조직(회사)의 성과를 내기 위해 다양한 과제를 수행하는 실행조직이며, 팀장은 팀원들의 일을 배분하고 조직하고 지휘·통제하는 관리자로서의 역할을 수행한다. 그러므로 회사의 경영성과는 오직 팀(팀장과 팀원) 활동의 결과로서 발생할 수 있으며, 반대로 팀이 활동하지 않는다면 회사의 성과는 발생하지 않는다. 그러므로 성과관리의 목적인 회사의 성과 향상을 위해서는 팀의 성과 향상이 최우선되어야 하며, 나아가 팀의 성과 향상을 위해서는 팀장이 설정된 목표를 달성하기 위해 열정을 쏟아 부어야 한다.

(2) 팀장의 성과관리

팀장이 설정된 목표 달성을 위해 열정을 쏟게 하기 위해서는 앞에서 본 사례와는 다른 방식의 성과관리 - 그 중에서 주로 목표설정 - 가 필요하다. 말하자면 '목표 따로, 업무 따로'의 문제점을 해소하고 목표와 팀장의 업무를 일치시키는 방식이어야 한다.

'어떻게 팀장들의 성과 목표와 본인의 업무를 일치시킬 것인가?'

이것은 바로 이 책의 주제인 동시에 이 책을 쓰게 된 동기이기도 하다. 그 방법은 한 마디로 목표를 '구체적'으로 설정하는 것이다. 목표의 구체화라고 하는 것은 SMART원칙이라고 하는 아주 오래된 목표설정 원칙 중의 제1원칙이다.

   * SMART원칙이란 Specific(구체적), Measurable(측정 가능성), Attainable(달성 가능성), Relevant(전략과의 연계성), Time-bounded(기한)의 첫머리글자의 조합이다.

여기서 '목표의 구체성'을 설명하기 위해 매출 목표를 성과 목표로 설정한 영업팀장의 예를 보자.
연초에 올해 영업팀장의 목표를 '매출액 55억 원'이라고 할 때, 이것은 구체적인가?
'매출액 55억 원'이라고 하는 것은 그냥 '매출 강화'나 '열심히 해서 매출을 올려라'고 하는 것보다는 분명히 구체적이다. 하지만 목표의 구체화라고 하는 것은 비단 성과지표를 정량화하는 데만 국한된 것은 결코 아니다. 하지만 성과관리를 시행하는 많은 조직에서 목표의 구체화를 바로 이 성과지표, 즉 KPI를 정량화하는 것으로만 오해하고 있다. 목표의 구체화란 성과지표의 정량화에서 나아가 성과지표를 달성하기 위한 구체적인 과제 – 해야 할 일 – 를 찾아내는 데까지 나아가야 비로소 완성되는 것이다.

지표의 정량화가 곧 목표의 구체화가 안 되는 증거는 다음 사례에서 금방 찾을 수 있다.

실제 성과관리 컨설팅 현장에서 영업팀장의 매출 목표 55억 원을 놓고, 영업팀장에게 묻는다. "어떻게 55억 원을 달성하실 것입니까?" 이런 질문에 거의 모든 영업팀장들은 공통적으로 "열심히 해야죠"라고 대답한다. 좀 이상하지 않은가? 분명히 '구체적'으로 설정한 매출액 55억 원이라는 목표가 어떻게 '열심히 하겠다'는 지극히 구체적이지 않은 행동으로 이어지는 것인가? 목표가 구체적이기 위해서는 '무엇을 얼마나 열심히 하겠다'는 것이 명확히 보여야 하는 것이다.

한편으로 목표 달성을 위한 구체적인 실행 과제가 목표설정서와는 별도로 작성되는 실행계획서(Action Plan)에 있다고 주장하는 사람들도 많다. 하지만 유감스럽게도 실제 실행계획서에는 전년과는 다른, 특별히 55억 원을 달성하기 위한 별다른 내용이 거의 없다. 매년 똑같이 '빈번한 고객 접촉', '영업력 강화', '샘플 제시' 등 영업팀장이 매년 그리고 언제나 해 오던 일상적인 영업활동이 모조리 망라되어 있다. 그것도 회사 차원에서 요구하는 양식을 채우기 위한 내용이 대부분이다. 이것이 구체적인가?

팀장의 목표가 구체적으로 설정되기 위해서는 지금까지 사례로 든 팀의 총합적인 활동 결과에 대한 '성과의 측정과 평가 중심의 목표'를 팀장이 추진할 특정한 업무과제 단위로 세분하여야 한다. 말하자면 영업팀장이 매출 목표 55억 원 달성을 위한 구체적인 과제가, 그것도 핵심적인 과제로 정리되어야 한다는 것이다. 예를 들어 영업팀장은 매출 목표 55억 원 달성이라는 상위목표(팀 총합 목표)와 더불어 '고객에게 상품 샘플 제시 50건'과 같은 구체적인 업무과제에 관한 목표를 설정하여야 한다. 물론 이 경우 샘플 제시 50건은 매출 목표 달성을 위한 핵심적인 과제 중의 하나이어야 한다.

이렇게 팀의 총합적인 목표를 달성하기 위한 구체적인 과제를 목표로 설정함으로써, 드디어 팀장의 목표(샘플 제시 건수 50건)와 팀장이 (핵심적으로) 수행하는 구체적인 업무(고객이 요구하는 샘플을 개발하고 제시하는 업무)와 정확히 일치하게 된다.

# 제2장
# 성과관리 개요

　〈장면 2-1〉은 매출 1,250억 원, 종업원 86명의 중견 제조업에서, 20
××년 8월 경영회의를 진행하는 장면이다. 이 회사의 경영회의는 매월
1주차 월요일 아침 8시 30분에 개최하고, CEO와 3명의 임원 그리고
15명의 팀장이 참석하여, 이번 달의 회사 경영현황과 다음 달 계획 그
리고 각 팀의 주요 실적과 계획을 보고하는 자리이다.

〈장면 2-1〉 중견기업의 경영회의

　제일 먼저 기획팀장이 회의 개최를 알리고 지난달의 전반적인 경영실
적을 보고한다.

　화면에서 보는 바와 같이 7월 매출 실적 115억 원, 손익 5억 3천만
원, 누적 기준으로 650억 원 매출에 23억 7천만 원의 손익 실적을 보
였습니다. 7월 매출 실적은 계획 대비 95% 수준으로 5억 원 정도 미달
이며, 손익 또한 7천만 원 정도 미치지 못하고 있습니다. 누적기준으로는
연초 매출 목표 750억 원 대비 100억 원 정도 미달한 실적이며, 손익
또한 30억 원 대비 7억 원 정도 미달한 수치입니다.

　제품별 주요 실적으로 A 제품이 목표를 달성하였으나, B, C 제품은
목표를 달성하지 못하고 있습니다. 주요 미달 사유로는 화면에서 보시

는 바와 같습니다.

이상으로 7월 실적보고를 마칩니다.

CEO : B, C 제품 실적이 저렇게 나쁜 이유가 무엇입니까? 지난달에
　　　는 이번 달에 좀 나아질 것으로 이야기한 것 같은데….

영업본부장(전무) : 거래처 계약이 계속 지연되고 있습니다. 그 쪽에
　　　서도 현재 재고가 많은 편이라서….

CEO : 언제까지 앉아서 거래처 핑계만 대고 있을 건가요? 다른 대
　　　책은 없습니까?

영업본부장(전무) : …….

기획팀장 : 다음으로 팀별 실적 및 계획 발표가 있겠습니다.

영업1팀 : 영업1팀에서는 7월 총 매출액 45억 원을 달성했습니다. 매
　　　출계획 대비 10억 원 초과 달성하였고, 매출처별 금액은 다
　　　음과 같습니다.

생산팀 : 생산팀 7월 생산실적은 총 123억 원입니다. 생산계획 대비
　　　생산실적은 105%로서 다음 달 매출 물량을 감안해서 약간
　　　초과 생산하였습니다. 7월 생산상의 주요 문제점으로서는….

　　　(이하 생략)

연구개발팀장 : 7월 제품개발 현황입니다. A 제품은 개발이 완료되
　　　어 현재 양산성 검토 중에 있습니다. B 제품은……. (이하생략)

# 1. 성과관리의 개념

〈장면 2-1〉은 어느 정도 규모를 갖춘 회사에서 흔히 볼 수 있는 경영회의의 한 장면이다. 회사에 따라 보고하는 안건이나 보고의 양, 논의의 수준에서 차이는 있을 수 있지만, 기본적으로 경영회의의 안건이나 내용은 회사의 주요 실적이나 계획, 경영상의 이슈에 대해 CEO를 비롯한 임원, 팀장들이 공유하고 단위조직의 잘잘못을 점검하고, 지난 기간 발생한 주요 이슈에 대해 참석자간에 토론을 통해 해결책을 수립하는 등으로 별 차이가 없을 것이다. 정기적으로 직원들이 지난 기간의 성과를 반성하고 다음 기간에 수행해야 할 계획을 수립하도록 하는 경영회의의 목적은 결국 회사 성과의 향상이다. 이러한 회사 차원의 경영회의 외에도 회사 조직 내에서 팀장을 비롯한 조직책임자들은 다양한 형태로 자기 조직의 성과 향상을 위해 관리업무를 수행하고 있다.

• **생산팀장**은 팀원을 모아 놓고 어제 생산라인에서 발생한 불량사고에 대해 담당자를 문책하고, 원인을 분석하고, 대책을 논의한다. 생산팀장은 이와 같이 특별한 문제가 있을 경우에만 팀원들을 모아서 회의를 진행한다.

• **영업담당임원**은 매일 아침 8시 30분에 팀원들을 집합시켜 팀원들의 출석을 점검하고 팀원 각각이 해야 할 일을 간략히 지시하고, 마지막으로 "매출 목표 달성!!"을 외친 후 해산한다.

• **기획팀장**은 내일 경영회의에 보고할 자료 작성과 관련하여 담당자를 불러, 작성된 자료를 검토하고 보완 사항을 지시한다.

위에 적은 사례들은 어떤 회사나 조직을 막론하고 상사와 부하 간에 흔히 일어나는 익숙한 모습이다. 그렇다면 이것이 성과관리인가?

성과관리의 사전적인 의미에서 이러한 일들은 성과관리가 맞다. 관리자와 부하간의 지시와 수명, 보고, 회의 등 모든 행위가 '일'을 관리하는 방법의 일환으로 특정한 성과를 목적으로 이루어지는 것이기 때문이다. 이렇게 조직에서 기대하는 성과를 내기 위해 모든 조직에서 모든 관리자들이 수행하고 있는 당연하고도 자연스런 관리(경영)행위를 성과관리라고 한다면 지금부터 써 내려갈 이 책의 주제인 '성과관리'는 무엇이며, 어떤 차이가 있을 것인가?

다음은 《행정학사전》에 기술된 성과관리의 정의이다.
"성과관리란 조직구성원들이 주어진 성과 목표를 달성하도록 체계적으로 관리하는 것을 말한다. 성과관리는 먼저 성과 목표가 결정되면, 목표 달성 과정에서 사업 추진자는 자율성을 가지고 목표를 추구하며, 사후에 성과 목표의 달성 여부를 측정해 차기 사업 및 보상 체계에 반영하는 방식으로 추진된다. 우리나라의 정부업무평가기본법은 '성과관리'를 '정부 업무를 추진함에 있어서 기관의 임무, 중·장기 목표, 연도별 목표 및 성과지표를 수립하고, 그 집행 과정 및 결과를 경제성·능률성·효과성 등의 관점에서 관리하는 일련의 활동'으로 규정하고 있다."

[네이버 지식백과], 성과관리(成果管理, performance management), 《행정학사전》, 2009. 1. 15, 대영문화사)

이와 같이 경영의 도구로써 성과관리는 '성과 목표'와 '체계적인 관리'라는 2가지 요소를 필수적으로 갖추어야 한다. 앞서 기술한 자연 발생적인 일의 관리 행위가, 애초에 성과 목표가 명확히 있었는가? 그리고 영업팀장이 매일매일 조회하는 일, 생산팀장이 불량 발생의 문제로 직원들을 소집해서 회의하는 행위가 체계적인 관리라고 할 수 있는가? 이 두 가지 질문에 대한 가부에 따라 이런 행위들이 성과관리가 되거나, 아니면 단순한 일의 관리로 보아야 하는 것이다.

## 목표에 의한 관리(MBO, Management By Objectives)

1954년 피터 드러커는 명저 《경영의 실제(The Practice of Management)》에서 수많은 기업의 사례 검토와 통찰력으로 '목표에 의한 관리(MBO, Management By Objectives)'를 주창하였다. 50년대에 미국의 거대 기업을 대상으로 권장한 MBO가 한국의 대기업에 소개되어 경영의 도구로써 전사적으로 실행하게 된 것은 대략 90년대 후반쯤이다. 이 시기는 IMF 외환위기가 시작되고 대기업을 비롯한 국내 기업들이 치열한 글로벌 경쟁에 노출되어 '생존'이 당면 목표였던 시기로서 한국 기업들이 인사관리에 관한 기존의 철학과 방식을 대대적으로 수정한 소위 'HR Big Bang'과 그 맥을 같이 한다. HR Big Bang의 대표적인 사례로서 종신고용의 철회, 연공주의에서 성과주의로의 전환, 호봉제에서 연봉제로의 전환을 들 수 있다.

피트 드러커의 '목표에 의한 관리'는 다음의 박스 안에 고스란히 설명되어 있다. 워낙 유명한 주장이고 또 알아둘 가치가 있는 좋은 내용이라 좀 길지만 원문을 그대로 인용하였다. 피트 드러커가 MBO를 주창할 때 주로 기업 경영의 관점에서 서술하였기 때문에 목표관리의 주체를 경영자로 설정하였으나, 이후 MBO가 기업에 도입, 확장되면서 경영자의 의미는 단위 조직을 지나 직원 개개인 단위까지 확장되어 있다. 따라서 아래의 글 중 경영자를 직원, 특히 지식근로자로 바꾸어 이해하면 된다.

## 목표에 의한 경영(Management By Objectives)

어떤 기업이든 성과를 올리기 위해서는 기업의 각 구성원들이 서로 다른 분야에서 일하면서도 공동의 목표를 달성하기 위해 공헌해야만 한다. 그들의 노력은 같은 방향으로 모아져야 하고, 또한 그들의 공헌은 공동의 목표를 달성하는 데 도움이 되어야 한다. 구성원들 사이에 견해차이나 마찰이 없어야 하고 불필요한 노력이 중복되는 일도 없어야 한다. 그러므로 기업이 성과를 올리기 위해서는 각각의 직무가 기업 전체의 목표와 부합되어야 한다. 특히 경영자의 직무는 기업 전체의 성공에 초점이 맞추어져 있어야 한다.

따라서 각 사업 부문의 경영자들에게 부과되는 목표는 기업이 달성해야 할 전체 목표로부터 도출되어야 하며, 그들 각자의 성과는 그것이 기업 전체의 목표 달성에 공헌한 정도에 따라 평가되어야 한다. 경영자들은 기업 목표 달성을 위해 자신에게 기대되는 성과가 무엇인지 알고 또 이해해야 한다. 기업 전체의 목표에 필요한 이러한 요구들이 제대로 충족되지 않으면 경영자들이 그릇된 방향으로 나아갈 수도 있다. 그렇게 되면 경영자의 노력이 헛수고가 될 수 있다. 드러커의 입장에서 경영자란 자신과 자신이 맡은 사업 부문이 상위 부문의 목표 달성, 나아가서는 회사 전체의 목표 달성에 공헌하는 데 있어 책임을 지는 사람을 의미한다.

따라서 경영자의 성과 목표는 아래로가 아니라 위로 향해야 한다. 그것은 각각의 경영자가 수행하는 직무의 목표는 그들이 속한 상위 부문의 성공을 위해 해야 할 공헌에 의해 규정된다는 것을 의미한다. 지역 담당 판매 부장이 수행하는 직무의 목표는 판매 부문 전체의 성과를 위해 그가 해야 할 공헌이 무엇인가에 의해 규정되어야만 한다. 마찬가지로 기술 프로젝트 담당 책임자가 수행하는 직무의 목표는 그와 그의 부하직원인 엔지니어들이 기술 부문 전체를 위해 해야 할 공헌이 무엇인가에 의해 규정될 것이다.

각각의 경영자는 자신이 책임지고 있는 부문의 목표를 스스로 개발하고 설정해야 한다. 물론 상위 부문에서 하위 부문의 목표를 승인하거나 거부할 권한을 가지고 있다. 하지만 목표의 개발 자체는 각 부문의 경영자가 책임져야 할 부분이다. 이것이 경영자의 첫 번째 책임이다.

또한 모든 경영자는 자신이 속해 있는 상위 부문의 목표를 개발하는 일에도 참여하고 책임을 져야 한다.

단순히 참여 의식을 갖는 것만으로는 충분치 않다. 경영자가 된다는 것은 철저하게 책임을 진다는 것을 전제로 한다. 경영자의 목표가 단순히 경영자 개인이 원하는 바가 아닌 기업의 객관적인 필요를 반영해야 한다는 바로 그 사실 때문에 경영자는 상위 부문의 목표 개발에 적극적으로 동참해야 한다. 경영자는 기업의 궁극적인 목표를 이해해야 하고 또한 그 내용을 알고 있어야 한다. 상위 부문에 공헌해야 하는 경영자들은 모두 그 상위 부문의 목표가 무엇인지 철저히 고민해야 한다. 그들은 상위 부문의 목표를 설정하는 일에 적극적으로 참여해야 하고, 또한 책임을 져야 한다. 하위 부문의 경영자가 상위 부문의 목표설정에 참여를 해야만 그의 상사도 부하 경영자에게 무엇을 기대할 수 있을지, 어떤 엄격한 요구를 할 수 있을지에 대해 알 수 있게 된다. 부하 경영자가 상사의 목표설정에 참여하고 책임을 진다는 것은 매우 중요하다. 경영자가 자신의 성과를 스스로 관리하는 데 있어 자신의 목표가 무엇인지 아는 것만으로는 충분하지 않다.

그는 자신이 창출한 성과와 결과를 스스로의 목표와 비교하여 측정할 수 있어야만 한다. 그러기 위해서는 기업의 주요 영역을 평가하기 위한 공동의 명확한 기준이 있어야만 한다. 그러한 평가기준은 반드시 숫자로 표시되거나 정밀할 필요는 없다. 그러나 평가기준들은 분명하고, 단순하고, 또한 합리적이어야 한다. 평가기준은 경영자가 주의와 노력을 기울여야 하는 대상들과 관련이 있어야 하고, 또한 그것들을 지향하고 있어야 한다. 평가기준은 신뢰할 수 있는 것이어야 한다. 그리고 평가기준은 복잡한 해석이나 철학적인 논의가 필요 없을 만큼 분명하면서도 쉽게 이해할 수 있는 것이어야 한다.

– 피트 드러커 저 《경영의 실제》, '경영자의 역할 편(編)' 중에서

## 2. 성과관리의 단계

(1) PDCA 사이클

성과관리의 과정은 기본적으로 PDCA 사이클로 나타낼 수 있다. PDCD 사이클은 품질관리의 대가인 데밍 박사(Dr. W. Edward Deming)가 품질향상을 위해 제안한 것으로, Plan(계획), Do(실행), Check(측정, 확인), Action(개선을 위한 조치)의 순환을 말하며 제품의 품질 개선이나 업무 프로세스의 개선을 위해서는 이 4단계의 사이클을 끊임없이 돌리고 돌려야 한다는 것이다. 다만 PDCA과정이 개별 과제 또는 단위 업무의 관점에서 수행 과정을 나타낸 것이라면, 성과관리 과정은 개인이나 조직의 관점에서 더 높은 성과를 창출하도록 일을 계획하고 수행하는 과정을 표현하고 있다. 또한 PDCA 사이클은 과

제에 따라 수행 기간이 달라지지만 성과관리는 회사 차원의 경영관리라는 측면에서 대개 1년 또는 6개월의 주기로 사이클이 운영된다.

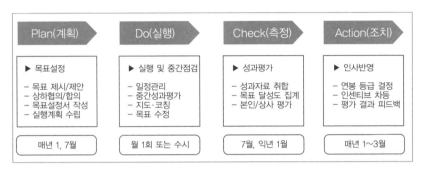

〈그림 2-1〉 성과관리의 사이클

## (2) 제1단계 : 목표설정

직원 개개인이 반기 또는 1년 동안에 수행할 업무를 계획하는 단계로서, 이 단계에서 개인들은 자기가 수행할 업무의 목표와 목표 달성을 위한 실행계획을 수립한다. 성과관리는 개별 업무(과제)가 지향하는 목표를 명확히 할 것을 요구하며, 또한 더 개선된 목표, 새로운 목표를 지향한다. 설정된 목표는 가급적 측정 가능하여야 하며, 아울러 목표를 달성한 정도, 즉 성과를 측정할 수 있는 기준도 명확히 하여야 한다. 개인의 목표는 본인의 업무책임에 관한 회사의 전략적인 요구사항과 개인 업무와 고객 업무의 프로세스의 측면에서 개선 요구사항을 반영하여 수립한다. 목표는 집중과 선택의 관점에서 경영성과 향상에 핵심적이며, 상사와 본인이 관리 가능한 5~7개 정도가 적절하다. 목표는 상사와 개인의 어느 일방이 정하는 것이 아니며, 오직 상하 간에 활발하고 진지한 커뮤니케이션을 통해서 설정되어야 한다. 이 과정을 거쳐 확정된 목표는 문서로서 목표설정서라는 양식에 기재되어 관리한다.

### (3) 제2단계 : 실행과 중간점검

설정된 목표 달성을 위해 실행계획에 기재된 다수의 세부 과제(Task, 과업)를 실제 행동으로 실행하는 단계이다. 실행을 위한 개별 과제 또한 나름대로의 PDCA 과정을 통하여 하나하나 완료되면서 하나의 목표가 달성된다. 조직책임자는 과제의 수행 과정을 면밀히 관찰, 점검하여야 하며, 목표설정단계에서 예상하지 못한 상황이 발생한 경우, 새로운 상황을 적절히 반영하여 목표를 수정한다. 이 단계에서 조직책임자는 개별 과제 수행에 관한 권한의 위임, 부하들이 실행과정에서 겪는 문제의 해결을 위한 코칭과 지원, 성과에 대한 칭찬과 격려 등을 통하여 리더십의 대부분을 발휘한다.

### (4) 제3단계 : 성과평가와 보상

성과관리에서는 연초에 설정한 목표(또는 수정된 목표)의 달성도를 기준으로 성과를 평가하게 된다. 성과의 평가는 목표설정단계에서 상하 간에 합의한 측정기준에 근거하여 측정하고 평가하는 것이 평가의 정확성과 공정성의 측면에서 가장 합당하다. 성과평가가 이루어지면, 그 결과에 상응하여 연봉이나 성과급, 승진 등으로 개인이나 집단에게 보상함으로써 더 나은 성과를 위한 동기를 강화한다. 이 단계는 성과관리의 과정이라기보다는 평가와 보상이라는 인사관리 영역으로 귀결된다.

## 3. 성과관리의 대상

(1) 개인 성과관리와 조직 성과관리

성과관리는 성과의 주체를 대상으로 하며, 회사에서 성과의 주체는 직원 개인과 개인이 묶여진 조직이라 할 수 있다. 그러므로 성과관리의 대상은 개인과 조직 모두가 대상이 될 수 있다. 이런 맥락에서 성과관리를 개인의 성과관리와 조직의 성과관리로 구분할 수도 있으며, 실제 이 두 개를 구분하여 설명하는 사례도 많이 발견된다.

하지만 조직의 성과관리가 곧 조직책임자로서의 개인의 성과관리를 의미하는 것이기 때문에 이 두 개를 굳이 구분하지 않는 것이 합리적이다. 조직책임자 개인의 목표와 성과는 곧 조직의 목표이며 성과이다. 마찬가지로 조직의 성과평가는 조직책임자 개인의 성과평가와 동일하다.

한편으로 대부분의 중소기업의 경우 최하위 조직의 책임자로서의 팀장들은 담당조직의 업무 외에 별도로 업무를 수행하는 경우가 많다. 이 경우에는 팀의 성과와 팀장의 성과는 다를 수 있고 성과평가의 결과도 팀의 평가와 팀장평가가 다를 수 있지만, 이것은 평가 결과의 반영, 즉 보상기준에 관한 문제이지 목표설정에서 성과평가에 이르는 성과관리의 문제는 아니다. 그러므로 성과관리는 본질적으로 일을 수행

하는 개인의 성과관리를 의미하며, 이를 두 개로 나누어 설명할 이유
도 실익도 없다.

한 가지 예외로서 몇 가지 조건하에서 개인의 성과관리가 불가능하
거나 굳이 목표나 성과를 개인에게 귀속할 필요가 없는 경우에는 여
러 사람을 묶어서 공동으로 성과관리를 할 수 있다. 이른바 집단 성
과관리로서, 2인 이상이 특정한 목표의 달성을 위해 유기적이고 밀접
한 협력 활동을 통해 과제를 수행하는 경우에는 개인보다는 집단으
로 성과관리를 하는 것이 더 조직의 성과 향상에 더 기여할 수 있다.
예를 들면 특정 제품개발을 위한 TFT(Task Force Team)활동이 그
것이다.

### (2) 성과관리의 대상

성과관리는 조직책임자로서의 개인(팀장, 본부장)을 포함하여 직원
개개인의 목표설정을 전제로 한다. 뒤에 상세히 설명하겠지만 목표는
자기의 업무에 관해 현재보다 나은 상태, 개선된 상태를 의미하기 때
문에, 성과관리의 대상은 그러한 목표를 수립하고 그 성과에 대해 책
임을 질 수 있는 직원에게 한정된다. 다시 말하면, 성과관리의 대상은
기본적으로 '회사가 포괄적으로 부여한 특정의 임무(Mission)를 수
행함에 있어, 임무 수행을 위한 구체적인 과제의 선정, 과제 수행의 방
법이나 절차에 대해 일정 수준 이상의 권한과 책임, 자율을 가지고
수행하는 사람'에 국한되는 것이다. 개인의 일에 대한 권한과 책임의
정도는 조직 내 직급이나 직위, 업무성격에 따라 광범위하게 펼쳐지며
일반적으로 직급이 올라갈수록 일에 대한 권한과 책임의 정도는 높아

진다.

성과관리 대상에서 제외되는 두 종류의 직무 담당자의 경우를 보자.

## 생산현장 작업자

성과관리의 대상에서 제외되는 가장 쉬운 예로서, 자동화된 생산라인에서 제품을 조립하는 현장 작업자의 경우를 들 수 있다. 컨베이어벨트가 돌아가는 생산 현장의 작업자의 성과는 오직 작업장의 가동시간과 라인 전체의 생산효율에 따라 결정되며, 따라서 작업자 개인이 스스로 개선 목표를 세우고 실천할 수 있는 여지는 거의 없다. 만약 더 나은 성과를 낼 수 있는 아이디어가 있다면, 본인이 실행하기보다는 상사에게 건의하고, 생산라인의 작업표준이 바뀐 이후에 실행이 가능 할 것이다(물론 개선 아이디어를 제시한 작업자는 그에 상응하는 보상을 받을 것이다). 그래서 생산라인의 작업자에게는 개인의 성과관리가 필요하지 않으며, 따라서 연봉제도 적용될 수가 없는 것이다.

## 소매점의 판매원

비슷하지만 약간 다른 예로서 매장에서 제품을 판매하는 판매원의 경우를 보자. 논의를 정확히 하기 위해 좀 더 조건을 제한해 보겠다. 이 매장은 일반 길거리 매장이 아니라 백화점이나 할인점과 같은 대형 유통점에 입점하여 제품을 파는 매장이다. 이런 경우 그 매장의 판매원이 할 수 있는 판매활동은 대단히 제한된다. 손님 유인을 위해 전단지를 배포하거나 큰 소리로 호객행위도 할 수 없고, 매장의 진열대 등도 유통점의 방침에 따라야 한다. 이런 매장에서 판매원이 할 수 있는 일은, 매장에 고객이 들어오면 친절히 맞이하고, 손님의 문의에 공손하고 정확하게 응대하여 고객이 제품을 사도록 설득하고 유도하는 일이 전부이다. 이러한 판매원의 경우는 생산라인 작업자와는 달리 판매원 개개인의 역량에 따라 성과는 달라질 수 있다. 이런 경우 과연 판매원 개개인의 성과관리를 하는 것이 맞을까?

여기에 대해 확답을 하기에는 논란의 여지가 있다. 해당 매장의 매출목표는 당연히 연초에 회사 차원에서 설정되어, 각 매장별로 배분될 것이므로 당연히 매출 목표는 설정된다. 하지만 그것은 매장의 목표이지 판매원 개개인의 목표는 아니다. 1명이 아닌, 적어도 2명 이상이 근무하는 매장이라면, 그 매장의 매출은 두 사람의 협력과 공조에 의해 달성될 것이기 때문에 개인으로 목표를 할당하는 것이 오히려 이들의 협력과 공조를 저해하는 요인이 될 수 있을 것이다. 그래서 이런 경우에는 개인의 성과관리는 별로 효과적인 방법이 아니며, 두 사람이 매장 전체의 공동목표를 설정하는 집단 성과관리가 더 바람직할 수 있다. 만약 매장의 규모가 커서 매장에 근무하는 인원 간에 일정한 정도의 업무분장이 생겨난다면, 예를 들어 손님을 맞이하는 직원, 상품설명을 하는 직원이 따로 정해지는 경우에는 개인의 목표를 세우고, 아울러 개인별로 성과관리의 대상이 될 수 있을 것이다.

위에서 예로 든 두 가지 업무와 유사한 업무 담당자를 제외하고는 모두가 성과관리의 대상이 될 수 있다. 성과관리 컨설팅을 하면서 실제로 많은 직원들이 일상적이고 단순 반복적인 업무수행을 한다는 이유로 성과관리에 대해 애로를 표현하고 있다. 하지만 사무실 업무 담당자(White Color)의 업무는, 대개의 경우 특정한 업무를 단독으로 수행하며, 업무표준 또한 담당자 개인에게 적용된다. 즉, 생산라인과 같이 특정 공정의 작업자 전원에게 적용되는 업무표준에 따라 일을 하거나 판매원과 같이 공동으로 협동하여 업무를 수행하는 경우와는 다르다. 그러므로 본인의 업무에 관한 더 높은 목표를 설정하고 업무표준 또한 스스로 개선시킬 권한과 책임이 있다.

요약하면 특정한 업무를 단독으로 수행하는 직원(일반적으로 사무실 업무 담당자)은 모두 성과관리의 대상이 되지만, 직급에 따른 업무나 책임의 배분 그리고 직급별 역량을 고려하여, 직급이나 직책에 따라 성과관리의 수준을 달리하여 시행하는 것이 바람직하다.


## 4. 비슷한 경영 수단

### (1) 인사관리

인사관리는 우리가 잘 아는 바와 같이, 우수한 인력을 채용하고 직원들에 대한 교육훈련을 실시하며, 인사평가와 급여, 승진 등 보상체계를 기획하고 운영함으로써 회사의 성과 향상을 도모한다. 이러한 인사관리의 목적은 회사의 성과 향상이라는 측면에서 성과관리의 목적과 완벽하게 동일하다. 물론 회사에서 시행하는 모든 경영수단들이 회사의 성과를 내기 위해, 또는 성과를 향상시키기 위해 시행되는 것임에는 틀림이 없다. 하지만 인사관리와 성과관리는 오직 직원들, 즉 '사람에 의한' 성과 향상을 추구한다는 측면에서 자금이나 설비, 기술 등에 의한 성과 향상을 추구하는 다른 경영수단과 구분된다. 그래서 인사관리나 성과관리가 '사람에 의한 성과 향상'의 수단이라는 측면에서 큰 범위에서 인사관리에 포함시키기도 하지만 성과 향상을 위한 두 수단의 접근 방법이나 업무추진 방식은 완전히 다르다.

인사관리를 통한 성과 향상의 과정을 이해하기 위해 다음의 공식을 보자. 성과함수로 불리는 이 공식은 조직심리학자들이 조직에서 개인의 성과에 대해 기술할 때, 자주 인용하는 공식이며 인사관리의 기능을 가장 압축적으로 표현하고 있다.

성과 = 능력(Ability) × 노력(Motivation) × 기회요인(Opportunity)

〈그림 2-2〉 성과함수

위의 공식이 설명하는 내용은, '개인의 성과는 개인의 능력과 노력의 수준에 달려있다'라는 것이다. 조직에서는 개인의 성과에 대한 정

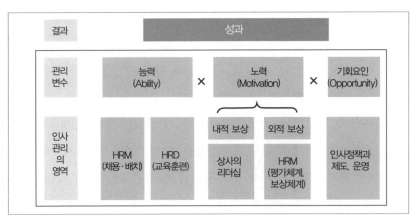

〈그림 2-3〉 인사관리체계도

확한 평가를 통해 그에 상응하는 보상(주로 연봉 인상)을 부여함으로써, 성과함수의 두 번째 변수인 노력(Motivation, 동기)을 자극하여 더 나은 성과를 내도록 하고 있다. 나아가 첫 번째 변수인 능력과 관련하여, 먼저 능력 있는 사람을 채용하고, 채용된 직원들에 대하여 직무수행에 필요한 능력개발을 체계적으로 시행하는 것이다. 그러므로 연봉제, 인사평가, 채용, 교육훈련 등을 핵심 축으로 하는 인사관리는 바로 이 두 가지 변수들을 관리함으로써 개인의 성과를 높이고, 궁극적으로 회사의 성과를 높이는 경영 수단인 것이다.

〈그림 2-3〉은 인사관리의 기능과 성과함수의 관계를 표현한 인사관리체계도이다.

인사관리에 있어 직원들로 하여금 더 높은 성과를 달성하게 하는 동기요인으로서 가장 강력한 수단은 인사평가와 이를 기반으로 하는 연봉제이다. 연봉제와 성과관리는 불가분의 관계가 있기 때문에, 참고로 연봉제의 동기부여효과에 대해 좀 더 설명하고자 한다.

## 연봉제의 동기부여 효과

심리학자들이 성과와 관련하여 항상 인용하는 성과함수는 사람들의 경험과 정확히 일치한다. 흔히 사람의 성과에 대해 이야기 할 때, "김대리 그 친구는 왜 이렇게 실적이 좋아?"라고 묻는다면, "능력이 있잖아요?" 또는 "그 친구 정말 열심히 하는 친구입니다"라는 대답과 함께 또 빠지지 않는 것은 "올해 그 친구 하는 일마다 짱입니다"라는 대답이 돌아올 것이다. 이것 말고 김대리의 실적을 설명할 말이 뭐가 더 있겠는가?

이 공식에서 연봉제와 관련하여 우리가 주목해야 할 것은 바로 노력(Motivation) 항목이다.

동기부여이론은 바로 이 인간의 노력을 끌어내는 요인이나 동기가 부여되는 과정을 연구하는 심리학의 한 분야이다. 연봉제와 직접 관련된 이론으로는 빅터 브룸의 기대이론과 아담스의 공정성이론을 들 수 있다.

기대이론을 간단히 설명하면 "개인은 자신의 여러 가지 가능한 행동전략을 평가하여 자기 자신이 가장 중요시하는 결과를 가져오리라고 믿어지는 행동전략을 선택한다"는 것이다. 즉, 열심히 해서 내가 바라는 보상을 더 받게 되는 것이 확실하다면, 사람은 열심히 노력한다는 것이다. 여기서 연봉제의 보상수단인 '더 많은 돈'이 대부분의 직장인들이 바라는 것이라면 연봉제는 개인의 동기부여에 기여한다고 보는 것이 타당할 것이다.

또한 공정성 이론에서도, 자신의 투입-결과 비율이 타인의 투입-결과 비율과 동일할 때 공정성이 발생하고, 공정성을 느낀 사람은 만족감을 경험한다. 즉, 더 노력한 사람에 대해 더 많은 보상을 주는 것이 개인의 공정성에 대한 만족감을 느끼고, 따라서 더 열심히 노력한다는 것이다.

그래서 연봉제는 차등적인 성과에 대해 차등적으로 보상함으로써, 성과에 대한 개인의 노력을 자극하는 효과가 있다. 거꾸로 차등적인 성과에 대해서 차등적으로 보상하지 않는다면 개인의 동기는 하락하고, 따라서 성과는 낮아진다고 보는 것도 무리는 아닐 것이다.

인사관리가 성과함수에서 설명한 바와 같이 개인의 능력이나 노력, 나아가 성과를 평가하고 그 결과에 따라 연봉이나 승진이라는 보상을 달리함으로써 동기를 강화하는 것이기 때문에 인사관리는 평가제도와 보상제도의 설계와 운영에 초점을 맞추게 된다.

반면 성과관리는 부하직원들의 업무수행 자체에 직접 개입함으로써 상사가 기대하는 특정 성과를 창출하는 방식이다. 그러므로 성과관리에서는 올바른 성과 목표의 설정과 체계적인 실행관리에 치중하게 된다. 이와 같은 이유로 인사관리와 성과관리는 개념적으로나 실무적으로 별도로 구분하여 추진하는 것이 더 실익이 있다. 일반적으로 중견 규모 이상의 회사에서 인사관리는 인사부서에서 담당을 하지만, 성과관리는 기획부서에서 담당하고 있다. 성과관리가 직원들의 성과 향상에 작용하는 과정은 뒤에서 상세히 설명할 것이다.

## (2) 일반적인 경영관리

연초에 경영계획을 수립하고 매월 CEO와 임원, 팀장 등 주요 관리자들이 한자리에 모여 〈장면 2-1〉과 같이 월 단위로 경영회의를 통해 계획과 실적을 점검하는 일은 적어도 직원 10명이 넘어가는 회사라면 어디서나 행해지는 아주 일반적이고 흔한 경영관리 행위이다. 이것이 성과관리가 되기 위해서는 앞서 말한 바와 같이 연초에 적어도 조직단위로 목표가 설정되고, 그 목표의 실행 여부를 체계적으로 관리하여야 한다.

여기서는 성과관리의 목적이라는 측면에서 성과관리와 '성과관리가 아닌 일반적인 경영관리'를 구분해 보자.

변화하는 경영환경에 대응하는 기업의 전략이나 경영계획을 적절히 수립한다는 것을 전제로(기업의 최상위 전략을 수립하는 것은 성과관리체계의 문제가 아니다. 성과관리는 전략 목표의 달성을 위한 실행관리 Tool이다), 〈장면 2-1〉과 같은 적절한 수준의 경영관리를 한다면, 그 기업은 해가 지날수록 성장하는 것이 자연스럽다. 왜냐하면 전략 목표를 달성하는 다양한 과제를 수행하는 조직구성원의 실력과 경험이 축적됨으로써, 반복되거나 비슷한 업무를 이전 연도보다는 더 효율적으로 수행할 것이기 때문이다. 판매사원은 더 많은 제품을 팔 수 있을 것이고, 생산 담당자는 더 싸게 더 좋은 품질로 생산할 수 있을 것이며, 연구개발 담당자는 더 빨리, 더 성능이 우수한 제품을 개발할 수 있을 것이다. 또한 CEO를 비롯한 경영자는 경영관리의 노하우가 축적됨으로써 시장에 적합한, 고객이 요구하는 보다 적절한 전략을 수립할 수 있을 것이고, 이러한 전략의 실행을 보다 효율적인 방법으로 관리함으로써 경영성과를 향상시킬 수 있을 것이다(이런 이유로 직원들의 평균 근속연수는 회사 역량을 평가하는 주요 지표가 된다).

하지만 '성과관리'의 목적은, 세월의 흐름에 따라 직원들의 능력이나 생산성이 향상되고, 이에 따라 성과가 올라가는 '자연스러운' 경영성과의 향상을, '보다 계획적이고 의도적으로 조기에 달성해 보자'는 것이다. 말하자면 자연적인 경영성과의 향상은 우리 회사가 아니더라도 경쟁사 누구에게나 일어날 것이고, 그렇다면 우리 회사의 상대적인 경쟁력은 절대 증가하지 않는다. 우리가 경쟁사보다 더 빨리 성장하고 경쟁사의 고객을 더 많이 뺏어 올 수 있어야 한다.

결국 성과관리는 그것을 실행하지 않는 조직보다 더 빠르게, 더 크게 경영성과를 향상시키는 수단이다(이어야 한다!).

# 제3장
# 성과관리의 필요성

## 1. 성과의 의미

### (1) 일을 잘한다는 것

회사 내에서 모든 조직책임자들은 자기의 부하직원들이 일을 잘해 주기를 바랄 것이며, 반대로 부하직원들이 일을 못하기를 바라는 상사는 없을 것이다. 여기서 상사들이 바라는 '일을 잘한다는 것'은 어떤 것인가? 또는 상사가 보기에 일을 잘하는 직원은 어떤 사람인가?

회사를 포함한 모든 조직(Organization)은 '특정한 목적을 달성하기 위해 모인 2인 이상의 사람들의 집단'이다. 그러므로 조직의 구성원은 조직의 목적을 달성하기 위해 각자 맡은 바 임무를 수행하여야 한다. 따라서 조직 내에서 일을 잘한다는 것은 '자기의 맡은 바, 임무를 수행함으로써 조직의 목적 달성에 더 많은 기여를 하는 것'으로 정의할 수 있다. 반대로 '일을 못한다는 것은 조직의 목적달성에 덜 기여하는 것'으로 정의될 것이다.

'일을 잘한다는 것', 더 많은 기여를 한다는 것, 다시 말해 성과가 높다는 것은 이와 같이 간단한 논리에 따라 쉽게 정의를 내릴 수 있지만, 실제로 누가 더 많은 기여를 하는가를 판단하는 것은 결코 쉬운 일이 아니다.

개인의 성과와 조직 목적에의 기여라는 관계를 좀 더 살펴보자.

직원들이 조직의 목적에 기여하는 과정에는 두 가지 요소가 작용한다. 하나는 '일(임무)'이며, 다른 하나는 그 일을 '어떻게 수행하느냐' 하는 것이다. 생산 담당자는 '생산'이라는 일을 통해 조직에 기여하고, 영업 담당자는 영업활동이라는 일을 통해 조직에 기여한다.

한편, 생산 담당자는 생산에 관한 일을 수행하되 그 일을 더 열심히, 더 나은 방법으로 수행함으로써 더 많은 기여를 할 것이고, 영업 담당자 또한 본인의 역량과 노력을 더 많이 발휘함으로써 조직 목적에 더 많은 기여를 할 수 있다. 이 두 담당자의 경우 누가 일을 잘하는, 즉 더 많은 기여를 하는 사람인가? 만약 조직의 목적이 매출액이나 손익, 시장점유율의 증대라고 한다면 이 목적에 더 기여한 사람은 영업 담당자인가? 아니면 생산 담당자인가?

엄밀한 의미에서 직원 개인이 수행한 결과를 놓고 '일을 잘한다'거나 '성과가 높다'라는 것을 판단하기 위해서는 개인이 수행하는 일(임무) 자체의 기여도와 그 일이 개인의 열성이나 능력과 결합하여 발생한 성과가 조직 목적에 기여한 정도를 측정하여야 하며, 개인의 기여도는 이 두 요소의 곱으로 산출되어야 할 것이다. 만약 영업 직무의 기여도가 생산 직무의 기여도보다 높다고 한다면, 비슷한 역량과 노력으로 직무를 수행한 두 담당자의 경우, 영업 담당자가 생산 담당자보다 기여도가 높게 나타날 것이다.

여기서 특정한 일(직무)이 조직의 목적에 기여하는 정도를 평가하는 것이 직무평가이고, 개인이 수행한 일의 결과와 그 결과를 내는 과정에서 발휘한 역량이나 노력의 정도를 평가하는 일을 인사평가(고과)라고 한다.

결국 개인의 성과, 즉 조직 목적에의 기여도는 직무평가와 인사평가의 결과의 곱으로 나타나는 것이며, 그 결과에 따라 일을 잘하는 사람과 못하는 사람을 판단할 수 있는 것이다. 하지만 직무평가든 인사평가든 간에 개인이 맡은 바 직무수행을 통해 조직 전체의 성과에 기여하는 바를 정확히 평가하는 것은 결코 쉬운 일이 아니다. 조직 내의 수많은 개별 직무와 직원 개개인의 성과가 조직의 최종 성과, 예를 들어 매출액, 손익, 시장점유율 등에 기여한 바를 정확히 측정하는 것은 최종 성과에 영향을 미치는 엄청나게 많은 변수로 인하여 불가능하거나 또는 엄청난 비용을 수반하게 된다. 따라서 조직 목적에의 기여도의 평가, 또는 그 평가에 의해 '일 잘하는 사람'과 '일 못하는 사람'을 판단하는 것은 본질적으로 '정성적(定性的)'이 될 수밖에 없는 것이다.

## (2) 품질(Quality), 비용(Cost), 납기(Delivery)

그렇다면 앞의 내용처럼 각 개인의 기여도, 즉 개인이 본인의 역할과 책임을 다하여 이룩한 결과가 조직 전체의 성과에 기여하는 바를 측정하는 것이 현실적으로 어렵거나 불가능한 상황에서, 특정 개인이 어떻게 일을 잘한다(성과가 높다)고 판단할 수 있을까?

이 질문에 답하기 위해 조직 전체의 성과와 개인의 역할과 책임(R&R, Role & Responsibility)간의 관계를 살펴볼 필요가 있다.

전체 조직의 성과는 조직의 존재 목적에 따라 다양한 형태로 정의될 수 있다. 예를 들어 기업의 경우에는 일반적으로 매출이나 손익 등으로 표현되는 재무적 결과를 성과라 할 것이고, 공무원들로 구성된 정부조직의 경우에는 전체 국민의 복지, 편의, 행복이 증진된 정도를, 학교 조직에서의 경우 학생들의 학업 성취도 등을 성과라 할 것이다. 조직은 이러한 성과를 달성하기 위해 모든 구성원에게 일정한 역할과 책임(R&R)을 부여하여 특정한 과제를 수행하게 한다. 이른바 조직 및 개인의 업무분장이 바로 그것이다. 개인이나 단위 조직은 부여된 과제를 올바르게 수행함으로써 특정한 성과를 창출해 내고, 그러한 개개의 특정 성과들은 직간접적으로 당해 연도 또는 중장기적으로 전체 조직의 성과에 기여하게 되는 것이다(물론 조직이나 개인의 업무분장이나 책임과 역할이 회사 전체의 성과에 제대로 정렬되어 있지 않을 수도 있지만, 여기서 다룰 문제는 아니다).

그러므로 정상적인 조직에서 구성원 개개인이 맡은 바 또는 조직에서 부여한 역할과 책임을 다한다면 전체 조직의 성과가 올라갈 것은 분명한 사실이다. 따라서 여기서 다시 한 번 '일을 잘하는 것'의 정의를 내릴 수 있다. 즉, '자신에게 부여된 역할과 책임의 범위 내에서 최대한의 성과를 내는 것'이 바로 일을 잘하는 것이다. 다시 말하면 앞서 정의한 것처럼 개인의 업무 결과가 전체 조직의 목적에 얼마나 기여하는가는 따질 필요가 없다는 것이다.

그렇다면 개인의 성과, 나아가 단위 조직의 성과는 무엇으로 측정할 수 있는가? 그 측정 도구로서 개인이나 조직이 수행한 결과물의 품질(Quality), 수행 과정에 투입된 비용(Cost)과 소요기간, 즉 납기(Delivery)의 세 요소를 활용하고자 한다. 전체 조직의 성과가 아닌 조직의 구성단위(개인이나 조직)의 개별성과에 대한 측정 도구로서 QCD 는 원래 생산관리 기법의 하나로 생산라인의 생산성(성과)을 측정, 관리하는 도구로 활용되어 왔다. 이러한 QCD의 적용 대상을 확장하여, 회사의 전 부문, 즉 영업, 구매, 연구개발, 인사, 재무 등 회사 내 모든 업무 담당자의 성과를 측정·평가하는 요소로서 QCD를 활용할 것이다. 따지고 보면 직접 생산라인에 종사하는 직원과 같이, 간접지원 업무 수행자(White Colors)들의 성과를 지식 생산성(사무, 간접업무 종사자의 생산성)이라고 할 수 있다면, 지식 생산성의 측정 도구로써 QCD 기준을 적용하더라도 크게 무리가 없어 보인다. 실제 회사 팀장들의 목표를 지도하는 과정에서 컨설턴트로서 제일 먼저 머릿속에 그리는 것이, '개별 팀장의 책임과 권한(R&R)에 관한 QCD를 어떻게 적용할 것인가?'이다.

### 납기(Delivery)

먼저 이해하기가 쉬운 납기를 보자. 직원들이 일을 수행하여 특정한 결과를 내기 위해서는 반드시 일정 기간이 소요되며, 또한 조직에서의 일은 항상 납기라고 하는 시한(時限)을 가지고 있다. 같은 일(과제)을 더 빨리 하는 사람과 더 늦게 하는 사람 중 누가 더 일을 잘하는 사람인가? 또는 납기를 잘 지키는 사람과 납기를 어기는 사람 중 누가 더 일을 잘하는 사람으로 평가되는가?

### 비용(Cost)

다음으로 비용 또한 '일을 잘하고 못하는 측정·평가요소로서 긴 설명이 필요 없을 듯하다. 동일한 결과를 내는 데 있어 비용을 더 많이 쓰는 사람과 비용을 덜 쓰는 사람 중 누가 더 일을 잘하는 사람인가? 여기서 비용은 직접 경비(돈)의 의미이지만 좀 더 확장하여 개인이 투입하는 노력이나 시간의 양으로 해석하여도 무방하다(시간의 양을 비용으로 해석하면 위의 납기와 성격이 비슷해진다).

### 품질(Quality)

마지막 항목인 품질에 대해서는 약간의 설명이 필요할 것 같다. 특정한 결과물(Output)에 대한 품질은 결과물의 성격에 따라, 또는 그러한 결과물을 생성하는 직무의 성격에 따라 다양하게 정의되고, 또한 품질을 측정하는 세부 지표 또한 결과물의 성격에 따라 다양하게 표현될 것이다. 생산 현장의 경우에 '품질'은 말 그대로 생산라인에서 생산한 제품의 품질로 이해될 수 있고, 제품개발 담당자의 경우에는 개발된 제품의 초도 품질이나 기능이 품질이 될 것이다. 재무·회계 담당자의 성과 중 일부는 이들이 작성하는 각종 보고서의 품질, 즉 보고서의 정확도, 유용성, 논리성 등으로 평가할 수 있으며, 인사 담당자의 경우도 비슷하게 각종 기획안의 품질이나 신규 채용인력의 질로써 성과를 평가할 수 있을 것이다. 이렇게 직무에 따라 다양하게 표현되는 품질로써 담당자의 성과를 측정할 수 있다.

---

일의 양(Quantity)의 문제

일을 잘하는 것(으로 판단하는 것)과 관련해서 이상의 QCD 평가 방법에서 얼핏 누락된 항목이 있는 것처럼 보인다. 그것은 담당자가 수행한 '일의 양'에 관한 사항이다. 영업사원이 다른 사람에 비해 더 많은 매출을 올린다거나 인사 담당자가 같은 기간 동안 이전 담당자보다 더 많은 과제를 해치울 경우에도 상사는 "그 친구 일을 잘한다", 또는 "일을 열심히 한다"라고 평가한다. 그래서 전통적인 방식의 업적평가에서는 피평가자가 1년 동안 수행한 '업무의 양'과 '업무의 질'의 두 측면에서 업적을 평가하고 있는 것이다.

하지만 QCD 접근방식에는 '업무의 양'이 빠져 있는 바, 그것은 다음과 같이 설명이 가능할 것 같다.

직원들이 수행하는 업무의 양이라고 하는 것은 QCD, 즉 기간이 늘어나고 비용을 더 많이 투입하고, 품질에 별로 구애받지 않는다면 얼마든지 증가될 수 있다. 반대 경우의 QCD를 적용할 경우, 일의 양은 제한될 것이다. 말하자면 성과 요소로서 QCD는 양적인 성과, 즉 생산라인의 생산량, 급여 담당자의 급여지급인원, 개발 담당자의 개발제품 1개 등과 같이 업무의(결과물의) 양을 고정시킨 상태에서 성과를 표현하는 것이다.


이상에서 살펴본 바와 같이, 조직에서 일을 잘한다는 것, 즉 성과를 많이 낸다는 것은, 특정한 과제를 '최소한의 기간' 내에, '최소한의 비용'으로, '최대한의 품질'로 산출해 내는 것을 말한다.

반면에 특정한 과제를 수행할 때, 남들보다 또는 상사의 기대보다 더 시간이 많이 걸리거나, 비용을 많이 쓰거나, 그렇게 해서 해 온 결과물의 품질조차 낮을 때, 우리는 이런 사람을 '일 못하는 직원', 성과가 낮은 사람이라고 한다.

### (3) 효과성 대 효율성

직원들이 조직에서 부여한 임무를 수행하기 위해서는 필연적으로 시간과 노력, 비용을 투입(Input)하게 되며, 이러한 투입에 의해 나타나는 결과(Output)로써 개인은 조직의 성과에 기여하는 것이다. '조직의 성과에 기여하는 개인의 일의 결과'라는 측면에서 일의 결과를 평가하는 데는 효율성과 효과성이라는 두 가지 측면이 있다.

### 효율성(Efficiency)

효율성은 특정한 산출(Output)을 내기 위해 투입된 양(Input)의 비율로 측정된다. 그러므로 투입이 적을수록 효율성은 올라간다. 전형적인 효율성 지표로서 제조원가율은 판매금액 대비 투입된 제조원가의 비율로 제조원가가 낮을수록 효율성은 올라가고 회사의 성과(영업이익)는 올라간다. 또 하나 설비생산성은 생산량(Output)을 설비가동시간(Input)으로 나눈 단위시간당 생산량을 나타내는 지표이기 때문에 설비 생산성이 높을수록 같은 생산량에 투입되는 가동시간은 줄어든다.

이와 같이 효율성은 정해진 산출, 이전과 같은 산출, 주어진 산출을 내기 위해 투입을 최소화하는 것을 강조한다. 그러므로 일을 효율적으로 수행하는 것은 회사의 성과에 기여하는 것이 틀림이 없어 보인다. 하지만 효율적으로 수행한 일의 결과가 회사 성과에 항상 긍정적으로 기여하는 것만은 아니며, 때때로 더 큰 성과를 위해 효율성(Input)을 무시하고 산출에만 집중해야 하는 경우도 있다.

### 효과성(Effectiveness)

효율성이 투입 대비 산출 비율을 강조하는 반면, 효과성은 산출의 효과에 더 높은 가치를 두는 개념이다. 효과성은 때때로 투입을 무시하기도 하며 오직 일의 결과가 기여하는 경영성과의 크기만으로 판단한다. 신제품을 출시하여 시장에서 많이 팔린다면 그것은 효과성 있는 제품이 되며, 특정 제품의 생산 공정을 개선하여 제조원가가 하락되고, 그래서 그 제품이 많이 팔려 많은 이익을 창출하였다면 특정 생산 공정을 개선하는 일은 효과적인 일이 될 것이다.

피터 드러커는 '올바른 일을 하는 것(Do the right thing)'과 '일을 올바르게 하는 것(Do things right)'이라는 말로 효율성과 효과성을 설명하고 있다.

## 피터 드러커의 효과성과 효율성

지식근로자는 '효과성'을 배워야 합니다.

효과성은 지식근로자의 일 자체입니다. 그 사람이 기업, 병원, 정부기관, 대학이나 군대 어디에서 근무하던지 간에 제일 먼저 '올바른 일을 해내기(to get the right things done)'를 조직은 기대합니다. '효과적'(effective)과 '효율적'(efficient)은 다릅니다.

꼭 해야 할 일을 해내는 것이 효과성(effectiveness)입니다. 주어진 일을 적은 자원으로 어떻게 빨리 해 내느냐가 효율성(efficiency)이라면, 실제 성과에 직접 영향을 미치는 핵심적인 부분을 잘 해 내는 것이 효과성입니다. 불필요한 일을 효율적으로 해 내는 것은 어리석은 것입니다.

'올바른 일을 하는 것(Do the right thing)'이 효과성이고, '일을 올바르게 하는 것(Do things right)'은 효율성입니다.

하지만 지식업무에 종사하는 사람 중에는 효과적인 사람은 적습니다. 지식근로자들 사이에서 지성이나 상상력, 지식은 흔합니다. 우리 주변에 '똑똑하고', '아이디어 많고', '많이 아는' 사람들이 얼마나 흔한지 생각해 보세요. 그런데, 지적인 능력은 실제 '효과'를 만들어 내는 능력과 직접적으로 연관되어 있지 않습니다. 그리고 효과적으로 일을 해내는 사람은 많지 않습니다.

또 하나, '똑똑한' 사람일수록 놀랄 정도로 비효과적(ineffectual)입니다. 똑똑한 사람들 중 상당수는 '그것이 뭔지 안다'가 곧 '그 일을 실제로 해 낼 수 있다'는 것과 같다고 착각합니다. 심지어 "그건 그냥 하면 되잖아?"라는 무지한 얘기까지 합니다. 하지만 반짝하는 통찰력이 정말 의미 있는 업적과 성과로 이어지기 위해서는 반드시 지루하고 힘든 조직적인 작업이 있어야 하는 법입니다. 우리는 영리한 아이디어를 내는 사람은 눈 여겨 보지만 조직적인 작업을 실제로 해 내면서 성과를 만들어 내는 사람은 별로 주목하지 않는 경향이 있습니다. 실제 성과를 내고 일을 해 내는 사람들은 '나는 다 안다'는 식의 말만 번드르르한 헛똑똑이들이 아닙니다. 묵묵히 남들보다 한 발 앞서서 실제 일을 하는 사람입니다. 그리고 그런 사람을 효과적인 사람이라고 할 수 있습니다.

지성도, 상상력도 그리고 지식도 필수적인 요소입니다만 오직 효과성만이 그들을 실제 성과로 바꿔 낼 수 있으며, 나머지는 단지 얼마나 성취할 수 있는지를 나타낼 뿐입니다.

– 《Essential Drucker – 피터 드러커 글 모음》 '01. 효과성에 대하여'

피터 드러커의 주장에 의하면 효율성보다는 효과성이 더 중요하다. 또한 효과성이 중요한 만큼 실제 효과적인 일을 찾는 것은 대단히 어렵다.

효율성과 효과성에 대해 좀 더 이해하기 위해 다음 사례를 보자.

A회사의 생산현장을 비롯한 현장 관리자들은 늘 바쁘다. 매일매일 연장근로는 말할 것도 없고 수시로 철야나 특근을 해야 하며, 따라서 회사에서는 상당

한 금액을 연장근로 수당으로 지급한다. 과도한 연장근로를 줄여보려는 CEO의 의지에 따라, 혁신 담당자가 투입되어 연장근로시간을 분석한 결과 연장근로시간의 80%가 불량으로 반품된 제품의 수리에 소요되고, 20%는 불량으로 인한 추가 납품 물량의 생산에 소요된다.

이러한 분석을 바탕으로 혁신 담당자는 연장근로시간의 단축을 위해 다음의 두 가지 대안을 제시하였다.
대안 ① 반품된 제품의 수리를 위한 작업자의 능력 향상과 수리방법의 개선
대안 ② 제품의 불량을 줄이기 위한 품질 개선 대책 수립과 전사적인 시행
대안 ①은 더 효율적으로 일을 추구하지만 그 결과가 별로 효과적이지 않아 보이는 반면, 대안 ②는 효율성은 잘 모르겠지만 틀림없이 문제를 해결하는(연장근로시간을 줄이는) 효과적인 방법인 것으로 보일 것이다.

### 효율성의 효과성

업무 담당자로서 일을 효율적으로 수행하는 것은 대단히 중요하며, 그 자체로서 본인의 노력에 소요되는 회사의 인건비나 직접 비용을 줄인다는 측면에서 분명히 회사의 성과에 기여한다. 그러므로 현재 자기가 하고 있는 모든 일을 효율적으로 수행하는 것은 어느 정도 효과성을 띠고 있다. 이런 관점에서 효율성과 효과성을 구분하기 힘든 경우도 있다.

다음은 일을 잘 하는 방법(Doing the things right)에 대해 산업 강사들이 많이 인용하는 사례이다.

두 나무꾼 친구가 산에 나무를 하러 갔습니다. 두 사람은 경쟁적으로 나무를 해나갔습니다. 한 사람은 유달리 승부욕이 강해 친구에게 지지 않으려고 이른 새벽부터 해가 질 때까지 잠시도 쉬지 않고 열심히 도끼질을 했습니다. 그러나 다른 한 친구는 50분 일하고 10분씩 쉬면서 숨을 돌려가며 일했습니다. 산에서 내려갈 때가 되어서 두 사람은 각자 수고한 결과를 비교해 보았습니다. 그런데 어찌된 일인지 쉬면서 일한 친구가 더 많이 나무를 장만했습니다. 승부욕이 강한 친구는 투덜거리며 친구에게 이유를 물었습니다. "내가 더 열심히 쉬지 않고 일을 했는데 왜 자네 것이 더 많은가?" 그러자 친구는 점잖게 대답했습니다. "나는 10분간 쉴 때마다 도끼날을 갈았다네!"

숙련된 나무꾼이 해 오던 방법대로(그저 열심히) 했거나 좀 더 머리를 써서 도끼날의 각도, 도끼를 들어 올리는 높이, 내려칠 때의 힘의 강도를 적절히 배분하는 방법으로 도끼질을 하는 방법과 쉬어 가면서 도끼날을 날카롭게 갈아서 나무를 벤 두 나무꾼 중 누가 더 힘을 덜 들이고 나무를 베었는가? 이 질문은 '나무를 베는 데 어떤 방법이 더 효율적인가?'라는 질문과 동일하다. 질문을 바꾸어 보면, '벌목의 효율성을 높이기 위한 위의 두 가지 방법 중 어떤 것이 더 효과적인가?'라는 질문이 된다.

요약하면 효과적인 일이라는 것은 회사의 성과에 기여하는, 기존에 하지 않는 새로운 일이거나 일을 효율적으로 수행하는 데 있어 기존의 방법이 아닌 새로운 방법으로 더 나은 성과를 창출하는 일을 말한다.

일을 잘하는 사람은 바로 이 효과적인 일을 찾고 수행하는 사람이다.

**일을 잘하는 사람 - 성과가 높은 사람**

지금까지 설명한 바와 같이 QCD 측면에서 일을 잘하는 것에 대한 정의와 피터 드러커의 주장을 합하여 다시 한 번 '일 잘하는 사람'을 정의하면 다음과 같다.

조직에서 일을 잘하는 사람은 '조직의 성과에 더 많은 기여를 할 수 있는 특정한 과제(효과적인 일)'를, 최소한의 기간 내에, 최소한의 비용으로, 최대한의 품질로 산출해 내는 사람이다.


## 2. 목표의 기능

(1) 노력의 방향 제시

지금까지 성과와 성과 목표, 목표 등의 용어가 비슷하거나 다른 의미로 두서없이 사용해 왔다. 목표의 기능을 설명하기에 앞서 먼저 용어부터 정리해 보겠다.

먼저 성과라고 하는 것은 일의 결과이다. 하지만 성과는 단순한 일의 결과가 아니라 조직의 성과 향상에 기여하는 효과성 있는 결과를 말한다. 반면 목표는, 성과가 일을 수행한 이후의 사후적인 개념인 데 반해, 일을 수행하기 전에 그러한 성과를 내기 위한 기대나 의지를 사전적(事前的)으로 표현한 것이다. 즉, 목표는 '기대하는, 의도하는 성과'이다. 이러한 사전, 사후적인 차이는 '성과를 달성했다'거나 '목표를 달성하자!', '성과창출', '목표설정' 등의 표현에서 확연히 구분되어 나타난다. 성과 목표라는 용어는, 일반적인 의미로서의 목표가 아니라 조직구성원이 어떤 성과를 낼 것인가를 강조하기 위해 동어 반복적으로 표현한 용어이다.

직원들이 일을 수행하는 데 있어서 목표가 어떤 기능을 하는지를 살펴보기 위해 다시 한 번 제2장에서 소개한 성과함수를 보자. 성과 = 능력 × 노력으로 표현되는 성과함수는 결과변수로서의 성과와 성과를 결정하는 두 개의 독립변수로 구성되어 있으며, 직원들의 능력을 키우고 동기를 자극하면 그 결과로써 성과는 올라간다는 의미이다. 이 함수에서 결과변수로서 표현된 성과와 앞 장에서 설명한 성과의 의미, 즉 개인의 일에 관한 QCD의 개선, 효과성 있는 성과와는 약간의 차이가 있다. 성과함수가 의미하는 대로 열심히 노력하고 열심히 능력을 개발하면 성과가 올라가는 것은 맞지만, 그 성과가 과연 업무에 관한 QCD를 개선하여 효과성 있는 성과로 나타나고, 그래서 조직 전체의 성과 향상에 기여하는 성과인지에 대해서는 성과함수에서 전혀 언급이 없는 것이다.

성과관리는 회사의 성과 향상을 지향한다. 나아가 성과관리는, 세월의 흐름에 따라 직원들의 능력이나 생산성이 향상되고, 이에 따라 성과가 올라가는 '자연스러운' 경영성과의 향상을, '보다 계획적이고 의도적으로 조기에 달성하는 것'을 지향한다. 그러므로 성과관리에서는 결과로서의 성과가 아닌, 사전적이고, 계획적이고, 의도적인 '목표'를 먼저 설정한다. 직원들은 이 목표를 달성하기 위해 필요한 능력을 개발하고 노력을 기울이는 것이다. 다시 말하면 (성과) 목표를 통해서 개인들이 쏟아야 할 노력의 방향성 능력개발의 방향성이 결정되는 것이다.

이러한 방향성은 굳이 방향을 표시하지 않은 성과함수에서도 어느 정도 포함되어 있다. 직원들은 누구나 조직에서 부여한 일정 범위의 업무와 책임(R&R)을 가지고 있으며, 이것이 개인의 능력개발과 노력의 방향성을 제시하고 있는 것이다. 그러므로 아무리 엉뚱한 직원이라도 자기의 일과 관계없는 교육(자기개발교육은 제외하고)을 받으려 하거나 자기의 일이 아닌 업무에 노력을 쏟는 사람은 없다. 하지만 여기서 말하는 노력과 능력개발의 방향성이라는 것은 개인의 '역할과 책임'이라는 포괄적인 방향성이 아니라 본인이 해야 할 일을, 보다 구체적이고 명확하게 설정된 과제, 그것도 전체 조직의 성과에 상당히 기여할 것으로 기대되는 과제를 향한 집중화된 노력의 방향을 의미하는 것이다.

〈그림 3-1〉은 목표의 기능을 포함하여 성과함수를 다시 표현한 것이다. 능력과 노력의 위쪽에 화살표는 직원들이 '단순히 맡은 바 모든 일을 열심히 하는 것'이 아니라, '직원들이 능력개발과 노력을 쏟아 부을 구체적인 방향(과제)'을 표시하고 있다.

성과 = 능력(Ability) × 노력(Motivation) × 기회요인(Opportunity)

〈그림 3-1〉 목표와 성과함수

〈그림 3-1〉에서 보는 바와 같이 성과함수에 화살표를 그려 넣는 일견 단순해 보이는 일은, 두 가지 측면에서 실제 개인의 성과, 나아가

조직의 성과 향상에 엄청난 영향을 미친다.

　첫째는, 기대하는 성과로서 목표는 직원들이 수행한 수많은 업무 중에서 피트 드러커가 주장하는 바와 같이 조직의 전체 성과에 크게 기여하는 '효과성'있는 구체적인 과제를 제시한다.

　둘째는 직원들의 노력의 집중성 측면이다. 회사의 직원들은 항상, 언제나 바쁘고 열심히 일하고 있다는 데 대해서는 직원 스스로뿐 아니라 웬만한 CEO들도 인정하고 있다. 문제는 '무엇을 위해' 또는 '무엇을 하느라' 그렇게 바쁘고 열심히 하는가이다. 목표는 효과성이 높은 과제의 수행을 위해, 설사 효과성이 낮은 업무를 희생하더라도, 직원들의 능력개발과 노력을 집중하게 하는 것이다.

　이러한 목표의 기능은 단순히 사전적인 의미로서의 목표 자체가 본질적으로 갖는 속성은 아니다. 목표 자체가 올바르게 설정된다는 것을 전제로 목표의 기능이 제대로 발휘될 수 있는 것이며, 이 책의 핵심 내용은 바로 그 '올바른 목표'를 설정하는 방법이다.

목표는 위에 적은 두 가지 기능 외에 조직 심리학적으로 일을 수행하는 직원들에게 있어 보다 심오한 기능을 수행한다.

## (2) 동기부여

인사컨설팅을 수행하는 과정에서 제일 먼저 수행하는 작업은 조직진단이다. 이 작업은 회사의 인사관리를 포함한 경영 전반에 걸친 직원들의 의견이나 만족도를 조사하여, 수행하여야 할 컨설팅의 세부 과제를 명확히 하고, 최종적으로 인사 시스템에 반영할 목적으로 이 작업을 수행하고 있다. 이때 발견되는 많은 문제점 가운데 일을 수행하는 방식, 또는 태도에 관해 상사와 직원들 간에는 다음과 같은 시각차이가 존재한다.

• 상사의 고민 : "부하들이 자기의 일을 스스로 알아서 수행해주기를 기대하지만, 부하들은 시키지 않으면 일을 하지 않는다. 그래서 내가 직접 관여해서 일일이 지시를 해야만 일을 한다."

• 부하의 고충 : "일정 부분 내 스스로 알아서 하려고 하나, 모든 일을 상사가 직접 관여하기 때문에 도대체 일을 내 스스로 할 수도 없고 시키지 않는 일을 먼저 할 필요가 없다."

조직 내에서 상사가 부하에게 일을 시킬 때, 부하들로 하여금 열심히 일을 하게 하여 성과를 내도록 하는 요령이나 기법은 이미 수많은 동기이론과 리더십 이론의 이름으로 연구되었고, 그 결과는 각종 논문과 저서로 발표되어 있다.

여기서 목표에 관한 대표적인 이론 두 가지를 소개하고자 한다.

## 맥그리거의 X-Y이론

위에 적은 바와 같이 상하간의 인식 차이에 대해서는 이미 1960년에 맥그리거(Douglas McGregor)가 실증적 연구를 통해 규명한 바 있다. 이른바 X·Y이론이 그것이다. 이 이론에 따라 위의 상황을 정리하면, 상사들은 X이론에 입각하여 부하들을 바라보는 반면, 부하들은 스스로를 Y이론에 가까운 인간형으로 보고 있다.

Y이론에 근거하여 부하들을 관리하는 것이 더 많은 생산성을 보인다는 맥그리거의 명백한 연구결과에도 불구하고 여전히 이 이론은 현대 리더십이론, 동기부여이론의 한복판에 서 있는 미완의 과제로 남아 있다. 수많은 학자들과 산업 강사들이 저서와 강의를 통해 조직의 경영자, 중간관리자를 대상으로 Y이론을 신봉하라는 가르침에도 불구하고 여전히 조직 곳곳에서 X이론의 신봉자들이 많다는 것이 부하들의 인식이다.

### 맥그리거의 X이론과 Y이론

맥그리거는 인간성에 대한 근본적인 시각을 긍정적으로 보는 시각과 부정적으로 보는 시각의 두 부분으로 나누어, 부정적인 시각을 X이론, 긍정적인 시각을 Y이론이라고 명명하였다.

X이론의 시각에서는 사람을 다음과 같이 보고 있다.

• 직원들은 원래 일을 하기 싫어한다. 항상 게으름을 피울 기회만 찾는다.

• 그러므로 목표 달성을 위해서는 계속 감시하고, 통제해야 한다.

• 직원들은 책임을 맡는 것을 꺼리며 지침을 받아 일을 하는 것을 선호

한다.
- 대부분의 직원들은 야심찬 계획보다는 안전에 우선순위를 둔다.

반면 Y이론에서는 이와는 반대의 시각으로 사람을 본다.

- 직원들은 우호적인 환경 하에서 일을 휴식처럼 자연스러운 것으로 받아들인다.
- 직원들은 자기들이 '몰입'하는 조직의 목표와 일에 대해 창의적이고 스스로 방향을 잡을 수 있다.
- 직원들은 창의적인 문제 해결능력을 가지고 있으나 많은 조직에서 이들 재능을 발휘하지 못하고 있다. 따라서 지적이고 동기부여된 직원들의 타고난 성향을 끄집어내는 것은 관리자의 몫이다.
- 적당한 조건이 주어진다면, 직원들은 스스로 몰입하는 목표에 있어 책임을 받아들이고, 스스로 통제하며 스스로 방향을 설정하는 것이 가능하다.
- 조직의 목표에 대한 몰입은 성취와 결부된 보상에서 나오며, 그러한 보상 가운데 가장 중요한 것은 성취에 대한 자아실현 욕구이다.

맥그리거의 조사에 의하면, 조직 내 대부분의 관리자들은 X이론, 아니면 Y이론 중 어느 한편을 채택하여 부하들을 관리한다고 한다.

### 로크의 목표설정이론

목표설정이론(Goal Setting Theory)은 1968년 심리학자 로크(E. A. Locke)에 의해 최초로 제기되었고, 후속 연구자들에 의해 그 타당성이 검증되었다. 이 이론은 이전에 피터 드러커가 주장한 MBO에 대한 이론적인 기반을 제공함으로써 경영기법으로서의 MBO가 미국의 많은 기업에 확산되는 계기를 제공하였다. 로크의 목표설정이론의 핵심은 "명확하고 달성하기 어려운 목표일수록, 만약 구성원들에게 받아들여지기만 한다면, 더 높은 성과를 가져온다"는 것이다.

로크를 비롯한 후속학자들은 목표가 높은 성과를 가져오는 이유로서, 명확하고 도전적인 목표 자체가 동기를 유발하여 개인의 목표 달성에 대한 몰입을 가져온다고 설명하였다.

아울러 목표 자체가 동기를 유발하는 과정을 다음과 같이 설명하고 있다.

- 목표는 주의와 행동을 이끄는 효과를 가지고 있으며, 의도적인 행동의 방향을 설정해주고, 만약 구체적으로 기술된다면 어디에 어떤 노력을 기울여야 할지를 알려준다.
- 목표설정은 실행과정과 관련된 전략의 개발을 필요로 하며, 사람들이 목표를 가지고 있을 때에 목표 달성을 위한 방법을 스스로 숙고하며, 특히 목표가 어려운 것처럼 보일 때는 더욱 더 많은 전략과 계획을 검토하고 수립한다.

### (3) 유사한 개념들

목표가 직원들이 수행하여야 할 구체적인 과제, 즉 노력의 방향성을 제시한다는 측면에서 목표와 비슷한 기능을 수행하는 일들이 있다.

**업무계획**
성과관리의 목표설정 단계는 직원들이 목표를 설정하고 목표 달성을 위한 실행계획을 세부과제와 일정 등의 내용으로 수립하는 단계이다. 이런 의미에서 목표설정은 우리가 일반적으로 말하는 업무계획의 일부이다. 성과관리를 하지 않는 회사라 할지라도 대부분의 조직에서 적어도 1년에 한 번 정도는 연간 업무계획이라는 것을 수립하고, 어느 정도 경영관리에 대한 개념이 있는 조직이라면 월간, 나아가 주간으로 업무계획을 직원들로 하여금 수립하게 하며, 이 계획에 따라 실적을 관리한다. 여기서 업무계획은 개인 또는 조직단위로 해야 할 과제와 내용을 일정에 따라 서면으로 기술한 것을 말한다.

목표가 없는 업무계획의 역할은 대략 다음과 같이 정리될 수 있다.

1년 동안 개인이 수행할 수많은 업무들을 일목요연하게 서면으로 정리함으로써 본인에게는 정해진 시기에 정해진 업무를 빠트리지 않고 수행하게 하고, 상사는 이 계획에 따라 업무를 관리한다. 나아가 팀 내외의 관련 직원과 업무를 공유함으로써 이들과의 협조를 원활하게 한다.

이와 같이 업무계획 또한 특정시기에 특정 업무수행이라는 노력의 시기와 방향을 나타낸다. 하지만 목표가 설정되지 않음으로써 전체 조직의 성과에 영향을 미치는 '효과성 있는 과제'가 구분되지 않고, 따라서 직원들이 집중적으로 노력하여야 할 방향성이 구체화되어 있지 않다. 그러므로 목표가 빠진 채로 업무계획을 수립하고 관리하는 것은 목표를 전제로 하는 성과관리에 비해 성과 향상을 기대하기가 어렵다.

컨설턴트로서 나의 경험에 의하면 적어도 업무계획 및 추진 결과의 관리에 관한한 가장 철저한 곳이 공기업이나 공무원들이 아닐까 생각한다. 이들의 업무계획서, 즉 − 대부분이 대기업 규모이기 때문에 − 전직원의 업무계획서를 모으면 거의 책자 수준으로 수백 페이지에 이른다. 하지만 수백 페이지에 이르는 업무계획이 성과 향상에 얼마나 기여하는가는 여전히 의문이다.

### 직무기술서, 업무표준서

조직 내에서 직원들은 조직에서 부여한 일정한 역할(Role)을 수행하며, 그 역할 수행과 결과에 대해 일정 수준의 책임(Responsibility)을 가지고 있다. 이러한 역할과 책임을 서면으로 체계적으로 정리한 것이 직무기술서이다. 나아가 업무표준서는 특정 업무의 수행 절차와 방법을 상세히 기록한 것으로, 업무 담당자는 이 표준에 따라 일을 수행하여야 한다. 그러므로 직무기술서나 업무표준 또한 직원들이 어떤 업무를 어떻게 수행해야 하는지에 관한 방향과 방법을 제시한다. 하지만 여기서도 여전히 목표가 빠져 있기 때문에 직무 담당자로서의 직원들이 집중적으로 노력하여야 할 구체적인 방향을 제시하지는 않는다.

직무기술서나 업무표준은 속성상 자주 바뀌는 것이 아니며, 대개의 경우 적어도 1년 이상은 유효하게 개인의 실제 업무에 적용된다. 이런 면에서 매년 새롭게 수립하는 업무계획과는 분명히 달라야 한다. 하지만 직무기술서와 유사한 업무계획을 수립하는 조직도 심심찮게 발견된다.

직무기술서나 업무표준서와 비교하여 업무계획의 내용을 좀 더 살펴보자.

대부분의 조직에서도 비슷하겠지만 업무계획 수립에서 가장 애로를 느끼는 직원들은 주로 하위 직급에 있는 직원들로서, 이들은 대부분 단순 반복적인 업무를 수행하고 있다. 예를 들어 인사부서의 급여 담당자나 영업부서의 실적집계 담당자들의 경우, 이들의 업무는 거의 일일 주기, 나아가 주간, 월간 주기로 일이 진행되고 있고, 또한 대부분 전산시스템에 의해 일이 이루어지기 때문에 별도의 계획을 세울 필요가 없어 보인다. 그래서 이들의 연간 업무계획서에는 '매월 급여 지급', '일일 실적마감, 주간 마감, 월 마감' 등의 업무 외에는 별로 기재할 내용이 없다. 회사에서 정한 업무계획서 양식을 채우기 위해, 보다 상세하게 '월 마감'을 하기 위해 수행하는 단위 업무들, 즉 전표를 매월 1일 취합하고, 5시까지 입력하고, 익일 9시까지 보고서를 출력하여 보고하는 것 등을 기재하였다면 이것이 업무계획인가 아니면 직무기술서나 업무표준인가?

직급이 좀 더 높은 직원이라면 제법 많은 분량의 업무계획을 수립한다. 인사운영 담당자라면, 1월 인사고과 실시, 2월 급여인상 품의, 3월 개인별 연봉조정 등등이 될 것이고, 구매 담당자라면 1월 거래처 심사·변경, 2월 구매단가 협상, 3월 거래처 협의회 개최 등등을 적을 것이다. 영업 담당자의 업무계획에는 고객정보 수집, 거래처 방문, 제안서 작성, 단가 협상 및 납품, 납기 관리라는 내용으로 업무계획을 세울 수 있다. 만약 이들이 올해의 연간업무계획에 기재하는 업무계획들이 전년도와 동일하다면, 나아가 2년 전의 업무와 동일하다면 이것은 업무계획인가, 아니면 업무표준이나 직무기술서인가?

두 번째 사례의 업무계획 또한 첫 번째 사례와 별로 다르지 않다. 그것은 업무계획(Plan)이 아니라 업무표준이나 직무기술서에 가깝거나, 좀 더 후하게 평가하더라도 업무 일정(Schedule)에 지나지 않는다. 단지 차이가 있다면 대리급 사원은 자기가 작성한 업무계획이 업무표준인 줄 모르고, 그것이 업무계획인 것으로 착각하고 있다는 점과, 급여 담당자 등 사원급 직원들은 자기의 업무가 단순 반복적이고, 그래서 본인도 알고 상사도 잘 알고 있기 때문에 - 즉, 업무 표준으로 확정되어 있다는 사실을 알기 때문에 - 그러한 상세한 업무를 계획서에 적지 않는 점이 차이일 뿐이다. 만약 직원들이 업무계획을 매년 동일하게 수립하거나 아주 일부만 바꾸어 수립하는 조직이라면 매년 책자만큼, 두꺼운 업무계획 모음만큼 낭비적인 것도 없다.

### 미션, 방침과 전략, 구호

회사에 존재하는 모든 단위조직이나 개인은 미션, 즉 임무를 가지고 있다. 미션은 앞서 기술한 직무기술서의 구체적인 업무 내용들이 지향하는, 즉 업무 수행을 통해 달성하려는 궁극적인 목적이다. 예를 들어 생산팀은 회사에서 판매하는 제품을 보다 싸게, 최상의 품질로서, 최대한 납기를 준수하며 생산하여야 하는 미션을 가지고 있고, 영업 담당자는 최대한 많은 고객에게 더 많은 제품을 판매해야 하는 미션을 가진다. 인사 담당자는 우수한 직원을 신속하게 공급하고, 직원들의 동기를 강화하고, 능력을 개발해야 하는 미션을 가진다. 이와 같이 미션은 직원들이 일을 수행하는 궁극적인 목적을 표현하고 있기 때문에, 전체 조직의 성과 향상과 관련하여 세심하게 정의된 미션은 지금까지 기술한 '목표'와 직접 연계된다. QCD의 향상을 지향하는 목표, 효과성 있는 목표는 바로 이 미션에서 비롯되며, 직원들 개인이 미션을 완수하는 과정에서 조직의 성과는 향상된다.

CEO가 연초에 직원들에게 제시하는 올해의 경영 방침 또한 직원들의 노력의 방향성을 제시한다. 예를 들어 '원가절감의 해'라는 경영방침은 전직원들이 작년과는 달리 원가절감에 최대한 노력을 기울여야 하는 방향을 제시한다는 측면에서 목표와 가장 유사하다. 실제 원가절감이라는 과제는 CEO의 입장에서 목표 그 자체이며, 따라서 직원들의 목표에는 반드시 원가절감을 위한 구체적인 계획이 포함되어야 한다. 이와 같이 직원들의 목표는 CEO의 경영 목표를 달성하는 강력한 수단이 되는 것이다.

'시장점유율 1위 달성!', '생산 목표 달성!' 등의 구호는 직원들의 주의를 환기시킨다. 일상적인 업무에 매몰되어 여기저기 분산되거나 열의가 식은 직원들의 의지를 한 방향으로 결집, 강화하는 효과는 있다. 하지만 여전히 그 방향(과제)이 구체적이지 않기 때문에 집중된 노력은 약해진다. 다시 말하면 '생산 목표 달성!'이라는 구호를 제창함으로써, 생산 목표를 달성하려는 팀원들의 열의는 강해졌지만 구체적으로 각자가 무엇을 해야 할지 모르기 때문에 실행을 위한 노력은 그만큼 약해질 수밖에 없다.


## 3. 성과관리의 필요성

(1) 실행력, 우량 기업의 조건

"비전, 전략, 인재도 있다. 그런데 성과가 오르지 않는 이유는 무엇인가? 기업의 성패는 전략적인 계획을 실행에 옮기는 역량에 좌우되며, 실행은 하나의 문화이자 시스템이다. 따라서 실행력은 기업의 전략과 목표, 기업문화에 반드시 스며들어야 한다."

–《실행에 집중하라》, 2004년 래리 보시디·램 차란 지음

"모든 성공한 사람들을 묶어주는 공통점은 결정과 실행 사이의 간격을 아주 좁게 유지하는 능력이다."

– 피터 드러커(Peter F. Drucker)

"시간이 지나면 경쟁자들은 같은 무기(전략)를 들고 싸운다. (…) 따라서 일이 되게 하고, 제대로 되게 하고, 옆 사람보다 더 잘 되게 하는 것이 미래의 새로운 비전을 만들어 내는 것보다 훨씬 더 중요하다."

– 루이스 V. 거스너 Jr(Louis V. Gerstner, Jr.), IBM의 전 CEO

"잘못된 전략이라도 제대로 실행만 하면 반드시 성공할 수 있다. 반대로 뛰어난 전략이라도 제대로 실행하지 못하면 반드시 실패한다."

– 스콧 맥닐리, '선마이크로시스템즈'의 설립자

"실천이 곧 전부다. 이것이 나의 지론이다. 아이디어는 과제 극복의 5%에 불과하다. 아이디어의 좋고 나쁨은 어떻게 실행하느냐에 따라 결정된다고 해도 과언이 아니다"라며 실천의 중요성을 강조하고 있다. 실행은 '결과를 이끌어 내는 과정과 방법'이고, 실행력은 '일이 이루어지도록 하는 능력'이다. 아무리 좋은 생각이더라도 실행되지 않으면 좋은 의도로 남을 뿐이다. 실행만이 생각과 결과 사이를 연결할 수 있다."

– 카를로스 곤, '닛산자동차'의 전 CEO

나는 대기업 인사 담당자로서 그리고 인사 컨설턴트로서 20년 이상을 인사업무에 종사하다 보니 인사 컨설팅 일을 할 때, 항상 '사람의 측면'에서 많은 부분을 판단하는 버릇이 있다. 사람의 측면에서, 내가 근무했던 대기업, 중견 기업 그리고 컨설팅을 하면서 접촉하는 많

은 중견·중소기업들과 공기업들을 나름대로 잘하는 기업, 또는 잘 할수 있는 가능성이 있는 기업과 그렇지 못한 기업으로 판단하는 기준은 다름 아닌 '실행력'이다. 기업 경쟁력을 결정하는 엄청나게 많은 요인들과 경쟁력을 향상시키는 수많은 방법들이 제시되고 있지만, 이것들을 요약하면 결국 전략과 실행력, 두 가지로 압축된다.

앞쪽 박스에서 보는 바와 같이 실행력을 강조하는 많은 경영서적과성공한 CEO들의 '말씀'들을 보면 이러한 생각이 틀리지 않았다는 느낌을 받지만, 어떤 기업이, '좋은 전략'이라고 하는 실행의 방향과 그전략 목표를 달성하는 '실행력'이 있다면 그 기업이 잘 될 것이라는 것은 어쩌면 너무나 당연한 이야기일 것이다.

실행력이 없다는 것은 실제 기업 현실에서 다음과 같은 형태로 문제점을 드러낸다.

- 일 년 내내 계획 수립하다가 시간 다 보낸다.
- 우리 회사는 회의만 많고 되는 건 아무것도 없다.
- 회의에서 수많은 논의와 결정이 이루어지지만 그것을 관리하는 사람이 없다.
- 문제가 있어도 책임질 사람이 없거나 책임을 묻지 않는다.
- 열심히 하건 안 하건 돌아오는 건 아무것도 없다.
- 직원들도 하다가 어려우면 안 해 버린다. 그래도 아무도 뭐라 하는 사람이 없다.

실제 내가 직간접적으로 겪어본 수많은 기업들은 CEO를 포함해 모든 직원들이 적어도 하나 이상의 회사 내부의 문제점을 이야기한다. 또한 이러한 문제점들은 거창한 회사의 전략에 관한 문제가 아니라

(실제 대부분의 직원들은 전략에 대해서는 별로 구체적인 내용을 잘 모른다) 본인의 업무에 따른 불편함에 관한 것이 대부분이다. 컨설턴트로서 피부로 느끼는 실행력이라고 하는 것은, 이러한 불편이나 문제가 있을 경우 또는 CEO가 문제를 인지했을 때 실제 그 문제를 해결하는 것, 즉 그 문제에 대해 해결할 사람을 정하고, 그 문제를 해결할 때까지 실행을 재촉함으로써 그 문제를 없애는 일에 다름 아니다. 잘하는 조직이라면 당면한 문제를 해결하는 것은 물론, 남보다 더 잘하기 위해서 남들보다 높은 목표를 설정하고, 그 목표를 달성하는 실행력을 갖추어야 할 것이다. 성과관리는 직원들 개개인이 구체적인 과제를 향해 노력을 집중하게 함으로써 실행력을 높이는 것이다.

(2) 끊임없는 개선 추구 – 성공하는 기업의 8가지 습관

다음은 짐 콜린스와 제리 포라스가 지은 《성공하는 기업의 8가지 습관(원제 Built to Last)》 중 '마지막 습관 – 끊임없는 개선 추구'에 나오는 글이다.

"비전기업에게 중요한 사안은 '우리가 얼마나 잘하고 있는가?', '어떻게 하면 잘할 수 있을까?', '경쟁기업에 대처하기 위해 어느 정도 잘하면 될까?' 하는 것들이 아니다. 비전기업이 생각하는 중요한 과제는 '어떻게 하면 오늘 우리가 했던 것보다 내일 더 잘할 수 있을까?' 하는 것이며, 이것이 직원들의 일상 업무의 규범처럼 되어 사고와 행동의 습관이 되는 것이다. … (중략) … 우리의 조사 연구를 통해서도 개선이라는 개념이 기업 성공에 중요하다는

것은 명백히 밝혀졌지만, 단순히 유행성이거나 계획에만 그쳐서는 안 된다. 비전 기업들은 개선을 제도화시키고 습관화시킴으로써…. (후략)"

성과관리는 직원들로 하여금 자기 업무에 관한 높은 목표를 설정하게 하고, 목표 달성 과정을 체계적으로 관리함으로써 실행력을 강화한다. 목표란 뒤에서 상세히 설명하겠지만 '현재보다 더 나은, 더 성장하고 발전된 상태'이며, 성과관리는 바로 이러한 '개선'을 습관화시키는, 성공하는 기업을 만드는 조건이다.

성과관리는 직원들을 일 잘하게 만드는 방법이다. 즉, 직원들이 올바른 목표를 설정하고 그 목표를 향해 노력을 경주하고 능력을 개발하게 하여 목표의 달성이라는 성과를 내게 하는 것이다. 그러므로 현대 기업에서 성과관리는 특정한 시스템이나 제도라기보다는 일을 잘하는 방법, 일을 잘하게 만드는 방법 또는 일을 제대로 수행하는 과정 그 자체이기 때문에, 만약 성과관리만 제대로 된다면 전체 조직의 성과가 올라가는 것은 지극히 당연할 것이다.

## 4. 성과관리의 효과

### (1) 올바른 것(Right Thing)에 대해 심사숙고하게 한다

성과관리의 가장 큰 효과는 바로 이것이다. 성과관리의 출발은 목표설정에서 비롯되며, 직원들이 목표를 설정하는 일은 바로 이 '올바른 것'을 찾는 작업이다. 항상 같은 일, 늘 하던 일만 하던 직원들이 드디어 '올바른 것', 즉 자기 업무의 QCD를 높이기 위해, 회사의 경영 성과를 높이는, 피터 드러커의 효과성 있는 일을 찾기 위해 생각하고 고민을 시작한다. 또한 목표설정의 과정은 '올바른 것'을 도출하기 위해 상사와 부하 간에 진지하고 자발적인 토론을 독려하고 조장한다. 이러한 효과는 실제 목표설정을 지도하는 현장에서 CEO나 임원, 팀장들이 이구동성으로 이야기한다.

성과관리는 그 자체로서 '올바른 것'을 직원들 앞에 제시하는 것은 아니다. 그래서 성과관리를 추진하고 있는 많은 기업들에서 성과관리가 실패하는 가장 큰 이유는 '올바른 것'을 찾아내지 못하기 때문이다. 하지만 회사가 전사적으로 성과관리를 강력하고 지속적으로 추진한다면 오래지 않은 기간 내에 직원들은 거듭된 숙고를 통하여 '올바른 것'을 찾아내게 된다.

### (2) 목표는 그 자체로서 직원들의 달성의지를 강화한다

목표에 관한 로크의 이론을 빌리지 않더라도 목표설정을 지도하면서 가장 보람을 느끼는 것이 바로 동기부여이다. 대부분 직원들에게 목표설정을 해 오라고 하면, 제대로 된 목표, 즉 무엇을 할 것인지가 명확한, 도전적인 목표를 수립하지 못한다. 다만 막연히 열심히 하겠다는 말뿐인 의지만 가지고 있지만 막상 '무엇'을 하겠다는 것은 불분명하다. 이런 직원을 상대로 1:1 지도를 통해 막연한 '그 무엇'에 대해 구체적이고 그리고 도전적인 과제와 목표수준이 도출되었을 때, 그 직원들의 반응은 대체로 이러하다.

"정말 이거 제가 다 해야 할 일인가요?"

"다 하려면 거의 죽음인데요… 이제 무엇을 해야 할지 알겠습니다."

"이 정도는 해야지 우리 사업부 목표 달성합니다."

### (3) 성과관리는 관리자의 리더십 실현의 구체적인 장(場)이다

직원들이 항상 일상적이고 반복적인 일만 수행한다면 관리자가 할 일은 무엇일까? 말 그대로 관리하고 통제하는 일만 하면 될 것이다. 직원들이 제때 출근하는지, 정해진 일을 하는 지, 정해진 일을 정확하게 해 오는지의 여부만 감시하고 독려하면 된다. 이것은 바로 전통적인 경영방식이며, 전통적인 리더십이다. 하지만 현재 기업에서 경영방식과 리더의 역할은 달라질 것을 요구한다.

드러커의 주장에 의하면 경영자를 포함한 관리자의 가장 큰 역할은 자기의 조직과 그 조직이 속한 상위조직이 성공을 위해 올바른 목표를 수립하고, 나아가 부하직원들이 조직의 목표 달성에 공헌할 수 있도록 기대되는 공헌이 무엇인지를 알려 주는 것이다. 한마디로 관리자의 목표설정 능력이다. 나아가 리더십에서 주장하는 '권한을 위임하는 것'은 부하의 목표 달성의 노력을 강화할 것이며, 코칭과 피드백은 부하의 목표 달성을 촉진하는 성공요소로 작용할 것이다. 성과관리에서 강조하는 상하간의 커뮤니케이션 과정은 바로 이러한 리더십의 주요 요소들에 대한 필요성을 관리자 스스로 느끼고 발휘하게 한다.

### (4) 성과관리는 직원들의 자발적인 학습을 촉진한다

  인사관리 컨설팅의 초기단계에 수행하는 조직 진단, 또는 직원 만족
도 조사의 결과를 분석해 보면, 직원들은 회사의 교육투자에 많은 기
대를 하면서도 정작 본인들은 능력개발에 대한 노력이나 의지는 대단
히 약하다. 또한 조사에 의하면 스스로 자기의 업무를 수행하는 데
별로 능력의 부족함을 느끼지 않는다고 대답한다. 그 이유는 간단하
다. 대부분의 직원들이 기업성과의 '향상'에 기여하는 업무를 하지 않
기 때문이다. 작년에 하던 일, 전 전년도에 하는 일, 단순 반복적인
일, 상사의 지시에 따라 수행하는 일을 하는 데 무슨 새로운 지식이
필요할까? 드러커의 MBO에서 주장하는 목표는 기업의 성과 향상에
공헌할 수 있는 것이어야 하며, 그러한 목표를 달성하기 위해서는 새
로운 접근법, 새로운 방법이 반드시 필요하다. 이는 높은 목표를 달성
하기 위해 노력하는 과정에서 스스로 느끼게 되며, 그래서 학습에 대
한 구체적인 필요성을 느끼게 된다.
  실제 내가 컨설팅을 한 회사의 영업팀장의 목표를, 이전에 하지 않았
던 '고객 만족도 조사'로 설정한 적이 있다. 이 팀장은 스스로 설문서
를 만들고 데이터를 분석하는 과정에서 설문서 작성 기법, 분석 기법
등에 대해 주로 인터넷을 통해 스스로 학습하고, 주변에 자랑까지 하
면서 훌륭히 만족도 조사를 완수하였다. 고객 만족도 조사의 결과를
영업정책수립이나 영업활동 자체에 충분히 활용을 한 것은 물론이다.

기업 규모의 대소를 막론하고 어떤 조직이던지 조직과 개인의 업무분장은 대체로 이루어져 있다. 하지만 업무분장의 수준은 일반적인 고유 업무에 관해 개략적으로 서술되어 있어 실제 조직에서 처음 발생하는 업무나 개인 또는 조직 간에 발생하는 문제나 또는 문제 해결의 책임 소재에 관해서는 업무분장이 명확한 답을 제시하지 못하는 경우가 종종 발생한다. 그래서 과제 수행 책임이나 문제 발생, 그것의 해결에 관해서 관련부서간의 책임 회피로 말미암아 과제 수행이 안 되거나 문제를 해결하지 못하는 경우가 많다. 이런 사례는 기업의 대소 규모를 불문하고 경영관리가 부족한 기업에서 자주 발견된다.

하나의 사례로서, 생산팀과 생산지원(관리)팀의 업무분장이 불분명한 경우 다음의 문제가 발생한다. 성과관리를 하지 않는 상황에서 생산 납기 준수는 두 팀장이 공동 책임을 지고 상호 협조하여 납기 준수라는 과제를 수행한다. 만약 납기에 문제가 생겼을 경우 상사는 두 책임자를 불러 '두 사람이 잘 협조해서 이런 일이 없도록 하시오'라는 질책으로 넘어갈 수 있다. 성과관리 이전에는 이런 방식으로 일을 해 왔던 것이다. 하지만 이런 식으로는 절대 문제가 해결되지 않는다(즉, 실행력이 없다!). 상사의 질책을 받고 나온 두 사람은, 각자 상대방이나 제3자(지킬 수 없는 생산 오더를 수주하는 영업팀, 아니면 생산 원자재 조달에 책임이 있는 구매부서)에게 책임을 떠넘길 것이다. 하지만 이 회사가 성과관리를 도입하고 개인별 목표를 설정한다면, 지금까지 명확한 구분 없이 수행하던 공동의 목표, 즉 생산납기 준수는 생산지원팀과 생산팀에 분해되어 할당되어야 한다. 즉, 납기 준수를 위해서 생산

지원팀은 원자재의 적기 조달과 적절한 생산 계획(복잡한 영업 오더를 생산팀의 생산능력을 감안한 적정한 수준으로 생산계획을 수립하는 것)에 대한 책임을 지고, 생산팀은 생산에만 전념하여 납기 준수라는 목표를 달성하여야 한다. 이러한 납기 준수라는 상위 조직의 목표를 놓고 두 팀장 간에 업무책임을 명확히 하는 것, 이것이 성과관리이다.

### (6) 성과관리는 조직의 경영관리 수준을 단기간에 향상시킨다

중견·중소기업을 컨설팅하면서 가장 많이 듣는 이야기가 있다. '우리는 중소기업이기 때문에 대기업의 방식은 안 된다.' 얼핏 이 말에 동의를 하면서도 한편으로 과연 중소기업과 대기업의 근본적인 차이가 무엇일까에 대해 다시 한 번 생각하게 된다. 물론 중소기업과 대기업은 경영방식, 관리방식에 있어 차이가 있고 각각의 장단점이 있다. 관료주의, 느린 의사결정, 수많은 계획과 검토, 이에 따른 엄청난 분량의 문서들이 대기업의 단점인 반면, 중소기업의 빠른 의사결정, 인간적인 유대를 통한 팀워크와 긴밀한 커뮤니케이션이 장점이다. 그래서 대기업에서도 중소기업형, 특히 벤처기업형 문화를 형성하는 데 많은 노력을 하고 있는 것이다.

하지만 이러한 장단점에도 불구하고 대기업과 중소기업의 차이를 한마디로 말하면, 대기업에서는 직원들이 일을 잘하고 중소기업에서는 일을 못한다는 것이다. 다시 말해 대기업은 업무를 수행하는 방법이나 절차가 대체로 최적화되어 있으며, 그로 인해 성과는 향상되고 비용은 적게 투입된다. 하지만 중소기업의 직원들의 업무 방식이나 절차는 대체로 엉성하고 효율적이지 못하며, 이렇게 치밀하지 않은 방법이나 절차에 따라 수행한 업무의 성과는 낮을 수밖에 없다.

이렇게 대기업과 중소기업 직원들의 업무수행수준의 차이를 야기하는 근본 요인은 무엇인가? 그것은 바로 경영관리(수준)의 차이이다.

앞에서 잠깐 설명한 데밍 박사의 PDCA 사이클을 활용하여 그 요인을 살펴보자.

제품의 품질개선이나, 업무 프로세스의 개선을 위해서는 이 네 단계의 사이클의 끊임없는 반복이 일어나야 한다. 대기업의 업무 방법이나 절차는 바로 이러한 PDCA 사이클의 끊임없는 순환의 산물이다. 여기서 가장 중요한 것은 일의 결과에 대한 측정(Check)이며, 일의 결과를 측정하는 것, 이것이 바로 경영관리이다. 특정 공정에서 발생하는 불량을 측정하기 위해서는 불량의 기준을 만들고, 불량 데이터를 수집하고 분석하여 불량률을 산출하는 기준, 이른바 품질관리체계가 있어야 하는 것과 같이 경영관리란 다양한 업무에 종사하는 직원들이 수행한(Do) 일의 결과를 측정하고 평가하는 일이다.

많은 중견·중소기업의 경우, 직원들은 대체로 주어진 업무를 완수하는 데 급급하다. 제조공장의 담당자들은 생산 지시에 따라 생산하고, 검사하고, 불량이 발생하면 이를 수리하고, 납기에 맞추어 출하하는 데 열중한다. PDCA 사이클에서 Check와 Action이 빠져 있는 것이다. 성과관리는 바로 이 결과의 측정 단계를 수행하는 것이며, 측정을 위해서는 그 결과를 측정할 수 있는 관리체계를 갖추어야 한다.

**성과관리를 통한 경영관리**

본문에서 예로 든 제조공장의 품질 문제를 보자. 품질에 관한 이 공장의 현재 수준은 제품을 검사해서 불량을 걸러내는 'Do'수준에 머물러 있다. 불량의 수량을 파악하고 불량의 유형을 구분하여 원인을 파악하는, 소위 품질관리가 없는 것이다. 하지만 생산팀장은 불량으로 인한 수리, 재생산 비용, 생산 차질이 발생하는 것을 경험적으로 알고 있다. 성과관리는 생산팀장, 또는 공장장의 성과를 생산제품의 '품질'로써 측정하게 만든다. 성과관리를 통해 생산팀장이나 공장장의 성과 목표를 '품질' 또는 불량률로 설정하게 되면 필연적으로 품질을 측정하게 된다. 품질을 측정하기 위해서는 품질데이터의 수집, 분석, 불량판정 기준에 관한 이른바 품질관리체계가 수립되게 되는 것이다. 성과관리를 시행하기 전에 막연히 알고 있는 품질 문제를 성과관리를 통해 정량적으로 품질지표를 설정하고 품질 문제를 계량적으로 측정하게 되는 것이다.

성과관리를 통해 일의 결과를 측정할 수 있는 관리체계가 수립되는 것은 품질관리뿐 아니라 조직 내 모든 업무에 적용될 수 있다.

중견기업의 홍보 담당자의 홍보업무를 예로 들어 보자. 홍보 담당자의 업무는 일정한 예산으로 회사 홍보를 위해 광고를 검토하고 광고업체와 접촉하여 광고계획을 수립하고, 적절한 매체를 찾아 광고를 게재하는 것이 업무이다. 실제 광고의 목표가 고객에 대한 홍보 효과, 즉 고객인지도, 선호도를 올리는 것이지만 대부분의 경우, 담당자들은 이러한 '목표'에는 관심이 없다. 성과관리를 도입하여 홍보 담당자의 업무 목표를 '고객선호도 증대'로 설정을 한다면, 고객선호도를 측정하기 위한 별도의 도구를 개발해야 한다. 이와 같이 경영관리수준이 낮은, 즉 관리체계가 미흡한 기업에서 성과관리를 도입하는 초기에는, 성과 측정을 위한 다양한 측정 도구의 개발이 첫 번째 과제로 대두될 수밖에 없으며, 따라서 측정지표를 만드는 일 자체가 개인의 목표로 설정된다. 경영관리체계라고 하는 것은 조직이 성장하고 발전하는 데 필수적인 요소이기도 하지만 조직의 성장 과정에서 자연스럽게 관리수준이 올라가는 것도 사실이다.

기업 경영에서 맞닥뜨리는 수많은 문제와 이를 해결하는 과정에서 문제를 측정하고 관리함으로써 업무절차나 방법은 서서히 개선될 수 있다. 성과관리는 KPI(Key Performance Indicator ; 핵심성과지표)로 표현되는 관리지표를 계획적이고 의도적으로 설정함으로써 전반적인 경영관리 수준을 단번에 향상시킬 수 있는 것이다.

## (7) 성과관리는 연봉제를 구동시키는 엔진이다

평가와 보상을 기본 축으로 하여 직원들의 동기를 자극하는 인사관리 시스템은 성과관리를 통해서야 비로소 제대로 작동하게 된다. 연봉제를 통한 차등 보상, 승진 등의 차별적 보상을 통한 동기부여는 필연적으로 정확한 평가를 전제로 하고 있지만, 성과관리가 빠진 성과평가는 상사의 그다지 객관적이지도 정확하지도 않은 정성적인 평가에 의존할 수밖에 없다. 2000년대 들어 본격적으로 도입되어 거의 모든 기업에서 시행하고 있는 연봉제가, 또한 많은 기업에서 '무늬만 연봉제'로 운영되고 버려거나 계속할 수도 없는 애물단지로 전락한 이유가 바로 성과관리가 부재하기 때문이다.

## (8) 결론 : 성과관리는 경영의 실현 자체이다

지금까지 기술한 내용을 종합하여, 조직 내에서 일을 잘하는 사람 - 성과가 높은 사람 - 을 다시 한 번 정의하면 다음과 같다.

일을 잘하는 사람은 조직에서 부과한 업무(R&R)에 관해 필요한 지식을 가지고, 올바른 일(Right Thing)을 사전에 계획하여, 열정적인 노력(실행력)으로 그 올바른 일을 해 내는 사람이다. 나아가 개인적인 차원의 '일을 잘하는 조건'을 조직 차원에서 실현할 수 있다면 그것은 곧 경쟁력 있는 기업, 잘하는 기업으로 정의할 수 있을 것이다. 드러커에 의하면 직원들은 조직의 성과달성에 기여하는 높은 목표를 추구하여야 하며, 맥그리거와 로크의 이론은 기업이 직원들에게 '적절한 조건'에서 구체적이고 도전적인 목표를 부여할 때 직원들은 자발적이고 창의적으로 올바른 일을 해 낸다는 것이다. 올바른 목표의 설정과 적절한 지원, 성과의 평가와 보상으로 이어지는 '성과관리'는 바로 그러한 적절한 조건에 해당하는 것이다.

최고 경영자는 항상 직원들이 일을 열심히 하고 높은 성과를 달성하는 것을 기대하고, 이를 위해 많은 고민과 시책을 시행해 나가고 있을 것이다. 연봉 인상을 비롯한 근무환경 개선, 교육, 복리후생의 증진, 인사시스템의 정비, 나아가 인정과 칭찬, 의사소통, 리더십 개발, 권한위임, 비전설정 등 수많은 시책들이 그것이다. 이러한 여러 시책 중에서 성과관리야말로 직원들의 성과를 향상시키는 가장 효율적이고 효과적인 방법이다.

하지만 이러한 성과관리의 효과가 발동되어 회사의 성과가 향상되기 위해서는 결코, 제1장에서 제기한 평가 중심의 성과관리로는 불가능하다. 평가 중심의 성과관리는 맨 마지막 7번 효과, 즉 '정확한 평가'와 보상을 통한 간접적인 동기부여 효과만을 불러일으킬 수 있다. 나머지 6개의 효과는 오직, 조직이나 개인이 수행해야 할 핵심 과제 중심의, 구체화된 목표 중심의 성과관리에 의해서만 발휘될 수가 있다.

2000년대 이후 한국 기업은 대기업을 필두로 인사관리의 큰 축을 전원 인재경영에서 핵심인재의 집중 관리로 전환하고 있다. 조직 내에 없으면 안 될, 하지만 언제든지 대체 가능한 범용인재가 아닌, 조직의 성과에 현저히 기여를 하는 핵심인재에게 조직의 자원을 집중하겠다는 것이다. 마찬가지로 성과관리는 개인이 수행하는 수많은 일들 중에서 하지 않으면 안 될, 하지만 누구나 할 수 있고 또 그렇게 해 왔던 일이 아닌, 조직의 성과에 기여하는 소수의 핵심과제를 추진하는 데 담당자 본인의 노력은 물론 상사를 위시한 회사의 경영자원을 집중시키자는 것이다. 한 달 전에 했던 것과 같은 업무, 작년과 동일한 업무, 전 전년도와 같은 과제는 숙련된 개인은 물론 관리자나 CEO가 큰 신경을 쓰지 않아도 그냥 '되어지는' 일이며, 이런 일만 수행하는 직원으로는 결코 회사가 발전할 수 없다.

# 제4장
# 올바른 성과관리를 위한 방안

## 1. 성과관리의 본질

성과관리의 기본적인 목적은 회사의 경영성과 향상이다. 그러므로 만약 회사의 경영성과 향상에 기여를 하면 그것은 올바른 성과관리이고, 성과 향상에 기여를 하기보다는 쓸데없이 관리를 위한 관리로서 직원들의 시간만 빼앗는 일이 된다면 그것은 잘못된 성과관리이다.

제1장에서 지적한 바와 같이 잘못된 성과관리의 핵심적인 문제는 '목표 따로, 업무 따로'이며, 이의 해결방안으로 '목표의 구체화'를 제시하였다. 구체적인 목표만이 직원들의 노력을 집중하게 하는 목표로서의 기능을 발휘한다. 목표를 구체화하기 위해, 즉 구체적인 목표를 설정하기 위해서는 성과관리의 본질을 이해하여야 한다. 또한 성과관리의 본질을 이해하기 위해서는 먼저 일과 성과, 즉 어떤 일을 통해서 성과를 낼 것인가 하는 성과의 구조에 대한 이해와 관리의 본질에 대한 이해가 앞서야 한다.

(1) 성과의 구조

## 가. 생산팀장의 업무와 성과

직원들은 늘 직장에 출근해서 어떤 일을 수행한다. 어제 못한 일을 하던지, 오늘 스스로 계획을 세워서 일을 하던지, 아침에 상사가 시켜서 일을 하던지, 아니면 업무계획에 따라 때가 되어 할 일을 한다. 직원들이 이런 일을 하는 목적은 그 일의 결과가 회사 경영에 필요하거나 상사가 요구하는 특정한 결과를 산출하는 것이다. 여기서 일단, 일의 수행 결과로 나타나는 특정한 산출물을 성과라고 하자(하지만 일의 결과 그 자체가 전부 성과가 되는 것은 아니다. 본격적인 성과의 정의는 제6장에서 소개될 것이다).

다음 사례는 A회사의 팀장들의 목표설정서로서 성과 목표를 기술한 것이다.

〈표 4-1〉 팀장의 목표설정서

| 팀 | KPI지표 세부사항 | | 단위 | 배점 | 전년 실적 | 금년 목표 |
| | 지표명 | 계산식 | | | | |
|---|---|---|---|---|---|---|
| 영업팀장 | 매출액 | 매출액 누계 | 백만 원 | 20 | 45,300 | 50,000 |
| 생산팀장 | 생산계획 준수율 | 월 생산계획 준수율의 누계/12 | % | 10 | 95% | 98% |
| 기획팀 | 제안 건수 | 기대효과 50만 원 이상 건수 | 건 | 10 | 120 | 150건 |

매출액 500억 원, 생산계획 준수율 98%, 제안 건수 150건은 모두가 일의 결과 - 엄밀히 말해 일의 결과에 대한 연초 목표 - 로 볼 수 있다.

올해 영업팀장은 매출액 500억 원을 달성하기 위해 수많은 일을 해야 할 것이며, 생산팀장 또한 생산계획 준수율을 98%로 끌어올리기 위해 많은 '일'을 해야 할 것이며, 기획팀장 역시 마찬가지이다. 여기서 주목하여야 할 것은 세 팀장들이 각각 목표를 달성하기 위해 '구체적으로 어떤 일을 할 것인가'이다.

생산계획 준수율을 98%로 끌어올리기 위해 생산팀장이 해야 할 구체적인 '어떤 일'을 면밀히 살펴보자.

생산계획을 준수하는 것은 생산팀장의 본래적인 역할이자 미션 중의 하나이다. 제조 회사에서 생산팀이라는 조직을 만들고 생산팀장을 임명하는 목적 중의 하나가, 생산팀장을 통해 생산계획에 맞추어 정해진 납기에 생산을 완료하는 것이다. 앞에서 미션에 대해 설명한 바와 같이 미션 자체가 구체적인 업무가 되는 것은 아니며, 팀 미션은 팀장과 팀원들이 수행하는 수많은 단위 업무들을 수행함으로써 완수할 수가 있는 것이다. 마찬가지로 생산계획 준수율이라고 하는 성과지표는 이러한 생산팀의 많은 직원들이 수행한 여러 가지 일들의 총합적인 결과를 하나의 단어로서 표현한 것이다.

생산계획을 준수하는 일이 '총합적'이라고 하는 이유는 아무리 뛰어난 팀장이라 하더라도 생산계획을 직접, 하나의 업무(일)를 통해 준수할 수 있는 일이 아니기 때문이다.

생산팀장이 생산계획을 준수하기 위해 구체적으로 수행하는 일을 대략적으로 살펴보면 다음과 같다.

- 아침에 출근해 당일 생산계획을 확인하고 각 생산라인 담당자에게 지시한다.
- 생산에 필요한 원재료가 확보되었는지 확인하고 부족한 경우 조치를 취한다.

• 생산라인을 순회하며 설비가 잘 가동되고 있는지 확인하고 고장이 발생한 설비에 대해서는 관련부서에 긴급히 수리를 의뢰한다.

• 자주 문제가 되는 라인에서 불량 발생 여부를 점검하고 불량 발생 시 품질 부서 등 관련자들을 소집하여 대책을 수립한다.

• 생산현황을 수시로 점검하여 일일 생산계획을 미달성한 경우 연장근무계획을 수립하고 지시한다.

위에 적은 바와 같이 생산팀장은 생산계획 준수를 위해 수많은 일을 수행하고 있으며, 실제 생산팀장이 출근해서 퇴근까지 하는 일 전부가 생산계획 준수를 위해 한다고 해도 과언이 아니다. 이와 같이 팀의 성과는 팀장과 팀원들의 수많은 종류의 일에 의해서 나타나는 것이다.

## 나. 성과와 과제의 계층 구조

### <매출과 손익>

일반적으로 회사 조직에서 단기(연간 단위)적인 성과로 가장 많이 활용하는 것은 매출과 손익이다. 성과의 계층구조를 이해하기 위해 매출과 손익이라는 성과가 어떻게, 누구의 노력에 의해 발생되는지를 살펴볼 필요가 있다.

많은 경우 회사에서는 매출에 대한 책임을 영업팀이나 영업 담당자에게 전가시키는 경향이 있다. 그래서 어느 회사를 막론하고 매출이라는 성과 목표는 항상 영업 담당자의 제1목표가 된다. 그렇다면 과연 매출에 대한 책임이 영업사원에게만 있는가? 이 질문에 영업사원들은 분명히 아니라고 대답할 것이며, 그 이유도 분명히 말할 수 있을 것이다.

'연구개발 부문에서 좀 더 좋은 제품이 나왔다면…', '생산부서에서 품질만 제대로 잡아 주었다면…', '납기만 충실히 이행할 수 있다면…', 또는 '좀 더 원가를 싸게 만들 수 있었다면…', 분명히 영업사원은 더 많은 매출을 올릴 수 있었을 것이다. 또한 생산부서에서는 부품만 좀 더 싸게 들여왔어도…', 생산설비만 새 것으로 교체했더라면…', 나아가 연구개발부서에서는 '실력 있는 전문가 2명만 충원해 주었다면…', 더 나은 제품을 개발하고 더 싼 원가에 제품을 생산할 수 있었을 것이다.

그러므로 매출이라는 회사의 성과는 영업부서뿐만 아니라 연구개발, 생산, 지원부서 등 회사의 모든 조직에서 수행하는 과제와 그 과제로 나타나는 일차적인 성과의 최종적이고 총합적인 결과물이다.

한편, 매출과는 달리 손익이라는 성과에 대해서 어느 특정부서의 책임이라고 말하는 사람은 없을 것이다. 회사의 모든 직원들이 각자 맡은 바 성과를 내기 위해 자신의 인건비를 포함하여 많은 비용을 쓰고 있으며, 그 비용 하나하나가 회사 전체의 손익에 영향을 미친다는 것은 누구나 쉽게 이해하고 있을 것이기 때문이다.

결론적으로 회사의 일반적인 경영성과의 목표로 설정되는 '매출과 손익'은 어느 일개 팀이나 임원의 성과 목표가 결코 아니며, 회사에서 1년간 CEO를 비롯한 모든 직원들이 수행하는 수많은 과제의 최종적이고 총합적인 결과물이다. 이런 의미에서 매출과 손익은 최상위 계층의 성과라고 할 수 있다(참고로 BSC모델에서는 최상위 계층의 성과로서 매출과 손익이라는 재무적인 관점의 성과 외에 프로세스, 고객, 학습과 성장 관점의 균형 잡힌 성과를 요구한다).

〈판매단가 인상(률), 신제품 개발(건수), 납기 준수(율)〉

〈그림 4-1〉은 매출과 손익에 영향을 미치는 - 책임이 있는 - 회사

내의 각 조직들과 그 조직들이 매출과 손익 목표를 달성하기 위해 수행하는 과제를 표현한 것이다(〈그림 4-1〉에 나타난 조직과 각각의 과제는 B2B의 비즈니스 모델을 가진 특정 회사의 사례로서, 구체적인 조직과 과제는 회사의 비즈니스 모델에 따라 현격히 달라진다).

영업 부문에서는 매출 확대를 위해 여건이 허락하는 한 판매단가를 높이려 노력할 것이고, 연구개발 부문은 매출 확대를 위해 신제품을 최대한 조기에 출시하기 위해 노력할 것이고, 생산 부문에서는 최대한 납기를 준수하여 고객의 신뢰를 확보하려 할 것이며, 마지막으로 경영지원 부문은 이런 부문의 활동을 효율화하기 위해 ERP를 도입하는 등의 노력을 할 것이다. 그러므로 매출이라는 최상위 성과는 이러한 여러 가지 하위 과제의 수행 결과로서 나타난다. 아울러 이러한 과제 수행의 결과로서 각각 일정한 성과가 나타나는 바, 즉 판매단가 인상률, 신제품 개발 건수, 납기 준수율 등이 그것이며, 이러한 성과는 매출을 구성하는 하위 성과라고 할 수 있다.

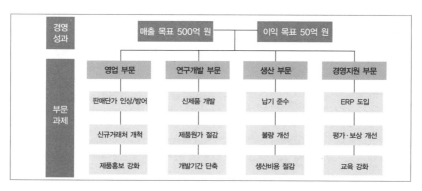

〈그림 4-1〉 매출과 손익의 하위과제

<납기 준수율>

〈그림 4-2〉는 매출과 손익 목표를 달성하기 위한 생산 부문의 과제를 정리한 것이다. 〈그림 4-2〉의 왼편에서 보는 바와 같이, 매출 목표의 달성을 위해 생산부서는 납기를 준수하고, 제품불량을 최소화하여야 하며, 제조원가를 낮추어야 하는 것은 이론의 여지가 없다. 그렇다면 납기를 준수하는 일, 바꾸어 말하면 성과 목표로서 납기 준수율을 올리는 일이 그 자체로서 누군가 개인이 직접 수행할 수 있는 과제라고 할 수 있을까?

납기 준수율 상승이라는 성과를 내기 위해서는 매출이라는 성과와 비슷하게, 생산팀장이나 담당자는 납기와 관련된 여러 가지 과제를 수행해야 한다. 그 여러 가지 과제가 바로 〈그림 4-2〉의 오른쪽 열에 있는 설비가동률을 높이는 일, 인당 생산성을 높이는 일, 부품을 적기에 공급하는 일 등이다. 이쯤에서 이제는 개인이 직접 수행할 수 있는 과제가 나왔으면 좋겠지만 아직은 아니다.

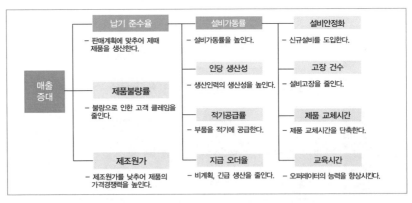

〈그림 4-2〉 매출 증대를 위한 생산팀의 과제

**〈설비가동률〉**

납기 준수율과 꼭 마찬가지로 설비가동률을 직접 높이는 과제나 방법은 없다. 설비가동률을 높이기 위해서는 다시 여러 가지의 과제를 수행해야 한다. 그림의 오른 쪽 마지막 열에서와 같이 설비가동률을 높이기 위해서는 신규설비를 도입한다든지, 설비의 고장을 줄인다든지, 제품교체시간을 단축시킨다든지, 장비 오퍼레이터의 능력 향상을 위해 교육을 시키는 일을 해야 한다.

**〈신규설비 도입, 설비고장 감소, 제품교체시간 단축〉**

드디어 이제는 구체적인 행동 과제가 보이기 시작한다. 말하자면 그 일이 누군가의 구체적인 수행 업무로서 표현된다는 것이다. 물론 이 과제들도 또 한 차례 더 분해해서 여러 가지의 일로 나눌 수 있는 바, 그 일이란 예를 들어 (새로 살) 장비를 검토해서 성능과 가격 측면에서 적당한 장비를 선정하고, 사장에게 결재를 올리고 그리고 구매절차를 밟는 일이 될 것이다. 하지만 대체로 이런 세부적인 일은 이른바 과제의 실행을 위한 실행계획이 되거나 또는 구매업무에 대한 업무표준, 또는 숙련된 담당자의 상식에 속하는 일에 지나지 않을 것이다. 그러므로 이쯤에서 (상위의) 일을 개인의 구체적인 업무로 분해하는 일은 멈추어도 될 것 같다. 그러므로 '목표의 구체화' 또는 '일의 구체화'라고 할 때 구체성의 정도나 수준에 어느 한도가 있는 것은 아니며, 다만 수행해야 할 과제가 팀장이나 팀원이 '무엇을 할지'가 가시화되는 수준에서 판단하면 되는 것이다.

**다. 결론**

이상의 내용을 요약하면 다음과 같다.

매출이라는 회사의 최상위 성과는 CEO를 비롯한 전직원들이 각자 수행한 업무의 최종 결과물이다. 그러므로 누구도 하위과제를 수행하지 않고 매출 목표를 직접적으로 달성할 수 있는 방법은 없다. 나아가 생산 부문의 납기 준수율 상승이라는 성과 목표 또한 여러 가지의 하위 과제를 수행함으로써 이루어진다. 〈그림 4-1〉에서 보는 바와 같이 매출 목표 달성을 위한 최하위 과제는 대충 추산해 보아도 58개(좌측 과제 4개 X 중간 과제 4개 X 우측 과제 3개)에 이른다.

이와 같이 모든 조직이나 개인의 성과와 과제는 조직계층과 똑같은 계층구조를 가진다. 회사 전체, 즉 CEO의 경영성과는 임원들의 과제 수행의 결과물이며, 임원의 성과는 팀장들의 과제 수행의 종합적인 결과물이며, 팀장의 성과는 팀원들의 과제 수행의 결과이다. 이러한 종합적인 결과물은 부하들이 달성한 성과의 단순 합산의 형태이거나, 아니면 화학적으로 결합된 새로운 성과로 나타난다. 회사의 전체 매출이라고 하는 성과는 영업본부장의 신규고객 창출 노력과 생산본부장의 납기 준수 노력, 연구소장의 신제품 개발이라고 하는 성과가 화학적으로 반응한 결과이다.

그러므로 상위조직의 성과는 오로지 성과 창출에 기여하는 하위 과제를 철저히 관리함으로써 달성될 수 있다. 다시 말해서 상위의 성과 그 자체로는 그 성과 달성에 책임이 있는 개인에게 특정한 구체적인 과제를 부여하지 못한다. 이것이 바로 전편에서 기술한 '목표와 업무가 분리된' 근본적인 이유이다.

그러므로 올바른 성과관리를 위해서는, 조직의 최하위 실행조직으로서의 팀장의 목표를 매출액이나 납기 준수율과 같은 종합적인 성과지표가 아닌, 그러한 종합적인 성과지표를 달성하기 위한 구체적인 과제를 관리하여야 하는 것이다.

## (2) 관리의 본질

'관리'의 사전적 의미는 '일정한 목적을 효과적으로 실현하기 위하여 인적·물적 여러 요소를 적절히 결합하여 그 운영을 지도·조정하는 기능 또는 그 작용'(두산백과)이다.

페이욜(Henry Fayol, 프랑스, 사업가이자 고전 경영학자)은 조직 내에서 일어나는 관리 행위를 계획, 조직, 명령, 조정, 통제 등 5개의 기능으로 설명하고 있다. 이러한 관리의 정의에도 불구하고 성과관리에서 주목해야 할 것은 관리자가 관리 행위를 수행하는 대상이다.

조직 내에서 행해지는 일에는 여러 가지 종류가 있다. 일을 수행하는 담당자의 입장에서 보면 간단한 일과 복잡한 일, 쉬운 일과 어려운 일, 일상적인 일과 특이한 일이 있을 것이고, 조직의 입장에서 보면 중요한 일과 사소한 일, 긴급한 일과 긴급하지 않은 일이 있을 것이다. 이러한 모든 종류의 일들의 결과로서 특정한 성과를 낳는 것이라고 보면, 그 일들은 하나도 빠트리지 않고 수행되어야 하는 것은 틀림없다. 그렇다면 관리자로서 팀장은 이 모든 일들을 모두 동일한 수준으로 관리할 것인가? 결론부터 말하면 팀장은 본인이 관장하는 모든 업무(또는 팀원)를 '관리'하는 것은 맞지만, 그 일의 종류나 성격에 따라 관리의 수준 - 관리에 투입되는 노력이나 시간 - 을 달리한다는 것이다.

팀장이 팀원의 업무를 관리할 때, 이들의 모든 세부 업무를 관리하는 것은 아니다. 어떤 업무에 대해서는 권한의 위임을 통해 전적으로 부하에게 맡기고 전혀 신경을 안 쓰는 업무도 있을 것이고, 어떤 업무는 알아서 하도록 맡기기는 하되 중간 중간에 그 결과에 대해서만 챙겨보는 업무도 있을 것이다. 또한 나아가 팀장이 앞장서서 지시하고 담당자와 같이 매일매일 진척사항을 점검하고 결과를 챙기는 업무도 있을 것이다. 이와 같이 다양한 팀 내 업무 중에서 현실적으로, 시간이라는 제약 속에서 팀장은 '특별한 일'에 집중할 수밖에 없다. 담당자 스스로 하기 어려운 일, 팀이나 회사의 성과에 영향이 큰 중요한 일, 일상에서 일탈한 사고나 사장이 긴급히 지시한 일을 관리하는 데 팀장은 많은 시간을 쏟아 붙는 것이다.

요약하면 관리(Control)란 기본적으로 특이사항, 이상(異狀) 사항, 중요 사항을 관리하는 것이다.

| 매출 목표 500억 원 (영업팀) | 350억 원 | 150억 원 |
|---|---|---|
| | ● 일상적인 영업활동 <br> – 고객상담, 제안, 정기미팅 등 | ● 특이한 영업활동 <br> – 매출 증대를 위한 특별한 과제 <br> – 매출 하락을 방지하는 과제 |
| 납기 준수율 98% (생산팀) | 85% | 13% |
| | ● 일상적인 생산활동 <br> – 재료투입, 설비운전, 인원관리 등 | ● 특이한 생산활동 <br> – 납기를 지연시키는 요인 제거 <br> – 납기를 단축시키는 과제 |
| 관리수준 | ·상사의 일상적인 지시·보고와 결과의 점검만으로 달성 가능 | ·상사가 과정에 깊이 개입하여 지원/점검해야 달성 가능함. |

〈그림 4-3〉 일상적인 업무와 특이한 업무

이런 관점에서 〈그림 4-3〉에서 보는 영업팀장의 경우를 살펴보자. 영업팀장의 매출 목표를 500억 원이라고 할 때, 과연 500억 원의 매출 전체를 팀장이 관리하여야 할까? 결코 아닐 것이다. 수년 동안 매출이 350억 원에서 400억 원, 400억 원에서 450억 원, 전년도 470억 원 실적에서 올해 500억 원을 목표로 잡은 회사라면, 매출 목표 500억 원 중 많은 부분(예를 들어 목표 매출의 70% 정도인 350억 원)은 영업 담당자들이 수년 동안 고객과 거래하면서 쌓아온 신뢰나 회사의 브랜드 파워를 배경으로 일상적인 영업활동을 통해 어렵지 않게 달성될 수 있을 것이다. 이러한 영업활동에 대해서는 팀장이 특별히 신경을 쓸 게 없을 것이며, 나아가 이러한 일상적인 영업활동의 결과로 나타날 350억 원의 성과는 팀장이 신경을 거의 쓰지 않더라도 달성이 가능하다고 봐도 크게 무리가 없다. 그렇다면 팀장은 무엇을 관리할 것인가? 또는 왜 회사에서 영업팀장이라는 관리자를 임명했는가?

## 팀장의 존재 이유

약간은 극단적으로 말해서 〈그림 4-3〉에서 보는 바와 같이 팀장은 매출 목표 500억 원 달성이 아닌, 특이한 성과인 150억 원 달성을 위해 존재하는 것이다. 즉, 팀장은 심하게는 1년 동안 자리를 비워도 달성 가능한 350억 원을 제외한 150억 원을 달성하기 위해 특이한 과제, 즉 이탈하려는 고객을 잡거나, 매출을 작년보다 더 늘리기 위해 새로운 거래처를 발굴하거나, 아니면 작년에 정상적인 영업활동을 방해하는 요인들 - 예를 들어 제품이 제때 출고되지 않는 것 등 - 을 제거하는 등의 업무를 수행하여야 한다. 회사는 바로 이런 업무를 위해서 팀장을 임명한 것이다.

똑같은 논리를 생산팀장에게도 적용할 수 있다. 올해 98%의 납기 준수율을 성과 목표로 설정한 생산팀의 경우 생산팀원들의 오래된 경륜과 축적된 기술과 기능을 바탕으로 일상적인 업무활동을 통해 85% 정도는 달성이 가능하다고 가정할 수 있다. 이러한 상황에서 생산팀장이 관리를 집중해야 할 일은 납기 준수율 13%를 추가할 수 있는 특이한 생산활동이다. 예를 들면 납기를 지연시키는 요인이 되는 잦은 설비의 고장 문제나 순조로운 생산을 방해하는 생산계획의 잦은 변경 문제를 해결하는 일, 작업방법을 개선하여 조립시간을 단축하는 일이 그러한 특이사항이다. 생산팀장은 바로 이러한 일에 관리를 집중하여야 하며, 이러한 집중관리를 통해 전체 납기 준수율 98%를 달성하는 것이 바로 생산팀장의 존재 이유이다.

물론 중소기업의 현실에서 팀장이 순전히 관리업무만 수행하는 경우는 거의 없다. 팀장도 팀의 일원으로서 팀 내에서 수행하는 여러 가지 일상 업무 중 중요한 업무를 직접 수행하는 경우가 많다.

위에서 설명한 팀장의 존재 이유는 이러한 특정 업무 담당자로서 개인이 아닌 관리자로서의 팀장의 역할에 대해서만 기술한 것이다.

### (3) 성과관리의 본질

이상의 내용을 종합하면 다음과 같다.

명제 1 : 상위의 성과는 수많은 하위 과제의 수행 결과로서 나타난다.
명제 2 : 관리의 본질은 보통의 사항이 아닌 특이사항을 관리하는 것이다.

이러한 2개의 명제를 종합하여 성과관리의 본질을 도출해 보면 다음과 같다.

'조직 목표 달성에 핵심이 되는 (부하의) 과제를 선택하여',

'그 과제를 집중 관리. 지원함으로써',

'그 과제가 지향하는 상위의 성과 목표를 달성하도록 하는 것'이다.

그러므로 제1부의 성과관리의 현주소에서 보여 준 여러 성과관리 사례는 바로 이러한 성과관리의 본질을 무시한 것이다.


## 2. 올바른 성과관리의 방법

(1) 성과관리를 둘러싼 3가지 이슈

다시 한 번 성과관리의 목적으로 돌아가 보자. 성과관리의 목적은 분명히 회사의 성과 향상이다. 회사의 성과 향상을 위해서는 다음과 같은 3가지 이슈가 해결되어야 한다(여기서는 회사의 전략 부분은 생략되고 실행력 강화를 통한 성과 향상만 다루고 있다).

- CEO는 경영성과의 향상을 위해 어떤 성과지표를 관리할 것인가?
- 임원과 팀장은 (CEO가 기대하는) 성과를 어떻게 창출할 것인가?
- 회사는 어떻게 팀장들로 하여금 성과 창출을 위해 최선을 다하도록 할 것인가?

CEO가 경영의 각 부문에 구체적인 성과지표를 제시하고, 실행의 주체로서 팀장은 성과지표의 달성을 위해 핵심적이고 구체적인 과제를 찾아서 최선을 다해 일을 한다면 틀림없이 성과지표는 달성되고, 회사의 전반적인 경영성과는 향상될 것이다.

## (2) 평가 중심의 성과관리

성과관리를 시행하는 회사에서 제일 먼저 결정하는 바로 위에 적은 1번 이슈, 즉 CEO가 팀장에게 기대하는 성과지표는 지금까지 보아 온 사례에서 적절히 표현되어 있다. 제1장에서 본 바와 같이 성과관리를 시행하려는 CEO의 첫 번째 의도 – 성과지표에 의한 관리 – 가 바로 이것이기 때문이다. 이런 방식의 성과관리는 대략 다음과 같은 방식으로 진행된다.

CEO는 팀장들이 달성하는 많은 성과 중에서 자기가 기대하는 성과에 대해 정기적으로 – 전산이 뒷받침 된다면 대시 보드를 통해 실시간으로 – 현황을 파악하고 문제가 있는 지표를 포착한다. 문제를 발견한 CEO는 해당 팀장으로부터 성과가 낮은 이유에 대해 보고받고, 실행상의 애로점과 지원 사항을 파악하고, 지원한다(하지만 대개의 경우 이런 자리는 CEO의 질책과 팀장의 변명으로 일관된다).

위에 적은 세 번째 이슈는 성과의 평가와 보상을 통한 동기부여라는 인사관리의 문제로 돌아간다. CEO가 기대한 성과를 낸 팀장에게 다른 팀장보다 빠른 승진이나 더 많은 인센티브를 지급하고 기대한 성과를 내지 못한 팀장에게는 그 반대로 보상함으로써 팀장들이 기대성과를 창출하기 위해 더 많은 노력을 하게 만드는 것이다. 이상의 2가지 이슈에 충실한 것이 지금까지의 사례에서 본 성과관리의 방법이며 목적이다. 이런 방식의 성과관리가 성과를 측정하고 평가하는 데 관리에 중점을 두고 있다는 측면에서 '평가 중심의 성과관리' 또는 '관리 중심의 성과관리'라고 할 수 있을 것이다.

이러한 평가 중심의 성과관리는 다음과 같은 몇 가지 조건 하에서 유용하다.

성과관리를 위해 전사, 사업부, 팀 단위의 목표를 설정하고, 그 성과를 엄밀한 기준에 의해 측정·평가하고 이에 따른 합리적인 기준에 따라 보상을 한다면 이론적으로 분명히 팀장을 비롯한 직원들은 동기부여가 된다. 동기부여가 된다는 것은 성과 목표 달성을 위해 무언가를 열심히 한다는 것이고, 따라서 성과가 올라간다는 것을 의미한다. 또한 특정 성과에 대해 이전에는 하지 않던 '측정'을 수행함으로써 경영관리 수준이 올라갈 것이다. 생산팀의 납기 준수율을 측정하지 않는 회사와 그것을 측정하는 회사를 비교해 상상해 보면 누가 더 납기 준수율을 개선할 가능성이 높을 지는 금방 알 수 있을 것이다.

또한 평가와 보상 중심의 성과관리는 경영조직의 성과관리에 적절한 방법이며, 실제로 적극 활용되고 있다. 여기서 경영조직이라 함은 임원 이상의 직책이 관리하는 조직단위를 말한다. 예를 들면 삼성그룹이나 LG그룹, 금융지주회사 등 대규모 기업 조직에서 회장이 계열사의 경영관리를 위해 경영성과의 평가지표와 평가기준을 설정하여 평가 결과에 따라 CEO의 해임, 유임, 승진을 결정하는 것은 대단히 유용한 방법이다. 나아가 비슷한 방식으로 CEO는 임원 조직의 성과평가를 통해 임원의 인사를 결정하거나 성과가 좋은 조직 전체에 성과급을 대폭 지급한다면 분명히 임원이나 산하의 직원들은 성과 향상을 위해 노력을 할 것이다. 또한 평가 중심의 성과관리는 회사 대 회사, 즉 갑과 을의 관계에서 을의 회사가 갑의 회사에게 제공하는 제품이나 서비스의 품질, 납기, 기타 사항에 대해, 갑이 요구하는 사항의 준수여부를 평가하는 척도로 활용되며, 평가 결과는 계약유지, 또는 해지, 주문물량의 확대 등의 보상으로 연결되면서 을 회사의 분발을 촉구하게 된다.

하지만 팀장의 성과관리에 있어서 실제로 성과 목표를 달성하기 위해서는 평가만으로 부족하다. 제1장에서 지적한 바와 같이 이러한 평가 중심의 성과관리가 '목표와 업무가 동떨어지는 문제'로 인해 실질적인 성과 향상에 기여하기는 어렵다. 마찬가지로 제2장에서 기술한 목표의 기능으로서 팀장이 하여야 할 특정한 과제, 즉 노력의 방향성을 제시하지 못함으로써 실행력은 기대만큼 향상되지 않는다. 평가 중심의 성과관리가 성과의 평가와 보상을 통한 간접적인 동기부여 효과가 있다고 하더라도, 이 효과 또한 성과를 정확히 측정하고, 평가와 보상기준이 세심하고 합리적으로 설계되었다는 전제하에서만 발휘될 수 있다.

성과관리를 시행하고 있는 많은 기업들에서, 특히 중견·중소기업에서 이러한 성과의 측정과 평가·보상의 기준이 충분히 합리적이고 명확하지는 않으며, 이런 이유로 인해 성과관리의 간접적인 동기부여 효과조차도 기대하기 어려운 것이 현실이다.

요약하면 측정과 평가 중심의 성과관리만으로는 성과관리에 투입되는 직원들의 노력과 시간에 비해 그 회사의 성과는 향상되기 어렵다는 것이다.

### (3) 실행 중심의 성과관리

팀 단위까지 전개되는 회사의 성과관리가 올바르게 작동되어 회사가 지향하는 성과 목표를 달성하기 위해서는 성과관리의 본질에 충실하여야 한다. 실행 중심의 성과관리는 바로 성과관리의 본질에 충실한 올바른 성과관리의 방법이다. 이것은 바로 위에 적은 두 번째 이슈인 '임원과 팀장은 (CEO가 기대하는) 성과를 어떻게 – 어떤 방법으로, 어떤 과제를 수행함으로써 – 창출할 것인가?'에 해당한다. 이 이슈는 CEO가 기대하는 성과를 내기 위해 구체적으로 특정한 과제를 찾고, 그 과제를 실행하는 데 중점을 둔다는 의미에서 과제 중심, 또는 실행 중심의 성과관리라고 할 수 있을 것이다.

실행 중심의 성과관리는 팀장의 성과 목표를 전사 또는 부문 목표를 달성하는 데 핵심적이고 구체적인 과제를 중심으로 목표를 설정하고 CEO나 임원은 팀장이 이러한 핵심과제를 추진할 수 있도록 최대한 지원한다(이런 의미에서 지원 중심의 성과관리라고 할 수 있다). 매출 목표나 납기 준수율 등의 상위 목표만이 아니라 그 목표를 달성하는 핵심적인 팀장의 과제를 찾고, 그 실행을 독려하고 지원하는 방식의 성과관리를 통해서 비로소 '목표와 업무가 동떨어지는 문제'를 해결하고 팀장의 목표와 업무가 일치하게 되는 것이다.


## 3. 성과관리를 성공시키는 방법

(1) 성과관리 잘하는 기업과 못하는 기업의 차이

성과관리가 국내에 도입된 지 십 수 년이 지났음에도 불구하고 여전히 실제 운영적인 측면에서 보면 제대로 하는 소수의 회사와 흉내만 내는 다수의 회사로 나뉘어져 있다.

그렇다면 성과관리를 제대로 하는 회사와 그렇지 않은 회사의 차이는 무엇인가?

경영관리 시스템으로서 성과관리 기준을 만들고 운영하는 것은 대단히 쉬운 일임에 틀림이 없다. 시스템으로서 성과관리는 다음 내용의 그 이상도 이하도 아니다.

> ■ 성과관리 주기 : 연 1회, 또는 반기 1회
> ■ 성과관리 대상 : 전직원(생산직 제외)
> ■ 성과관리 단계별 수행과제
> • 목표설정 : 목표설정서를 작성, 1월 말까지 기획팀에 제출
>         (별첨 : 목표설정서 양식 및 목표설정 요령 참조)
> • 중간점검 : 월 1회 이상 팀장은 팀원의 목표 달성 정도를 점검하여
>         중간점검 일지를 작성, 보관
>         (별첨 : 중간점검 일지 양식, 중간점검 요령 참조)
> • 성과평가 : 팀장은 팀원들의 목표 달성도를 평가하여 인사부서에 제
>         출함.
>         (별첨 : 성과평가표 양식, 성과평가 요령 참조)

이상과 같이 성과관리를 도입하는 것은 연봉제와 같은 인사시스템을 도입하거나 ERP를 도입하는 일, 새로운 생산관리 시스템을 도입하는 일과는 달리 시간과 노력, 지식이 투입되는 일이 전혀 아니다. ERP나 연봉제와 같은 경영시스템들은 그것을 도입해서 시스템이 요구하는 새로운 규정이나 기준, 업무표준에 따라 업무를 수행하면, 그 성과는 반드시 나타난다. 하지만 성과관리는 이런 종류의 경영시스템

이 아니며, 대시 보드와 같은 성과를 정량적으로 측정하고 관리하기 위한 전산시스템은 더더욱 아니다. 성과관리는 경영시스템이라기보다는 직원들이 수행하는 일 자체인 동시에 일하는 방식이며, 과제를 추진하는 과정인 것이다.

일전에 내가 성과관리과정의 강사로서 인사 담당자를 대상으로 강의할 때, 공기업의 인사 담당자인 한 참석자의 참석 목적은 이런 것이었다. "대기업에서는 성과관리제도가 잘 되어 있다는데, 그것을 배우러 왔습니다." 인사평가제도가 있고 연봉제도와 같이 여러 페이지에 달하는 실체가 있다면 대기업의 사례를 소개해 줄 수 있으나, 성과관리는 그러한 제도로서 실체가 없기 때문에 그 참석자에게 딱히 손에 쥐어줄 게 없다는 것이 강사로서의 아쉬움이었다.

바로 여기에 성과관리의 어려움이 있다.

직원들의 일을 관리하고, 직원들의 일하는 방식을 관리하고, 개인의 과제를 추진하는 과정에 누가 참여하는가? 바로 그 과제의 담당자와 상사 그리고 그 상사의 상사, 최종적으로 CEO가 바로 그들이다.

성과관리를 목표설정과 체계적인 관리(평가 포함)의 두 단계로 본다면, 이 중 목표설정은 상사와 부하를 포함하는 전체 직원들의 목표설정 경험과 역량에 관한 문제이기 때문에 결코 쉽지 않다. 하지만 관리의 단계는 실제 CEO가 의지만 가진다면 충분히 실행이 가능한 일이다. 또한 만약 직원들이 목표를 제대로 세우기만 한다면, CEO가 관리를 안 할 이유가 없다. 직원들의 설정한 제대로 된 목표, 목표다운 목표는 CEO의 눈에 '정말로 경영 성과를 올릴 수 있는, 회사가 안고 있는 많은 문제를 해결하겠다는 직원들의 의지'이기 때문에 이를 마다

할 CEO는 없을 것이다.

성과관리 컨설팅의 현장에서 교육, 실습, 지도를 통해 팀장들이 올바른 목표를 설정하고, 이것을 CEO 앞에 발표할 때, 많은 CEO들이 진심어린 심정을 토로한다.

"여러분, 정말로 여러분이 발표한 그 목표를 해 낸다면 내가 충분히 보상할 것입니다. 다른 건 몰라도 이것만은 올해 해 냅시다."

성과관리를 잘하는 기업이 못하는 기업에 비해 잘하는 것 딱 하나, 그것은 올바른 목표의 설정이다.

## (2) 올바른 목표의 설정

성과관리가 형식적으로 운영되는 회사의 모습을 보면 대략 다음과 같다.

- 연초에 담당자(주로 기획 담당자)가 전 부서에 목표설정 양식을 포함한 목표설정에 대한 안내문을 회람한다. '언제까지 별첨의 요령에 따라 별첨의 목표설정서를 작성해서 제출하시오…'
- 현업에서는 나름대로 팀 회의도 하면서 상하간 토론을 통해 팀장을 포함한 개인별로 목표설정서를 작성하여 제출한다.
- 담당자는 전체의 목표설정서를 취합하여 (작은 기업의 경우) CEO에게 보고한다.

(취합된 목표설정서를 보는 담당자나, CEO나, 모두 '이게 무슨 목표야, 그냥 자기들 하는 일 적은 것이지…'라고 느낀다. 때로는 CEO가 담당자를 불러 "목표 좀 제대로 세우게 할 수 없어?"라고 호통 치지만 담당자 개인이 무슨 수로

직원들의 목표를 똑바로 세워줄 수 있겠나…?)

• 성과관리 기준에는 월 1회 이상 목표 진척도를 점검하고 목표 변경도 하라고 하지만, 더 이상 아무도 챙기지 않는다.

• 연말이 되면 다시 담당부서에서 연초에 세운 목표를 기준으로 목표 달성도를 평가해서 제출하라고 현업에 통보한다.

• 현업의 관리자는 성과평가 요령에 따라 이전과 다름없이 정성적으로, 내키는 대로 평가한다.


이러한 실태의 모든 원인은 결국 목표설정의 문제로 돌아간다. 목표답지 않은 목표를, 본인은 물론 상사나 CEO 누구도 애착을 가지고 챙길 이유도 없고(중간점검 안 함), 그러한 목표를 목표랍시고 달성도를 평가하는 것도 말도 안 되는 일이다(전직원들이 그렇게 생각한다).

그렇다면 어떻게 하면 목표설정을 제대로 할 것인가?

위에 적은 잘못된 운영 모습. 인사 담당자나, CEO나, 모두 '이게 무슨 목표야, 그냥 자기들 하는 일 적은 것이지…'라고 느낀다는 데 그 해답이 있다.

대단히 다행스럽게도 직원 스스로 제대로 된 목표를 설정하는 일은 어렵지만, 부하나 다른 사람이 설정한 목표에 대한 평가는 대단히 쉽다. 성과관리 강의시간에 참석자들께 목표설정서를 작성하게 하고 돌아가면서 다른 참석자의 목표설정서의 문제점을 이야기하라고 하면, 한 사람도 빠지지 않고 문제들을 이야기한다.

"무슨 얘기인지 모르겠다. 내용이 불명확하다."

"이거는 늘 하던 업무 적은 것 같다."

"목표수준(KPI)이 없다. 너무 낮게 잡은 것 같다."

"이건 목표라 할 수 없다" 등등.

그 일에 대해 전혀 모르는 사람도 이 정도의 평가는 내릴 수 있다는 데 해결의 실마리가 있는 것이다.

CEO가 직접 목표다운 목표를 세워올 때까지 반복해서 재작업을 시키는 것이 해결의 방법이다.

직원들로 하여금 올바른 목표를 설정하게 하는 방법은 좀 무식하기는 하지만, CEO가 보기에 목표다운 목표를 수립해 올 때까지 반복해서 재작업을 지시하는 일이다. 그래서 굳이 외부 전문가의 도움을 받지 않더라도, CEO의 마음에 들 때까지, 즉 직원들이 설정한 목표가 '목표다운 목표'라고 인정될 때까지 치열하게 토론하고 아이디어를 모으는 노력을 장려하고 지원할 수 있다면, 그 회사의 성과관리는 절대적으로 성공할 수 있다. 성과관리는 기본적으로 직원들이 성과 목표에 관해 상하 간에 치열한 토론의 장을 제공하는 것이기 때문이다.

이런 방식으로 추진하여 올바른 목표를 수립한 기업의 사례도 있다.

이 회사에서는 혁신팀의 주관으로 목표를 설정하고 보고하고 다시 수정하고 보고하는 일을 연초부터 6개월간 진행한 결과 CEO의 입장에서 어느 정도 '마음에 드는' 팀장의 목표를 수립하는 데 성공하였다. 하지만 반복된 작업에 대한 현업 팀장의 불만은 엄청나게 쌓여있는 것 또한 말할 필요도 없을 것이다. 일은 안하고 일 년 내내 목표만 세우냐고….

하지만 이러한 과정을 거쳐 습득된 팀장들의 목표설정 능력이야말로 어떤 강의나 교육을 통해서도 얻을 수 없는 몸으로 체득한 지식이 될 것이다. 이런 경험과 지식을 바탕으로 적어도 다음 연도에는 그 기간의 반도 걸리지 않을 것이며, 그 다음 연도에는 적어도 1월 이내에 연간 목표를 제대로 세울 수 있을 것이다.

만약 위의 방식이 너무 시간이 많이 걸린다고 생각한다면, 외부 전문가를 활용하라.

목표를 설정하는 데 필요한 역량은, 흔히 혁신 전문가들이 말하는 '문제 해결 역량'이다. 직원 개개인의 복잡한 업무 상황에서 문제(개선될 대상)를 명확히 끄집어내고, 그것을 해결하는 대안(과제)을 찾고, 그것이 해결되었을 때 나타나는 성과(KPI)를 명확히 하는 작업은 그 자체로서 문제 해결 역량의 핵심이다.

개인별 목표설정에 있어 외부 컨설턴트의 역할에 대해 요약해서 설명하면 대략 다음과 같다.

일단 이 책의 내용을 바탕으로 목표설정 대상자(시행 초기에는 팀장들)에게 강의와 실습을 통한 교육을 실시한다. 이후 본인들에게 정식으로 올해의 목표를 수립하는 숙제를 부여한다. 다음 단계에서 1:1 목표설정 지도가 실시되는 바, 1:1 지도는 팀장이 적어온 목표설정서에서부터 출발한다. 대개의 경우 팀장이 적어온 목표설정서에는, 적어도 자기 업무에 관해 중요하다고 생각하는 과제만큼은 포함되어 있다. 하지만 그 과제가 애매모호하거나 너무 폭넓게 설정되어 추상적으로 되어 있거나, KPI가 없거나, 명확하지 않은 경우가 대부분이다. 컨설턴트와 팀장은 대화와 토론을 통해 과제를 쪼개고, 재정렬하고, 통합하여 명료한 중점과제를 도출하며, 각각에 대한 도전적이고 실행 가능한 수준의 KPI를 설정한다.

1:1 지도 상황에서, 해당업무에 대한 전문가는 팀장 자신이기 때문

에 모든 과제와 해결방법과 적정한 KPI는 실제 전문가인 팀장의 머릿속에 다 있기 마련이다. 컨설턴트는 문제 해결 전문가로서 그러한 팀장의 머릿속에 복잡하게 얽혀 있는 문제와 해결방안을 분해하고, 재조합하고, 논리적인 귀결에 따라 그것들을 명료하게 하는 것을 도와줄 뿐이다.

이렇게 정리된 목표들을 팀장들은 다시 정리해서 팀장들이 모인 자리에서 발표하고, 팀장들은 각자의 입장에서 다른 팀장의 목표에 대해 토론을 거친다.

그리고 최종적으로 정리된 목표를 각 팀장들이 CEO와 임원들이 참석한 경영회의에서 보고하고 확정한다. 이 단계에서 사장의 시각에서 다시 목표는 조정되고 확정된다.

다음 그림은 이상의 내용을 도표로 요약한 것이다.

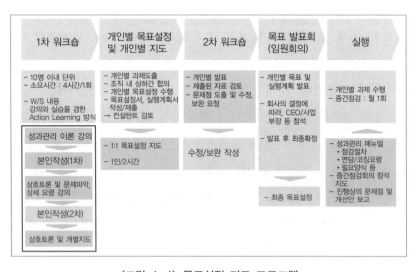

〈그림 4-4〉 목표설정 지도 프로그램

# 제2부

## 목표설정의 기술

# 제5장
# 목표설정을 위한 접근 방법

## 1. 목표의 유형

### (1) 목표의 유형과 성과관리

앞장에서 기술한 바와 같이 성과관리의 방법은 평가 중심의 성과관리와 실행 중심의 성과관리의 두 가지 방식으로 나누어 볼 수 있다. 이 두 가지 방식은 전술한 바와 같이, 성과관리의 전반적인 운영방식, 즉 목표설정단계, 실행·점검단계, 성과평가와 보상단계의 운영방식에서 의미 있는 차이를 보인다. 이러한 차이를 야기하는 핵심은 '목표'이다. 즉, 목표를 어떤 프로세스에 의해 어떤 유형의 목표를 설정하느냐에 따라 두 가지 방식으로 나누어지는 것이다. 지표형 목표는 성과관리 전체를 측정과 평가 중심으로 진행되게 하는 반면, 과제형 목표는 성과관리 전체를 과제의 실행 중심으로 나아가게 한다. 성과관리를 시행하고 있거나 시행하려는 회사에서 제일 먼저 착수하는 것이 팀장의 목표를 설정하는 일이다. 이 목표를 중심으로 지표형 목표와 과제형 목표의 성격, 성과관리의 주안점을 파악해 보자.

(2) 지표형 목표

지표형 목표는 지금까지 보여 준 사례들과 같이 관리지표 중심 - 성
과지표, 지표 정의서, 측정기준 등 - 으로 설정된 목표를 말한다. 아
래 표에서 보는 바와 같이 CEO가 관리하고자 하는 지표를 설정하고
각각에 대한 목표수준을 전년도에 대비해서 기술한다. 지표형 목표는
목표를 설정하는 목적이나 성과지표의 성격, 관리 중점의 측면에서 필
연적으로 평가 중심의 성과관리로 진행된다.

〈표 5-1〉 지표형 목표

| 팀 | 성과지표 | 계산식 | 12년 목표 | 13년 목표 |
|---|---|---|---|---|
| 영업팀 | 매출액 | 연간 매출금액 | 100억 원 | 150억 원 |
| 생산팀 | 생산계획 준수율 | 생산량/계획량 | 90% | 95% |
| 인사·총무팀 | 직원 이직률 | 퇴직인원/평균 인원 | 15% | 10% |

성과관리를 시행하면서 이런 유형의 목표를 설정하는 목적은 제1장
에서 설명한 바와 같이 'CEO가 경영의 각 부문에서 추진하는 업무의
성과를 한눈에 파악하고 평가하는 것'이다. 목표설정단계에서 가장
중시하는 것은 팀의 성과를 종합적으로 판단할 수 있는 적절한 지표
를 설정하고, 이를 정확히 측정할 수 있는 세밀한 방법(계산식)을 정
하는 일이다. 이렇게 설정된 성과지표는 필연적으로 팀장과 팀원이 일
년 동안 수행한 활동의 종합적인 성과로 표현된다. 또한 이런 유형의
성과지표는 팀의 미션이나 R&R과 관련되기 때문에 중기적으로 변하
지 않는 특징이 있다.

지표형 목표의 가장 큰 장점은 CEO의 입장에서 각 팀의 성과를 한
눈에, 만약 전산시스템이 뒷받침 된다면 실시간으로 파악할 수 있다

는 것이다. CEO는 이러한 관리지표를 통해 문제가 있는 – 목표를 달성하지 못하는 – 팀을 실시간으로 파악하여 팀장이나 임원을 불러 해결을 촉구할 수 있을 것이다.

또 하나의 장점은 대부분의 성과지표가 전사적인 시스템에 의해 관리될 수 있기 때문에 성과의 측정이 대단히 객관성을 띄게 된다. 만약 측정된 성과를 중심으로 합리적인 평가와 보상기준이 적용될 수 있다면 평가형 성과관리는 성과에 대한 직원들의 동기를 불러일으킬 수 있다. 이런 장점으로 인해 지표형 목표는 엄밀하게 설계된 평가와 보상기준과 더불어 평가형 성과관리로 나아가게 된다. 평가형 성과관리는 앞서 말한 바와 같이 팀 조직이 아닌 독립된 경영조직의 성과관리에 대단히 유용하다. 이런 의미에서 지표형 목표는 평가형 목표로 불러도 괜찮을 것이다.

하지만 앞에서 수차례 밝힌 바와 같이 지표형 목표 자체가 팀장과 팀원들에게 나타나는 동기부여의 효과(목표 달성을 위해 열심히 하겠다는 의지)는 어디까지나 간접적이고 제한적이다. 지표형 목표의 성과지표만으로는 '실제 내가 무엇을 열심히 해서 그 목표를 달성할 것인가'를 직접 보여 주지 않기 때문이다.

(3) 과제형 목표

과제형 목표는 회사의 경영실적이나 팀의 미션 달성에 큰 영향을 미치는 핵심과제(효과성이 가장 높은 과제)를 중심으로 설정된 목표를 말한다. 아래 표에서 보는 바와 같이 팀의 미션이나 상사가 부여한 전략 목표 달성을 위해 올 한 해 동안 노력을 집중하여야 할 과제를 먼저 설정하고 개별 과제의 결과로서 나타나는 성과지표로서 목표수준을 설정한다.

〈표 5-2〉 과제형 목표

| 팀 | 업무 구분 | 중점과제 | 성과지표 | 12년 목표 | 13년 목표 |
|---|---|---|---|---|---|
| 영업팀 | 매출 확대 | 신규거래 개척 | 샘플 제시 건수 | 30건 | 50건 |
| 생산팀 | 계획 준수 | A라인 공정 개선 | 시간당 생산량 | 2,500개 | 3,000개 |
| 인사팀 | 이직 방지 | 직원 면담 강화 | 면담인원 | 10명/월 | 15명/월 |

이 경우 목표설정단계에서 가장 중요하고 시간이 많이 걸리는 작업은 팀의 수많은 업무 중에서 올해에 반드시 추진하여야 할 핵심과제를 도출하는 일이 된다. 아울러 그 과제가 실제 실행되었는지를 판단하고 관리할 수 있는 성과지표를 찾는 일이 중요해진다. 물론 성과지표를 측정하기 위해 반드시 측정기준이나 방법을 명기하여야 하지만, 이것이 과제형 목표에서는 목표설정서의 전면에 표시될 정도로 중요한 것은 아니다.

과제형 목표의 특징은 매년 중점적으로 추진하여야 할 핵심과제가 달라진다는 것이다. 말하자면 올해 신규거래선 개척에 주력하여 어느 정도 매출 향상이라는 성과를 올렸다면 내년에는 신규거래선 개척보다는 기존 거래선에 대한 매출을 강화하는 것이 매출 향상에 더 큰 과제가 될 수가 있기 때문이다. 중점과제가 바뀌기 때문에 성과지표가 바뀌는 것은 당연하다. 이와 같이 과제형 목표는 연초에 CEO의 방침이나 전략, 팀의 업무에 관한 고객의 요구사항 등을 반영하여 팀장이 '올해 반드시 해 내야 할 과제'를 중심으로 설정되게 된다.

과제형 목표의 가장 큰 단점은 팀이나 개인의 성과가 과제 단위로 설정되기 때문에 팀 전체의 성과를 파악하기가 쉽지 않다는 것이다.

CEO의 입장에서 A라인 공정 개선을 통해 생산능력이 향상되고 시간당 생산성이 올라간 것은 파악이 되지만, 그 결과 궁극적으로 전체적인 생산계획 준수율이 얼마나 향상되었는지는 파악이 어렵다는 것이다.

또 하나의 단점으로 성과지표가 개별과제의 수행 결과로 나타나기 때문에 성과의 측정 자체가 전사 단위가 아닌 거의 팀장 선에서 진행되기 때문에 측정된 성과에 대한 신뢰도가 낮아질 수 있다는 점이다. 성과에 대한 신뢰도가 낮다는 것은 성과의 측정·평가와 보상으로 이어지는 동기부여가 약화된다는 것을 의미한다. 물론 회사 차원에서 KPI의 측정기준과 산식 그리고 방법을 명확히 하고 관리하는 데 시간과 비용을 투입한다면 이 단점은 해소할 수 있지만 측정과 평가에 무한정 시간을 투입하기가 어려운 것이 또한 기업의 현실이다.

〈표 5-3〉 목표 유형별 성격과 특징

| 구분 | 지표형 목표·평가형 목표 | 과제형 목표·실행형 목표 |
|---|---|---|
| 목표의 목적/활용 | • 조직이나 개인의 성과를 측정하고 평가하기 위한 목표 | • 상위 조직의 목표 달성을 위한 핵심과제를 설정하고 시행을 관리하기 위한 목표 |
| 목표의 성격 | • 조직이나 개인의 수행하는 모든 과제의 결과의 총합 | • 조직이나 개인이 수행하는 특정 과제와 수행 결과 |
| 관리의 중점 | • 관리(평가)지표의 설정과 정확한 성과 측정에 중점 | • 과제 선정과 과제 실행 지원에 중점 |
| 사례 | • 매출액 10억 원<br>• 납기 준수율 95% | • 5개 상위업체 집중관리 매출액 20억 원 증대<br>• A라인 생산공정 개선 소요시간 60분 단축 |
| 특징 | • 목표수준은 매년 변화(향상)하나, 성과항목은 변화가 적음. | • 목표가 매년 달라짐.<br>←중점과제가 매년 바뀌기 때문 |
| 장점 | • 상사로서 전체적인 실적 관리나 평가가 용이<br>• KPI의 전사적 관리로 측정의 신뢰도 높음. | • 특정(핵심)과제에 상사/부하가 집중함으로써, 과제의 실행력 제고 |
| 단점 | • 목표 달성을 위한 핵심과제(CFS)가 없고, 따라서 집중이 안 됨. | • 조직이나 개인의 총합적 성과 파악 어려움.<br>• KPI 측정에 대한 신뢰도 낮음 |

그럼에도 불구하고 과제형 목표는 특정과제의 수행에 CEO나 임원

이 관심과 지원을 집중하고 팀장이 실행에 집중함으로써 과제가 지향하는 성과 목표의 달성 가능성은 현저히 높아진다. 소위 실행력이 올라가는 것이다. 과제형 목표와 이에 기반을 둔 실행형 성과관리의 가장 큰 장점이자 목적은 실행력을 제고하는 것이다. 이런 의미에서 과제형 목표는 실행형 목표라고 할 수 있다.

### (4) 두 유형의 관계

목표의 두 유형을 세심하게 읽은 독자라면 눈치를 챘겠지만, 지표형 목표와 과제형 목표의 관계는 제4장 성과의 계층구조에서 설명한 바와 똑같은 상하관계를 가지고 있다. 즉, 지표형 목표의 매출액은 신규 거래선 개척이라는 하위과제로 달성되며, 이것이 과제형 목표가 된다. 마찬가지로 생산계획 준수율이라는 지표형 목표는 A라인 공정 개선이라는 하위 과제(형 목표)를 통해서 이루어진다. 이런 관계는 〈표 5-2〉의 업무구분칸에 있는 내용이 〈표 5-1〉에 나온 성과지표의 내용을 그대로 옮겨 적은 데서 쉽게 발견된다.

그러므로 만약 지표형 목표가 조직의 미션과 회사의 전략과 적절히 정렬되어 있다면 '과제형 목표는 지표형 목표를 어떻게 달성할 것인가?'라는 질문으로부터 출발하면 된다. 즉, 과제형 목표를 설정하는 것은 지표형 목표의 수단을 찾는 것이며, 이것은 바로, 지금까지 강조한 '목표 따로, 업무 따로'를 벗어나 목표와 업무를 일치시키는 방법이다.

이와 같이 목표설정의 목적과 관리의 중점 등에서 상반되지만, 또한 상호 보완적이라 할 수 있는 두 가지 유형의 목표는 목표를 설정하는 접근방법과 프로세스를 달리한다. 즉, 다음에 설명할 BSC 접근 방식에 따라서 지표형 목표, QCD 접근법에 따라서 과제형 목표가 도출된다. 여기서 목표설정의 접근 방법과 그에 따라 도출되는 목표의 유형이 달라지는 이유는 두 접근법의 본질적인 차이 때문이라기보다는 '목표설정의 출발'의 차이에서 비롯된다.

## 2. BSC 접근법

### (1) BSC 개요

BSC(Balanced Score Card)는 국내에서 균형성과지표로 번역되어 공기업과 정부조직을 중심으로 일부 민간기업에서 활용하고 있는 성과관리의 대표적인 기법이다. BSC는 1992년 하버드대학 교수인 카플란(Robert Kaplan)과 노톤(David Norton)에 의해 창안되어 미국의 대기업을 중심으로 도입, 발전되었다. 국내에도 1990년대 중반부터 이 개념이 소개된 이래, 2000년대 들어 본격적으로 공기업을 필두로 정부조직 및 공공부문에 이어 일부 대기업까지 널리 확산되고 있다. 이러한 과정에서 BSC는 그 본래의 의미와는 별개로 성과관리와 동일한 의미로 기업현장에서 불리고 있고, 성과관리를 도입한다고 하면 제일 먼저 BSC의 4대 관점과 이 관점에 따라 목표설정을 떠올릴 만큼 이 개념이 폭넓게 확산되어 있다.

BSC는 그 전까지 기업들이 채택해 온 경영관리의 지표로서 매출이나 손익 등의 재무적 측정에 의존해 온 경영관리의 한계를 극복하기 위하여 개발되었다. 카플란과 노톤에 의하면, 재무적 성과는 과거의 경영활동에 대해 사후적으로 집계되는 결과지표이며, 또한 재무적 측정 수단에 지나치게 의존하는 것은 단기적인 성과를 위해 장기적인 가치창조를 희생하는 결과를 가져 온다고 한다.

아울러 BSC 접근법이 종래의 경영관리와 가장 차별화되는 것은 경영성과를 측정하는 관점(Perspectives)이다.

**전략수립의 4대 관점**

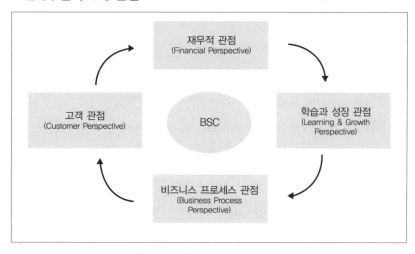

〈그림 5-1〉 BSC의 4대 관점,
Source, Norton & Kaplan, 'The Balanced Scorecard'

BSC는 〈그림 5-1〉에서 적은 4대 관점에서 조직의 전략을 수립할 것을 강조하고 있다.

• **재무적 관점** - 주주, 투자가, 경영자, 종업원 등 이해관계자의 관점으로부터 위험, 성장, 수익에 대한 전략

• **고객 관점** – 고객의 관점으로부터 차별화와 가치를 창출하는 전략

• **내부프로세스 관점** – 이해관계자와 고객에 대한 가치를 창출하는 다양한 프로세스에 대한 전략

• **학습과 성장 관점** – 조직의 변화, 혁신, 성장을 지원하고 창출하는 역량 개발에 대한 전략

## (2) BSC의 구성요소

조직의 전략 목표설정과 실행도구로서의 BSC 접근법은 단순히 회사나 조직의 성과 목표를 설정하는 차원을 넘어 다음과 같은 다양한 요소로 구성된다. 즉, BSC 접근에 의한 산출물(Output)이다.

• **비전** : 비전은 조직이 추구하는 장기적인 목표와 기대하는 미래상이다. 조직의 비전은 장기적인 목표, 조직의 존재 이유와 사명(Mission), 기업의 목적, 사업 영역을 포함한다.

• **전략** : 기업의 비전과 중·단기적 경영 목표를 달성하기 위해 고객의 가치 향상과 경쟁 우위를 달성할 수 있는 경영활동의 방향과 방법

• **관점** : 앞에 설명한 4대 관점. 관점은 조직의 비전이나 사업영역에 따라 달리 설정할 수

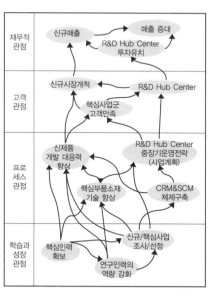

〈그림 5-2〉 4대 관점별 전략 맵
– 《BSC 실천매뉴얼》, 김희경·성은숙 저

있으며, 전략은 4대 관점에 따라 각각 설정된다.

• **핵심성공요인(CSF)** : 비전 달성 및 전략 추진에 핵심이 되는 요인. 핵심성공요인은 4대 관점에 따라 도출된다.

• **핵심성과지표(KPI)** : 핵심성공요인을 실행하여 나타나는 성과

• **인과관계** : BSC는 구성요소간의 인과관계를 강조한다. 이를 통해, 비전 달성을 각 요소간의 관계가 일목요연하게 정리되며, 개인과 단위조직의 업무가 전체 조직의 전략, 비전 달성에 기여하는 관계를 이해할 수 있다.

• **목표** : 전체 조직의 전략 목표 달성을 위한 KPI의 구체적인 달성 수준을 말한다.

• **실행과 피드백** : 전략 목표 달성은 목표수립과 실행, 피드백의 순환과정에서 이루어진다. 실행결과는 정기적으로 측정·평가되어 조직과 개인에게 피드백되어야 한다.

## (3) BSC 구축 사례

국내에 도입된 BSC 구축 기법이나 사례는 경영서적이나 강의 자료, 인터넷을 통한 지식 정보로서 어렵지 않게 접할 수가 있으며, 이런 사례들에서 발견되는 공통점을 정리하면 다음과 같다.

### 전사 목표의 전개

성과관리와 관련하여 BSC는, 전사의 비전과 전략에서 출발하여 하부 조직 및 조직을 구성하는 최소단위인 개인의 목표를 일관되게 연계(Alignment)하여 목표를 수립한다.

아래 그림과 같이 맨 먼저 전사의 비전 및 전략을 명확히 하고, 이를 계속적으로 하부 조직으로 전개하여 궁극적으로 개인의 BSC 목표에 도달하게 된다.

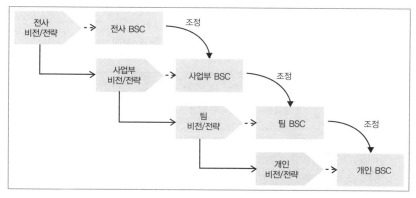

〈그림 5-3〉 전사 목표의 하부 전개(Cascading)

－《BSC 실천매뉴얼》, 김희경·성은숙 저

각각의 단계를 보면, 비전 달성을 위한 전략을 수립하고 이들을 다시 BSC의 관점별로 지표를 개발하고 정의한 다음, 각각의 관점별 전략 목표의 달성을 위한 핵심성공요인(Critical Success Factors, CSF)을 설정하고 핵심성과지표(Key Performance Indicators, KPI)를 개발한 다음, 각 성과지표간의 인과관계 분석을 통해 이를 검증하여 확정한다. 이러한 각 단계는 조직단위별로 전사 → 사업부 → 팀 → 개인의 단계로 전개된다.

이렇게 도출된 하부조직의 CSF와 KPI는 다음의 형식으로 정리된다.

〈표 5-4〉는 해당 부서의 목표설정서의 성격으로, 여기에는 각 KPI

에 대한 수준(Target)이 생략되어 있다. 부서별 CSF와 KPI 외에 전사 공통으로 적용되는 CSF와 KPI도 있다. 독자 여러분은 사례에서 보여주는 각 항목들이 지금까지 설명한 목표의 구성요소 중 무엇에 해당하는지를 이해할 수 있을 것이다.

**〈표 5-4〉BSC 관점의 부서 목표 사례**

xxx부 BSC 지표

| 관점 | 전사 전략과제 | 부서 핵심성공요인(CSF) | 핵심성과지표(KPI) | 가중치 | 기타 |
|---|---|---|---|---|---|
| 프로세스 | 성과평가시스템 구축 | 성과관리 및 정확한 평가·피드백을 위한 전산시스템 개발 | 운영실적 | 5 | |
| | | 고객 부서 지원 원활화 | 내부고객 만족도 | 5 | |
| 고객 | 전략적 정보시스템 구축 | 경영층 의사결정 지원 | 구축 성과 | 10 | |
| | | 사용자 편의성 | 사용자 만족도 | 10 | |
| | | 대고객 서비스 강화 | 정보관리의 효율성 | 5 | |
| 재무 (전사공통) | 재정 건전성 확보 | 전사 공통 | 관련 목표의 달성도 | | |

## KPI 정의서와 KPI Pool

성과의 점검 및 평가를 위해서는 성과를 측정할 수 있는 기준이 명확하고 사전에 공유되어야 한다. 이를 위해 BSC 접근 방식에서는 일반적으로 핵심성과지표의 의미, 산출방식, 평가기준이 명시된 'KPI 정의서'를 작성한다.

앞서 본 바와 같이 부서별로 작성된 다수의 CSF에서 각 CSF별로 1개 이상의 KPI가 도출되기 때문에 KPI별로 정의, 산출방식과 평가기준을 수립하는 작업은 대단히 방대하며, BSC의 최종 결과물로서 가장 많은 분량을 차지한다.

XXX부 20XX년 핵심성과지표 정의서

| 전략과제 | 전략적 정보시스템 구축 | BSC 관점 | 고객 | 관점 가중치 | 25 |
|---|---|---|---|---|---|
| 지표명 | 사용자 만족도 | 가중치 | 10 | 측정주기 | 연 1회 |

| 평가산식 | 5점 | | |
|---|---|---|---|

| 측정·평가 기준 | 1. 측정 방법 : 고객 대상의 설문지 조사법 <br><br>2. 점수 집계 방법 <br> · 항목 만족도 : 각 답변자가 응답한 항목 전체에 대한 만족도 점수 <br> · 문항 만족도 : 각 답변자가 응답한 만족도 점수 <br> · 문항 가중치 : 항목 만족도와 문항 만족도의 회계계수를 표준화한 베타 값을 각 문항의 가중치로 함. <br><br>3. 설문 조사 : 해당 부서에서 설문지 작성 및 조사 <br><br>4. 측정 주기 : 연 1회 12월 중 |
|---|---|

또한 BSC 구축 보고서에서 가끔씩 발견되는 사례로서 KPI Pool 이 있다. KPI Pool은 말 그대로 KPI를 한데 모아서 정리한 것으로, 부서별로 위의 그림에서와 같이 나오는 부서별, 또는 직능별로 흩어져 있는 KPI를 모두 모아 일목요연하게 정리한 것이다.

## (4) BSC 접근 방식의 공과(功過)

조직 성과관리의 도구로서 BSC는 조직의 미션을 명확히 하고, 그에 따른 전략수립, 전략검토를 위한 전략 맵(Map)의 작성과정을 통해, 이전까지 단순히 '액자에 갇힌 비전, 미션, 방침'을 액자 밖으로 끄집 어내어, 이들을 살아 움직이게 하는 방법을 제시하고 있다. 또한 비전 의 하부 전개를 통해 구성원들의 행동 수준까지 설정함으로써, 과거 막연하고 직원들이 체감하기 힘든 비전, 미션과 방침, 경영전략을 실 행으로 옮기게 하는 계기가 되었다. 또한 프로젝트 수행 과정을 통해,

조직의 비전과 미션, 전략, 사업부 과제, 팀, 개인과제의 정렬을 통해, 개념적으로나마 전구성원이 본인의 과제와 조직의 전략, 미션과의 연계성이 있다는 점을 일목요연하게 이해하게 된 점은 BSC 도입의 효과라고 할 것이다.

하지만 주로 컨설팅 프로젝트 형태로 진행되는 도입과정에서, 전략 실행의 주체로서 조직과 개인 단위의 목표를 제시하고, 이들의 실행력을 제고하는 데는 몇 가지 문제점이 있다. 이러한 문제점은 BSC의 성격 자체에서 기인하기보다는 프로젝트 진행과정에서 BSC에 대한 오해나 BSC와 개인 목표간의 관계 설정에 있어 이해가 부족해서 발생하는 것으로 보인다.

BSC와 개인의 목표관리에 대한 나름대로의 해석은 다음과 같다.
- BSC의 4대 관점은 기능조직이나 개인이 아닌 경영단위에서 적용되는 것이다.
- 개인이나 팀 단위의 목표는 전략보다는 업무분장(R&R)에서 비롯된다.
- BSC 접근법은 필연적으로 지표형 목표를 도출한다.

**BSC의 4대 관점은 기능조직이나 개인이 아닌 경영단위에서 적용되는 것이다**

BSC와 전통적인 경영관리와의 가장 큰 차이점은 관점의 다양화이다. 전통적인 경영지표인 재무적 성과 외에 3개의 관점을 추가함으로써, 기업의 장기적인 성장을 위한 가치 창조의 측면을 강조하였다. 하지만 이러한 4대 관점은 개인이나 팀 조직의 목표 수립에는 적용하기가 어렵다.

다음은 금융회사의 BSC 관점별 전략 맵(Map) 사례이다.

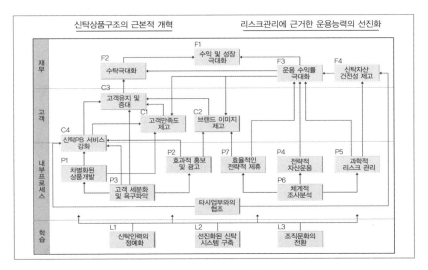

〈그림 5-4〉 금융회사의 전략 맵 사례

위 사례에서 보는 바와 같이 관점별 성과항목을 보면, 학습과 성장 관점의 성과항목은 주로 인사부서의 업무와 관련되고, 내부 프로세스는 (물론 조직 내 전개인의 업무는 나름대로의 프로세스를 가지고 있지만) 상품개발, 효과적인 홍보, 자산운영 등에 관련된 부서의 업무로 주로 구성되어 있다. 또한 고객의 관점은 영업부서, 홍보부서의 역할 정도로 나타난다. 최상단의 재무적 관점은 결국 전직원들의 노력의 결실로 전직원들이 해당하는 과제로 볼 수 있다.

이와 같이 BSC의 4대 관점은 사업 단위(Business Unit, 회사, 사업본부, 사업부)에서는 상당히 유용한 성과지표일 수는 있으나 개인의 업무나 직능별로 구분되어 있는 팀 단위의 조직 목표에 4개의 관점 모두를 적용하는 것은 무리가 있다. 그래서 목표수립에서의 BSC 관점은 적어도 독립적인 재무적 성과를 집계할 수 있는 경영단위, 즉 사업부나 사업본부, 또는 이러한 조직의 경영자의 목표에 한하여 적용되어야 한다.

**개인이나 팀 단위의 목표는 전략보다는 업무분장(R&R)에서 비롯된다**

목표설정의 방법으로서 BSC의 접근방법은 조직 전체의 올바른 전략, 즉 비전과 미션을 재정립하고, 미션에 부합하는 4가지 관점의 전략을 수립하고, 이에 연계된 단위조직의 과제와 측정지표의 개발에 치중함으로써, 개인이나 단위조직의 실질적인 핵심과제를 망라하지 못하는 측면이 있다.

일반적으로 기업을 포함한 모든 조직에서, 개인의 목표설정에 있어 가장 문제가 되는 것은, BSC에서 강조하는 올바른 전략의 수립, 전략과 개인 과제의 정렬, 4대 관점을 반영한 과제도출이라기보다는 '본인의 고유 업무'에 관한 CSF를 도출하고 KPI를 설정하는 데 애로를 겪고 있다는 점이다. 예를 들어 생산팀장이 품질의 개선을 중요하게 생각하는 것은, 그것이 전략과제여서가 아니라 생산팀장의 고유한 업무 책임이거나 미션이기 때문이다. 마찬가지로 고객 관점에서 도출되는 고객 만족을 위한 친절, 서비스 향상, 고객인지도 개선을 위한 광고홍보의 강화 등의 과제는 (전략의 수립 전에) 이미 영업부서나 마케팅부서의 고유 업무로서 추진되고 있는 과제인 것이다. 그러므로 개인이나 팀 수준의 단위조직의 목표는, 물론 전략과제에서 비롯되는 것도 있지만, 자신의 고유 업무(R&R)에서 비롯되는 목표가 더 많이 차지하게 된다.

## BSC 접근법은 필연적으로 지표형 목표를 도출한다

목표설정의 방법으로 BSC 접근법은 KPI라고 하는 성과지표의 설정을 목표로 한다. 전체 조직의 성과지표를 4대 관점으로 설정하고, 조직의 계층에 따라 하부 전개한다. 그래서 BSC 컨설팅의 결과로 수많은 KPI와 KPI의 측정기준이 양산된다. 조직의 성과지표라고 하는 것은 필연적으로 조직의 미션과 R&R과 관련이 있다. 생산팀의 성과지표는 생산팀의 미션을 지표화한 것이다. 이제는 익숙하겠지만 생산팀의 미션은 제품을 적기에, 싸게, 불량 없이 생산하는 것이다. 여기서 적기 생산이라는 미션에서 '납기 준수율'이라는 성과지표가 도출되고, '싸게'에서 제조원가율이, '불량 없이'에서 불량률이라는 성과지표가 도출된다. 영업팀의 미션은 어떻게 해서든지 회사의 제품을 많이 파는 것이므로 '매출액'이라는 성과지표가 도출된다. 만약 영업팀에서 제품의 광고나 홍보 책임이 있다면 고객에 대한 회사나 제품인지도라는 성과지표를 설정할 수 있다. 이것은 바로 앞에서 설명한 지표형 목표다.

BSC 접근법은 목표설정의 출발을 조직의 전략과 미션에서 출발한다. 회사의 비즈니스 모델이나 팀의 업무분장에 따라 팀의 미션은 다르겠지만 일반적인 기업의 경우, 팀의 미션을 정하는 것은 별로 어려운 일이 아니다(사실 공기업이나 공공조직의 경우 이런 BSC 접근을 통해 거꾸로 팀의 미션을 정의한다).

이러한 종류의 팀의 미션을 몇 개의 성과지표로 표현하는 것은 부서의 성격에 따라 상당한 문제가 있을 수 있다. 위에 적은 바와 같이 생산팀을 비롯한 직접부서들은 팀의 종합적인 성과를 몇 개의 단순한 지표로서 나타내는 것이 가능하다. 하지만 기획팀, 재무팀, 인사팀 등의 간접부서의 성과를 몇 개의 종합적인 성과지표로 나타내는 것은 거의 불가능하다. 인사팀에서 수행하는 채용업무와 인사평가 업무, 직원 복지 개선 업무, 노동조합 업무, 교육훈련 업무 등 개개의 업무는 그 자체의 성과지표를 도출할 수는 있지만, 이 업무 중 2개 이상의 업무가 종합된 성과지표는 결코 존재하지 않는다. 결론적으로 간접부서의 성과지표는 팀 전체 단위의 종합적인 성과지표보다는 과제형 목표로 설정하는 것이 훨씬 유용하다.

## 3. QCD 접근법

### (1) QCD 접근법의 의의

지금까지 기술한 목표설정의 접근 방식은 BSC 접근법과는 다르다. 목표설정에 관한 BSC 접근법과 구분하여 나는 이것을 QCD 접근법이라고 명명하고자 한다. QCD 접근법은 개인이 목표를 설정함에 있어, BSC 접근법과 같이 '회사의 전략이나 비전'에서 출발하는 것이 아니라 '내 업무'에서 출발한다. 물론 BSC에서 강조하는 회사의 전략은 내 목표를 수립할 때 당연히 감안하여야 할 가장 중요한 요소 중 하나이다. 하지만 적어도 팀장 이하 단위에서의 목표는 전략이나 비전보다는 내 업무에서 수적(數的)으로 더 많이 발생한다. 목표설정에 있어 BSC의 접근방법이 회사의 비전이나 전략에서 출발하는 거시적인 접근법이라면 QCD 방식은 '나의 일'에서 출발한다는 점에서 미시적이라 할 수 있다.

QCD는 제3장에서 설명한 바와 같이 개인이나 조직의 성과를 나타내는 3가지 측면이다. 목표설정에 있어 QCD 접근법은 직원들이 '내가 하고 있는 일을 어떻게 하면 작년에 비해, 아니면 경쟁사에 비해 질적(Quality)으로 더 나은, 원가(Cost)가 더 낮은, 납기(Delivery)가 더 빠른 성과를 낼 것인가를 고민하는 데서 출발한다.

## (2) QCD 접근과 과제형 목표

QCD 접근은 '내 업무에 관해 QCD를 어떻게 올릴 것인가'로부터 출발하기 때문에 과제를 먼저 생각한다. 생산 담당자는 어떻게 생산을 더 잘할 것인가? 좀 더 구체적으로는 어떻게 납기 준수를 할 것인가? 영업 담당자는 어떻게 매출을 올릴 것인가? 등과 같이 어떻게(과제)를 찾는 일이 QCD 접근법의 핵심이며, 올바른 성과관리를 위한 과제형 목표를 찾는 방법이다.

비전·전략과 개인 업무의 관계

팀장의 성과관리를 지도하는 현장에서 많은 팀장들이 "회사의 전략이나 경영계획이 확정되지 않은 상황에서 팀의 성과 목표를 설정하는 것이 맞는가?"라는 질문을 많이 한다. 이에 대해 "팀장님은 회사 전략이 없으면 일을 하지 않습니까?"라고 되묻는다. 팀장을 포함한 직원들의 업무는 회사의 전략을 포함한 다양한 근원에서 발생한다. 전략이라고 하는 것은 업무 근원 중의 하나의 요소일 뿐이며, 비록 전략이 확정되지 않았거나 없다 하더라도 본인 업무에 관한 QCD를 개선할 수 있는 여지는 항상 존재하는 것이며, 개인의 성과 목표는 바로 여기서 발생한다.

회사의 조직이나 업무는 아무리 작은 조직이라도 거의 대부분 회사의 전략 실행에 직접 연계되어 있으며, 전략 목표 달성에 필요한 업무를 수행하고 있다. 회사의 전략과 무관한 조직과 인력이 있을 수 있을까? 만약에 전략실행과 무관한 조직이나 인원이 있다면 그것은 중소기업이 아니라, 오히려 큰 조직에서 있을 수 있는 일이다. 거창한 전략이라는 단어로 표현하지는 않더라도, 회사의 CEO가 영업을 강화해야겠다는 결정을 내리면 당연히 영업 인원을 보강하거나 인원이 더 늘어난다면 영업조직을 설치할 것이고, 품질 문제로 인해 회사의 성장에 걸림돌이 된다면 품질 관련 인력이나 조직을 보강할 것이다. 그러므로 특정 시점에서의 조직과 인력은 회사의 전략실행을 위한 특별한 임무를 부여받고 업무에 임하고 있는 것이다. 그러므로 조직이나 개인의 고유한 역할과 책임은 회사의 전략과는 당연히 정렬되어 있는 것이다.

BSC를 통해서 얻고자 하는 것이 궁극적으로 회사의 전략 목표를 달성하는 것이고, 이를 위해 개인이나 조직이 전사 전략과 정렬된 CSF와 KPI를 수립하여 이를 달성하는 것이다. QCD(미시적) 접근법은(이미 전략적으로 정렬되어 있는) 자기가 맡은 업무를 QCD의 측면에서 잘 수행하면 된다는 데서 출발한다.

## 4. 통합적 접근법

### (1) 성과관리의 출발

중소기업의 경우 성과관리를 도입할 때 어떤 방식이 적절할까? 먼저 중소기업의 현실을 보자.

이달의 결산보고서는 빠르면 한 달, 늦으면 삼 개월 후에나 CEO에게 보고되며, 원재료의 재고는 많은 부분 실물과 일치하지 않는다. 수시로 불량 문제로 전체 회사가 시끄럽긴 하지만 발생과 조치에 관한 사항은 기록되지 않으며, 이로 인해 정확한 불량률 집계는 어렵다. 생산계획은 수시로 변동하여 제품 변경에 따른 설비의 조정, 원재료의 교체가 수시로 이루어짐으로써 낭비가 숱하게 발생하며, 늘 생산납기를 맞추느라 허겁지겁하게 된다. 외부에서 조달되는 원재료도 늘 문제를 일으키지만 생산에 쫓겨 그 문제를 분석하고 납품업체를 관리할 시간은 부족하다.

이런 상황에서 평가 중심의 성과관리가 가능할까? 평가 중심의 성과관리의 대표적인 지표인 영업팀의 매출 목표는 아무리 작은 회사라도 집계를 하고 있기 때문에 가능할 것이다. 하지만 생산팀의 납기 준수율, 생산성, 자재팀의 재고 정확도, 품질관리팀의 전사 불량률, 품질비용 등 거시적인 관리지표의 관리가 가능할 것이며, 또한 이러한 성과관리를 통해 성과가 향상될 수 있을 것인가? 현재 회사에서 존재(측정)하지도 않는 불량률과 재고 정확도 그리고 납기 준수율을 어떻게 올릴 것인가? 설사 전체적으로 이런 지표들이 정확히 측정된다고 하더라도 이러한 전체 지표가 항상 더 급한 문제에 쫓기는 담당자에게 무슨 의미가 있을 것인가? 전형적으로 이러한 상황에서 (지표형) 목표와 업무는 동떨어지게 된다. 이 문제의 해결을 위해 성과관리를 생각하기 이전에 먼저 팀장들이 각각의 업무 상황에서 해야 할 일을 생각해 보자.

만약 영업팀장이 매출 향상을 위해 판매점을 확대하는 것이 가장 중요하다고 판단하였다면 영업팀장은 판매점을 늘리는 것이 초미의 과제가 되어야 한다. 생산팀장은, 생산팀에서 생산하는 모든 제품의 납기 준수율이 얼마인지는 모르지만, 납기를 지키지 못함으로 인해 매출에 심각한 영향을 미치는 제품의 납기 준수율만은 챙겨야 한다. 나아가 생산팀장은 이 제품의 납기 준수율을 높이기 위해 납기 준수에 가장 큰 영향을 미치는 과제를 찾아서 해결해야 한다. 만약 품질관리에 관한 기본적인 데이터의 관리나 불량의 기준조차도 없어 정확한 불량률의 집계 자체가 안 되는 상황이라면 품질관리팀장이 제일 먼저 하여야 할 일은 소위 품질관리체계를 확립하는 일이 되어야 할 것이다. 즉, 품질에 관해 어떤 데이터를 기록하고, 불량의 기준을 무엇으로 정의하고, 각각의 데이터는 누가 관리하며, 품질의 개선 책임을 누구에게 부과할 것인가를 정리하여야 한다.

목표는 본인의 업무 중에서 가장 중요한 업무가 되어야 한다. 여기서 중요한 업무란 내 임무를 달성하는 데 가장 중요한 일이며, 회사의 성과 향상에 가장 큰 영향을 미치는 일이며, 이 일을 하지 않으면 회사 전체의 목표 달성에 중대한 영향을 미치는 일을 말한다. 그러므로 위에 적은 팀장들의 가장 중요하고 시급한 업무, 그 자체가 목표가 되어야 한다. 이것이 실행형 성과관리이며, 경영 관리체계가 미흡한 중소기업에서 성과관리를 처음 시작할 때, 이런 방식으로 진행하는 것이 바람직하다.

### (2) 성과관리의 진화

중소기업에서 모든 팀장이나 팀원들이 과제형 목표를 설정하고 개별 과제를 하나하나 해결해 나가는 과정에서 수많은 KPI(핵심성과지표)가 탄생하고, 측정에 관한 직원들의 의지와 노하우는 축적된다. 이러한 KPI와 측정기법이 축적됨으로써 이른바 경영관리체계가 확립되는 것이다. 하나의 제품의 납기 준수율과 측정방법이 축적되면서 생산팀 전체의 납기 준수율이 측정되고, 품질관리체계가 확립되면서 회사 전체의 품질과 품질비용이 측정된다. 드디어 지표형 목표를 수립할 단계로 나아간다. 이제는 생산팀의 성과를 불량률이라는 하나의 통합된 지표, 생산성이라는 통합된 지표, 납기 준수율이라는 통합된 지표로 관리할 수 있는 상황이 된 것이다.

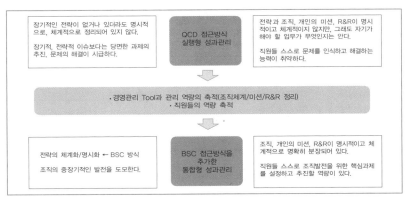

〈그림 5-5〉 성과관리의 진화

(3) 통합형 성과관리

이 단계에서 회사에서는 통합형 목표를 기반으로 하여 성과관리를 진행할 수 있다. 〈표 5-6〉에서 보는 바와 같이 영업팀장의 목표설정서 윗단에는 팀 전체의 목표를 종합한 지표형 목표가 있고, 아랫단에는 지표형 목표를 달성할 수 있는 과제형 목표가 나열되어 있다. 지표형 목표가, CEO가 관심을 가지고 지켜볼 관리지표라면 임원과 팀장은 핵심과제를 추진하고 실행하여 과제가 지향하는 KPI를 달성하는 데 주력하여야 할 것이다.

<표 5-6> 통합형 목표설정서

| 팀 종합 목표 | 성과 항목 | 배점 % | KPI | | 비고 |
|---|---|---|---|---|---|
| | | | 전년 실적 | 금년 목표 | |
| | 매출 | 30 | 25.5억 원 | 30.0억 원 | |
| | 손익 | 10 | 2.2억 원 | 3.1억 원 | |
| | | | | | |

| 핵심 과제 목표 | 업무 구분 | 중점 추진 과제 | 배점 % | KPI | | | 방법· 일정 등 |
|---|---|---|---|---|---|---|---|
| | | | | 성과항목 | 전년 실적 | 금년 목표 | |
| | 유지 관리 | 제품 업그레이드를 통한 계약유지 | 10 | 낙착률 | 100 | 100 | |
| | | 경쟁업체 동향 파악 및 대응 강화 | 10 | 일반업체 재계약률 | 90% | 98% | |
| | 신규 거래 | 신규거래 강화 | 20 | 샘플 제시 | 30건 | 50건 | |
| | | 가망고객 창출 | 10 | 가망고객 수 | 5건 | 10건 | |
| | 기타 | 직원 업무 재조정 | 10 | 조정인원 | 0 | 2명 | |
| 총계 | | | 100 | | | | |

　한편으로 BSC 방식에 의해 도출되는 지표형 목표를 관리하고 있는 기업이나 공기업의 경우에는 여기서 한 걸음 더 나아가 과제형 목표를 도출하여 실행형 성과관리를 추진할 필요가 있다. 지표형 목표가 제대로 설정되어 있다면 과제형 목표를 설정하는 것 자체는 어렵지 않다. 지표형 목표로서 납기 준수율을 올리기 위한 구체적인 과제들을 나열하고, 이 중에서 지표형 목표의 달성에 가장 핵심적인 과제를 선정하면 그것이 과제형 목표가 된다. 마찬가지로 매출 목표 달성을 위해 추진해야 할 여러 과제들을 모으고, 여기서 가장 핵심적인 과제를 선정하는 것이 과제형 목표를 설정하는 프로세스이다.

　<그림 5-6>은 목표설정의 두 가지 접근법을 활용하여 통합형 목표를 설정하는 과정을 표현한 것이다.

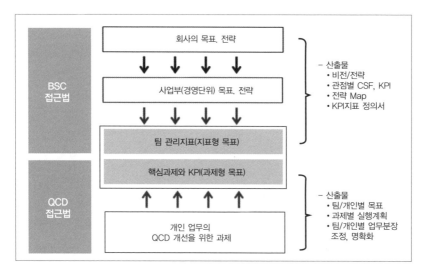

〈그림 5-6〉 통합형 목표의 설정

# 제6장
# 목표란 무엇인가?

## 1. 목표의 현실적인 의미

지금까지 약간 개념적이고 이론적으로 설명해 온 목표라는 단어를, 회사의 업무현실에서 일을 시키는 상사와 일을 수행해야 하는 부하의 입장에서 보다 실질적이고 현실적으로 어떤 의미가 있는지를 살펴보겠다.

올해의 마지막 달인 12월에 상사가 부하를 불러서 내년도 업무계획을 논의하는 대화를 보자.

〈장면 1〉
영업담당임원 : 영업1팀장, 당신이 내년에 해야 할 일이 뭐죠?
영업1팀장 : 저희 팀에 할당된 매출 목표 80억 원 달성을 해야 합니다.
영업담당임원 : 그 80억 원은 이미 내년도 사업계획에 반영되어 확정된 금액이고, 내 말은 어떻게 그 80억 원을 달성할 것인가를 묻는 거요. 어떻게 80억 원을 할 건가요?
영업1팀장 : 최대한 열심히 하겠습니다.
영업담당임원 : ….

공장장 : 생산2팀장, 당신은 내년에 무슨 일을 할 건가?

생산2팀장 : 생산계획에 맞추어 차질 없이 생산해야 합니다.

공장장 : ….


공장장 : 품질관리팀장, 당신은 내년에 무슨 일을 할 건가?

품질관리팀장 : 불량률을 낮춰야 합니다.

공장장 : 불량률을 낮추기 위해 팀장이 특별히 생각하는 게 있나
　　　　요?

품질관리팀장 : ….


CEO : 회계팀장, 당신은 내년에 어떤 일을 할 건가요?

회계팀장 : 저희가 하는 일은 명확합니다. 매월 결산보고 할 것이고
　　　　요, 3월 말에는 세무사와 협의해서 연간 법인 결산합니
　　　　다. 그리고 7월에는 정기 세무감사가 계획되어 있습니다.
　　　　이어서 9월에는….

CEO : 그만 됐습니다. 늘 하는 일은 나도 아는 일이고….


CEO : 인사팀장, 당신은 내년에 특별히 해야 할 일이 있나요?

인사팀장 : … 글쎄요…. 직원 채용 열심히 하고…, 교육시키고…. 연
　　　　봉조정이나 승진 업무해야 합니다.

CEO : ….


이런 대화가 유용한가? 아니면 필요한가? 이 대화를 통해 상사는

부하가 할 일을 파악하고, 부하는 자기가 할 일을 명확히 제시하고 있는가? 목표가 보이는가? 그렇지 않다면 다음의 대화를 살펴보자.

〈장면 2〉

영업담당임원 : 영업2팀장, 당신은 내년에 어떤 일을 할 건가?

영업2팀장 : 제게 할당된 매출 목표가 80억 원입니다. 요즘 경기도 그렇고 경쟁사 동향도 살펴 볼 때 이거 만만찮을 것 같습니다.

영업담당임원 : 그래도 한 번 해 봐야지.

영업2팀장 : 당연히 해 봐야죠. 그게 제 임무인데…. 일단은 좀 더 고객에게 더 다가가는 방법을 생각해봤습니다. 대리점이 없고, 인구가 밀집한 지역에 대리점을 신설해야 할 것 같습니다. 현재 대리점이 없는 B구, D구, K구에 말이죠. 지금 저희가 3개인데, 경쟁사는 5개가 있습니다. 3개를 더 늘려서 6개가 되면 분명히 매출 증대에 도움이 됩니다.

영업담당임원 : 그것도 만만치 않을 텐데…. 기존 대리점 반발도 있을 테고.

영업2팀장 : 물론 그렇습니다. 이 부분은 상무님도 좀 도와주셔야겠습니다.

공장장 : 생산1팀장, 당신은 내년에 무슨 일을 할 건가요?

생산1팀장 : 작년에 생산계획대로 생산이 안 돼 납품에 지장이 많았습니다. 올해는 좀 더 철저히 생산계획을 지키도록 하겠습니다.

공장장 : 그랬지. 근데 생산계획대로 생산이 안 됐던 이유가 뭡니까?

생산1팀장 : 다른 문제도 있지만, 제일 크게 문제가 되는 것은 올 7월에 들여온 Led-ver2라인의 SMT 장비입니다. 올해 가동률이 70%가 채 안됩니다. 내년에는 이 장비를 집중적으로 손 좀 봐야 됩니다.


공장장 : 품질관리팀장, 당신은 내년에 무슨 일을 할 건가요?

품질관리팀장 : 불량률을 낮추어야 합니다.

공장장 : 불량률을 낮추기 위해 팀장이 특별히 생각하는 게 있나요?

품질관리팀장 : 네, 올해 불량 데이터를 분석해 보면 생산라인에서 발생하는 작업불량이 제일 많습니다. 작업불량 중에서도 작업자들이 작업표준을 잘 모르거나 지키지 않아서 발생하는 불량이 제일 많습니다. 내년에는 제일 먼저 생산 작업자들을 대상으로 작업표준 교육과 작업준수를 위해 현장 패트롤을 강화해 볼 생각입니다.


CEO : 회계팀장, 팀장은 내년에 어떤 일을 한 건가요?

회계팀장 : 우선 결산업무 전산화를 해야 할 것 같습니다. 이게 전산화되면 결산기간이 훨씬 빨라집니다. 이 부분은 사장님께서도 늘 갑갑해 하시니까요.

CEO : 좋아. 그렇게 해 주면 정말 좋지. 그러면 나도 빨리 현황파악이 가능하고, 다음 달 대책도 생각할 시간이 있지.

CEO : 인사팀장, 당신은 내년에 특별히 해야 할 일이 있나요?

인사팀장 : 네. 해야 할 일이 많습니다. 사업 확장에 따라 현업에서 인원채용 빨리해 달라고 야단입니다. 그리고 무엇보다 중요한 것은 인사평가제도 개선입니다. 이게 제대로 안되니까 연봉이나 승진 끝나면 직원들의 불평이 적지 않습니다.

이상의 대화는 앞의 대화와는 달리 팀장들이 내년에 무엇을 할 것인가를 나름대로 분명히 제시하고 있다. 이와 같이 목표라고 하는 것은 업무현실에서 직원들이 '한 해 동안 반드시 추진해야 할 업무'이다. 그러므로 목표가 없다면, 〈장면 1〉에서 보는 바와 같이 그저 '열심히', 아니면 그저 '올해 해 온 일과 똑같은 일'을 하게 된다. 〈장면 1〉과 같이 일을 하는 직원들과 〈장면 2〉와 같이 일을 하는 직원들이 일하는 회사의 성과 차이는 해를 거듭할수록 엄청난 차이를 보일 것은 명백하다.

목표가 목표답게 되기 위해서는 먼저 '무엇을 할 것인지'가 명확해야 하며, 이를 위해서는 목표가 갖추어야 할 구성요소를 제대로 갖추어야 한다. 또한 목표는 '조직 성과의 향상'에 핵심적인 과제가 되어야 한다.

## 2. 목표의 구성요소

(1) What, How, Why

어떤 사건이나 상황을 설명할 때 사건을 명확히 설명하기 위해 흔히

6하 원칙을 활용한다. '누가, 언제, 어디서, 무엇을, 어떻게, 왜'라고 하는 6개의 사건의 구성요소는 팀장이 상사에게 '올해 본인이 해야 할 일(과제)'을 설명할 때도 그대로 유용하다. 다만 회사(어디서)에서 팀장(누가)이 내년(언제)에 해야 할 목표를 정하는 일이기 때문에 누가, 언제, 어디서라는 3가지 구성요소는 생략해도 무방할 것이다. 팀장의 목표가 명확해지기 위해서는 나머지 3개 요소 중 적어도 2개 이상은 갖추어야 한다.

아래 표는 〈장면 1〉을 이 세 가지 요소에 따라 정리한 것이다.

〈표 6-1〉 〈장면 1〉을 사건의 구성요소로 정리한 도표

| 팀 | What | How | Why |
| --- | --- | --- | --- |
| 영업1팀 | 매출 80억 원 달성 | – | (임무니까) |
| 생산2팀 | 차질 없는 생산 | – | (임무니까) |
| 품질관리팀 | 불량 개선 | – | (임무니까) |
| 회계팀 | 결산, 세무조사 | – | (늘 하는 일이니까) |
| 인사팀 | 채용, 교육, 승진 등 | – | (늘 하는 일이니까) |

〈표 6-1〉에서 보는 바와 같이 〈장면 1〉에는 What 하나만 설명하고 How와 Why가 없거나 모호하다.

하지만 〈장면 2〉에서는 What과 How, Why의 3요소 모두 또는 최소한 두 요소가 대화 속에 드러나 있다. 이 때문에 팀장에게 과제를 물어보는 상사나 팀장 그리고 이 장면을 보는 우리에게도 팀장이 무엇을 할 것인지를 비교적 명확히 이해하게 된다.

〈표 6-2〉 〈장면 2〉를 사건의 구성요소로 정리한 도표

| 팀 | What | How | Why |
|---|---|---|---|
| 영업1팀 | 매출 80억 원 달성 | 대리점 개척 | |
| 생산2팀 | 생산계획 준수 | SMT 장비 개선 | 가동률 상승→생산계획 준수 |
| 품질관리팀 | 불량 개선 | 작업표준교육<br>현장 패트롤 강화 | 작업표준 준수→불량 개선 |
| 회계팀 | 결산기간 단축 | | CEO의 신속한 경영판단 |
| 인사팀 | 인사평가제도 개선 | | 직원들 불만 해소 |

이와 같이 업무과제가, 과제를 실행하는 본인이나 시키는 상사의 입장에서 명확해지기 위해서는, 즉 무엇What)을 왜(Why) 하는가? 또는 무엇(What)을, 어떻게(How), 왜(Why) 하는가?가 명확히 설명되어야 한다. 뒤에서 설명하겠지만 What과 How는 핵심성공요인, Why는 핵심성과지표와 직접적인 관계가 있다.

또한 이 세 요소의 관계를 면밀히 살펴보면 제5장에서 기술한 지표형 목표와 과제형 목표의 차이를 다시 한 번 이해할 수 있다. 인사팀과 회계팀을 제외한 영업, 생산, 품질팀의 What은 앞에서 본 팀장의 지표형 목표, 즉 매출(80억 원), 생산계획 준수(율), 불량(률) 개선과 내용상으로 완전히 동일하며, 이 What을 달성하기 위한 구체적인 How는 바로 과제형(실행형) 목표가 된다. 그러므로 만약, 현재 회사에서 팀장의 성과관리지표가 전략과 팀 미션을 바탕으로 적절하게 수립되어 있다면, 과제형 목표는 이러한 성과지표(지표형 목표)를 달성하기 위한 구체적인 방안으로서 How를 찾아내면 되는 것이다.

What, How, Why의 관계

과제를 설명할 때 이 세 요소의 관계가 항상 명확한 것은 아니며, 대화의 출발이 어디냐에 따라서 이들 관계는 바뀔 수 있다. 만약 인사팀

장이 인사평가 개선이라는 과제를 떠 올리기 전에 '직원들의 불만'을 먼저 머릿속에 떠 올렸다면 대화는 이렇게 진전되었을 것이다.

CEO : 인사팀장, 당신은 내년에 특별히 해야 할 일이 있나요?

인사팀장 : 네, 해야 할 일이 많습니다. 사업 확장에 따라 현업에서 인원채용 빨리해 달라고 야단입니다. 그리고 무엇보다 중요한 것은 직원들이 연봉이나 승진 끝나면 직원들의 불평이 적지 않다는 겁니다. 이런 불평을 좀 해소해야 합니다. 그래야 승진이나 연봉제를 제대로 해서 직원들의 동기를 높이는 효과가 있을 것 같습니다.

CEO : 불평해소를 위한 특별한 방법은 있나요?

인사팀장 : 네, 제일 먼저 손대야 할 것이 현재 인사평가제도입니다. 문제가 많습니다.

마찬가지로 생산1팀장도 공장장의 첫 번째 질문에 생산계획 준수를 먼저 말하지 않고, 구체적인 방안으로서 SMT 장비 개선이라는 과제(What)를 먼저 머릿속에 떠 올리고 대답했다면, 이 세 요소의 관계는 바뀌게 된다. 또한 구체적인 과제로서 How가 있을 경우, What과 Why는 과제를 수행하는 목적으로 둘 다 비슷한 내용이 된다.

이와 같이 목표를 찾는 과정은 상사와 부하 간 대화를 통해 이 세 요소들 사이를 수차례 왕복하는 과정이다. 즉, 과제의 실행과 결과, 목적과 이유가 뒤죽박죽 섞인 채로 대화를 출발하여 최종적으로 이 3가지 요소와 관계를 명확히 함으로써 비로소 '내년에 팀장이 무엇을 할 것인지'가 명확하고 구체적으로 다듬어지는 것이다.

| 팀 | What | How | Why |
|---|---|---|---|
| 생산1팀장 | 생산계획 준수 | SMT 장비 개선 | 가동률 상승→생산계획 준수 |
| | SMT 장비 개선 | | 가동률 상승→생산계획 준수 |

| 인사팀장 | 인사평가제도 개선 | | 불만 해소→승진·연봉제 효과 상승 |
|---|---|---|---|
| | 직원들 불만 해소 | 인사평가제도 개선 | 승진·연봉제 효과 상승 |

(2) 목표의 구성요소

목표의 구성요소를 이해하기 위해 앞에 소개한 〈장면 2〉의 생산팀장을 사례로 목표에 관한 대화를 좀 더 진전시켜 보자.

〈장면 3〉

공장장 : 생산1팀장, 당신은 올해 어떤 일을 할 거요?

생산1팀장 : 저희 팀에서 올해 해야 할 일은 많습니다. 품질 문제도 있고, 납기 문제도 있고, 공장 환경 문제도 있습니다. 그리고 직원들 사기 문제도 있고…. 생산라인이 자주서는 문제도 자주 발생해서 이런 것들은 해결해야 합니다.

공장장 : 그 중에서 가장 중요한 일이 뭐요?

생산1팀장 : 이 중에서 제가 생각하는 우선적으로 해야 될 일은 Led-ver2공정을 개선하는 일입니다. 아무래도 올해 공정상의 문제로 말미암아 납기에도 많은 차질이 있었고, 또 제조원가도 많이 올라갔습니다.

공장장 : 그래요. 나도 동감이요. 근데 Led-ver2공정상의 문제가 구체적으로 뭔가요?

생산1팀장 : 네. Led-ver2라인에 설치된 SMT 장비의 고장문제가 제일 큽니다. 이것 때문에 라인 전체가 올 스톱됨으로 인해서 발생하는 손실이 상당했습니다.

공장장 : 좋습니다. 그것 하나는 잡고 넘어갑시다. 그건 사장님도 대
        단한 관심을 가지고 있는 일이죠. 그렇다면 문제가 되
        는 SMT 장비의 가동률은 어느 정도 올릴 수 있습니까?
생산1팀장 : 약 20% 정도는 개선해야 할 것 같습니다.
공장장 : 그것 말고 또 다음으로 중요한 일은 무엇이 있습니까? 지
        난번 사장님께서는 품질 문제를 말씀하셨던 것 같은 데….
생산1팀장 : 아, 예. 그렇지 않아도 그 말씀을 드리려 했습니다.

목표를 찾고 설정하기 위한 상사와 부하의 대화가 항상 위의 순서에
따라 일목요연하게 이루어지는 것은 아니지만 이 대화를 통해 목표가
무엇으로 구성되어 있는지를 이해할 수 있을 것이다.

먼저 과제이다. 생산팀장은 내년에 해야 할 일 중에서 우선 과제로
Led-ver2라인의 공정 개선을 들었고, 한 걸음 나아가 구체적으로
'SMT 설비의 안정화'라는 과제를 최우선 과제로 제안하였다.

다음으로 이 과제의 수행 결과로 나타나는 기대 성과로서 생산팀장
은 SMT 장비의 가동률 20% 개선이라는 정량적인 수치를 제안하고
있다. 이러한 성과지표는 SMT 설비 안정화라는 과제를 추진하는 이
유(Why)이며, 목적(Purpose)이 된다.

이상과 같이 목표는 과제와 성과지표로 구성되어 있다. 여기에 더하
여 목표로서의 과제는 일상적으로 수행하는 보통의 과제가 아니라 팀
과 상위조직의 성과에 가장 큰 영향을 미치는 핵심적인 과제라는 측
면에서 핵심성공요인(Critical Success Factors)이라고 하고, 성과지
표는 해당 과제를 수행하였을 때 나타나는 여러 가지 성과 중 가장
핵심적인 지표라는 측면에서 핵심성과지표(Key Performance Indi-

cator)라고 한다.

<표 6-3> 목표의 구성요소

| 업무 구분(What) | 핵심성공요인(How) | 핵심성과지표(Why) |
|---|---|---|
| Led-ver2라인의 공정 개선 | SMT 설비의 안정화 | 가동률 20% 상승 |

## 3. 목표의 정의

(1) 사례 검토

이상으로 목표가 갖추어야 할 구성요소, 즉 목표의 외형적인 요소를 이해하였다면, 이제는 목표의 내용적 속성을 살펴보자. 즉, 어떤 과제와 KPI가 진정으로 회사의 성과를 향상시키는 목표다운 목표, 바람직한 목표가 되는지를 이해하기 위해 다음 사례를 보자.

요즘은 일정 규모 이상의 회사에서 직원들의 점심식사를 직접 조리원을 고용하여 제공하는 회사는 거의 없고, 대부분이 외부 단체급식 전문 업체를 활용하고 있다. 연초가 되어, 급식업체의 사장은 조리책임자에게 올해 업무 목표를 수립하라는 지시를 내렸고, 조리책임자는 회사의 정해진 양식에 따라 목표의 구성요소를 갖추어 〈표 6-4〉와 같은 내용으로 제출하였다. 이 사례를 드는 이유는 우리 모두가 식당의 고객으로서 식당의 직원들이 무엇을 하는 지 쉽게 이해할 수 있기 때문이다. 여기서는 설명의 편의상 KPI를 성과항목과 목표수준으로 나누어 작성했다.

| 중점과제(CSF) | 핵심성과지표(KPI) | | 비고 (전년 실적) |
|---|---|---|---|
| | 성과항목 | 목표수준 | |
| 1. 직원들 복장 청결 | 복장점검 | 주 3회 | 주 2회 |
| 2. 정시배식 | 배식시간 준수 | 12시 정각 | 12시 정각 |
| 3. 잔반 줄이기 | 월 잔반량 | 0.5톤 | 1톤 |
| 4. 식사메뉴 개발 | 개발 종수 | 2종/월 | 4종/월 |

목표에 대한 깊은 이해가 없더라도, 위에 적은 조리책임자의 목표를 보는 여러분은 아마도 즉시 어떤 목표가 목표다운 목표인지, 아니면 목표답지 않은 목표인지를 파악할 수 있을 것이다.

1번은 목표 같기도 하고 아닌 것 같기도 하고, 2번 과제인 정시배식은 늘 하는 일을 그대로 적은 것 같이 보이고, 3번 목표는 그나마 목표다운 목표로 보일 것이다. 4번 목표 또한 1번 목표와 비슷하게 판단하기가 쉽지 않아 보인다(실제 성과관리 교육을 할 때 직원들은 3번이 가장 목표다운 목표로 응답하고, 그 다음이 4번 목표이며, 나머지 1, 2번은 목표답지 않은 목표라고 응답한다).

조리책임자의 목표와 관련하여 음식을 서비스 받는 고객의 입장, 또는 그의 상사의 입장에서 이를 간략히 평가해 보자.

먼저 2번 '정시배식' 항목은 조리책임자를 비롯한 조리원들이 당연히 해야 할 일상적인 일이기 때문에 이 일을 목표로 삼기에는 적절하지 않아 보인다. 이런 일은 목표가 아니라 그냥 늘 해 오던 대로 그냥 하면 되는 일이다(하지만 새로운 회사에서 단체식당을 개설한 초기에 설비나 조리사의 문제로 정시배식하기에도 급급한 경우라면 정시배식도 목표가 될 수 있다. 여기에 대해서는 뒤에 상세히 설명할 것이다).

3번의 잔반 줄이기 항목은 조리원의 일상적인 업무라기보다는 비용

절감을 위해 일상 업무 외적인 특별한 활동을 통해 이루어지는 과제처럼 보인다.

마지막으로 1번 목표는 실제 어느 정도 성과관리를 해 온 회사에서 직원들의 목표 가운데 가장 많이 나타나는 유형으로 외관상 목표같이 보이기는 하나, 실제 올바른 목표에 부합하는 것은 아니다.

4번 목표는 마치 제조업체에서 연구개발팀과 같은 제품개발 목표와 대단히 유사하다. 그래서 이것이 목표다운 목표처럼 보이긴 하지만, 1번 목표와 비슷하게 올바른 목표는 아니다.

본인의 목표를 설정하는 팀장으로서, 나아가 부하의 성과를 관리해야 하는 상사로서 부하에게 올바른 목표의 설정을 요구하고 지도하기 위해서는, 3번을 제외한 1, 2, 4번이 목표다운 목표가 되지 못하는 이유를 명확히 알고 부하에게 설명할 수 있어야 한다. 바람직한 목표는 목표의 본래적 속성과 조직의 속성을 동시에 내포하여야 한다.

(2) 목표의 속성

**가. 외부적인 공헌**

피터 드러커는 저서 《프로페셔널의 조건》에서 지식근로자의 책임에 대해 이렇게 말하고 있다.

"성과를 올리는 사람은 (외부적) 공헌에 초점을 맞춘다. 그들은 지금 자신이 하고 있는 일보다 더 높은 곳에 있는 것을 지향하고, 또한 목표를 향해 외부 세계로 눈을 돌린다. 그는 '내가 속해있는 조직의 성과와 결과에 큰 영향을 미치는 것으로서 내가 공헌할 수 있는 것은 무엇인가?'라는 질문을 스스로에게 던져야 한다. 그는 자신이 책임에 중점을 두고 일하지 않으면 안 된다.

대다수 사람들이 자신의 능력에 비해 낮은 수준에 초점을 맞추는 경향이 있다. 그들은 결과가 아니라 노력(행동) 자체에 몰두하고 있다. 그들은 조직과 상사가 그들에게 해주기를 바라는 것 그리고 당연히 해주어야 할 일에 신경을 쓴다. 그들은 무엇보다도 자신들이 '가져야 할 권한'을 의식한다. 그 결과 그들은 목표를 달성하지 못한다. 그 사람의 지위가 아무리 높다 해도 공헌과 책임보다는 노력과 권한에 초점을 맞추는 사람은 경영자가 아닌 부하임을 인정하는 것이다. 그러나 공헌에 초점을 맞추는 사람은 비록 사원이라 하더라도 최고경영자이다. 그는 조직 전체의 성과에 대해 스스로 책임을 지고 있는 것이다."

## 나. 불확실성

심리학자인 케네스 토마스는 그의 저서 《열정과 몰입의 방법》에서 목표에 대한 심리학적인 고찰을 통하여, 목표의 속성에 대해 피터 드러커의 외부적인 공헌과 더불어 목표의 불확실성을 주창하였다. 그는 비행기 승무원의 일(업무)에 관한 사례를 들어 일반적으로 직원들이 말하는 일(업무)과 목표의 차이에 대해 다음과 같이 설명하고 있다.

"직원들은 대체로 자기의 일을 누구에게 설명할 때 자기가 하는 '행동 중심'으로 설명한다. 예를 들어 비행기 승무원이 자기의 업무를 설명할 때에는 승객에게 안전지침을 알리고, 식사와 음료를 제공하고, 베개를 나누어 주는 일 등을 먼저 언급한다. 이것이 우리들 대부분이 산업화 시대 이후, 순종의 시대에 훈련받아온 일에 대한 이해 방식이다. 왜냐하면 순종이란 말 그 대로 '행동지침'을 잘 따르는 것이기 때문이다.

하지만 일(업무)은 목표 중심으로 인식되고 설명되어야 한다. 목표 중심으로 설명한다는 것은, 업무가 행동이 아닌 목표에 의해서 근본적으로 정의하고 인식되는 것이다. 비행기 승무원의 업무를 목표 중심적으로 설명한다면, 승객들을 안전하고 편안하고 만족스럽게 모시기 위해 일한다고 이야기하거나, 또는 구체적인 행동과 목표를 동시에 설명할 것이다. 즉, 승객의 안전을 증진시키기 위해 안전지침을 실연해 보이고, 승객들이 편안하게 느끼도록 음식과 잠자리를 제공하고, 승객들이 만족하도록 일반적인 노력을 기울인다고 설명하는 것이다."

이상의 고찰을 통해 케네스 토마스는 목표의 속성을 다음의 2가지로 제시하였다.

첫째, 목표는 업무 안에 한정되지 않는다.

피터 드러커가 주장한 바와 같이 목표는 단순한 내 업무의 결과가 아니라 그 결과를 통해, 일을 수행하는 나 자신이 아닌 다른 사람, 즉 고객의 요구를 만족시키는 것이다.

둘째, 목표는 필연적으로 불확실성을 포함한다.

목표를 달성하는 것은 직원 개인이 전적으로 통제할 수 있는 것이 아니다. 여기에는 불확실성이 필연적으로 포함되어 있다. 외부적인 공헌으로서의 목표가 개인이 할 수 있는 업무 외적인 것이기 때문에, 목표의 달성은 개인의 활동뿐 아니라 외적인 사건에 의해서도 좌우된다. 예를 들어, '승객 만족'이라는 비행기 승무원의 목표는 승객의 기분, 비행의 지연, 난기류, 다른 승객들의 행동과 같은 외적인 요인에 의해서도 좌우된다.

**다. 보람과 성취감**

심리학자로서 케네스 토마스는 이러한 목표의 두 가지 속성에 의해 직원들은 본인의 일에 대해 보람과 성취감을 느끼며, 그래서 목표 달성을 위해 매진한다는 결론에 도달하였다.

"목표가 외부적인 공헌이라는 사실, 즉 내 업무 수행의 결과가 고객에게 성공을 가져다주고 만족을 주는 긍정적인 영향을 미친다는 사실이 그 과제에 대해 중요성과 의미를 부여한다. 또한 목표의 불확실성이라는 속성으로 인해 그것을 달성하는 데 있어서 주변으로부터 장애와 의혹을 자아내기도 하며, 바로 이것 때문에 목표를 성취하였을 때 더 큰 만족감을 얻게 되는 것이다."

(3) 조직의 속성

기업을 비롯한 모든 조직은 항상 성장과 발전을 추구한다. 기업의 경우라면, 매년 매출과 시장점유율은 늘어나야 하고, 원가는 절감되어야 하고, 직원 역량은 향상되어야 하며, 고객 인지도는 올라가야 한다. 비슷하게 정부조직이나 심지어 비영리 민간단체라 하더라도 조직의 고유 미션, 즉 정부조직이라면 국민의 복지증진과 대민 서비스 강화, 환경단체라면 환경보존이나 개선의 정도를 높여 나가야 한다. 조직이 이러한 성장과 발전을 거듭하기 위해서는(또는 경쟁에서 낙오되지 않게 위해서는) 구성원 개개인의 성과가 올라가야 한다. 아주 가끔 조직은 현상유지 또는 축소 목표를 수립할 수도 있다. 예를 들면 1998년도 외환위기 사태 때, 한국의 경제 전망이 지극히 암울한 상황에서 한국의 많은 기업들은 이른바 적자나 매출 감소라는 초유의 사업계획을 수립한 바 있다. 하지만 이러한 하향 목표를 수립할 때도, 직원들의 성과나 노력을 줄이는 목표가 아니라, 당시 극도로 악화된 국내 거시경제상황(수출 오더의 급감, 원자재 수입 불능 등)에서 최대한 매출이 덜 줄고, 적자를 덜 낼 수 있는, 당시 상황에서 할 수 있는 최대의 성과, 최선의 성과를 목표로 잡았다는 것이다. 이렇게 조직이 지향하는 성장과 발전이라는 경영 목표를 달성하기 위해서는 구성원 개개인 또한 지금보다는 더 나은, 성장과 발전을 이루어야 한다.

(4) 목표의 정의

이상 기술한 내용을 종합하면 목표는 다음 두 가지를 모두 포함하여야 한다.

첫째, 조직의 성장 목표의 달성이나 조직의 미션 완수에 기여하는 것이다.

둘째, 본인의 업무 자체가 아닌 고객(타부서, 상사, 외부고객)의 가치에 기여하는 것이다.

따라서 목표는 '조직의 성장, 발전과 고객의 가치 증진에 기여하는 현재보다 더 나은, 더 성장하고 발전된 상태'로 정의할 수 있다.

앞에서 설명한 조리책임자의 목표에서 본 바와 같이, 직원들의 복장을 청결히 하되 그것이 현재보다 더 청결한 상태로 설정이 된다면 그것은 목표가 된다. 하지만 식당에서 정해진 점심시간에 배식을 시작하는 일이 3년 전에도, 2년 전에도, 작년에도 변함없이 진행되는 일이라면, 그것은 '더 나은 상태'가 아니기 때문에 목표가 될 수 없다.

그러므로 조리원의 '정시배식'이나 영업팀장의 '영업실적을 관리하는 일' 비행기 승무원의 '식사와 음료를 제공하고, 베개를 나누어 주는 일'과 같은 일상 업무나 행동 중심적 업무는 결코 목표가 될 수 없다.

목표는 K. 토마스의 표현대로 자신의 업무 안에 한정되지 않고, 업무 외부의 고객에게 초점을 맞추는 것, P. 드러커의 표현대로 외부적인 공헌이기 때문에 목표 달성의 여부는 늘 불확실하며, 또한 목표 달성이 내가 아닌 고객의 가치를 증대시킨다는 측면에서 목표는 고상하다.

내 자신이 아닌 타인에게 기여한다는 보람과 일의 의미를 느끼게 하고, 달성 과정에서 스릴과 흥미를 느끼고, 달성했을 때 성취감을 느끼게 하는 것, 이것이 바로 목표이다. 나아가 목표설정이라고 하는 것은 우리가 하는 일을 통하여 고객에게 더 큰 가치를 주거나(효과성), 해야 할 일을 더 효율적으로 수행함으로써 내가 속한 조직에 기여하기 위한 방법을 모색하고 고민하는 과정인 것이다.

### 목표와 성과, 결과

성과의 사전적인 의미는 어떤 일을 이룬 바, 이루어 낸 결실을 뜻한다. 결실이라는 의미에서 성과는 일의 단순한 결과나 어떤 일이 완료된 상태가 아니며, 그 결과가 빚어내는 타인에 대한 기여를 의미한다. 또한 우리가 흔히 하는 말로 어떤 일이 '성과가 있었다'고 표현할 때는 원래 그 일이 지향했던 목표를 달성했다는 뉘앙스를 포함하고 있는 것이다. 앞서 정의한 대로 목표는 현재보다 더 나은 수준으로 고객에게 기여하는 것이며, 또한 성과는 바로 그 '목표'를 달성하는 것을 말한다.

성과와 목표간의 관계를 이렇게 설정해 놓고 나면 MBO와 성과관리간의 표현상의 차이와 의미상의 동일함이 명확해진다. MBO는 목표관리로 번역되어 사용되고 있지만, 정확한 번역은 '목표에 의한 관리'(Management By Object)이며, 그 의미는 목표를 기준으로 어떤 과제의 수행 과정이나 결과, 나아가 성과를 관리한다는 의미이다.

한편, 성과관리는 성과, 즉 앞서 정의한 대로 '목표를 달성하는 것'의 과정과 결과를 관리한다는 의미이다. 그러므로 MBO와 (평가·보상을 제외한 협의의) 성과관리는 그 의미가 완전히 동일하다.

성과와 관련하여 비슷한 용어로는 '결과'가 있다. 성과와 구분하는 의미에서 이 책에서 결과는 어떤 행동이 완료된 상태로 정의하겠다. 예를 들어 영업사원이 판매 계약서를 쓰는 행동의 결과는 '계약서' 자체가 되는 것이며, 마찬가지로 승무원이 승객에게 음료를 제공하는 행동을 통해 고객이 음료를 마시는 것이 일의 '결과'이다. 그래서 일의 '결과'를 설명하는 일은 앞서 기술한 대로 과제행동을 표현하는 것과 똑같다. 기업에서 많은 직원들이 목표를 설정할 때, 과제행동으로 표현하거나 일의 결과만을 표현하고 있기 때문에, 앞으로도 '결과'라는 단어는 계속 등장할 것이다.

### 일상 업무, 성과 그리고 보상

성과관리와 관련하여 직원들이 토로하는 볼멘소리가 또 하나 있다.

"우리 회사는 일상적인 업무를 수행하는 것은 전혀 인정을 안 해 준다. 내가 하는 업무의 90% 이상을 차지하는 일에 대해서는 신경도 안쓰고, 10%도 안 되는 특별한 일(개선하는 일)만 인정을 해 준다."

이러한 불만을 이해하기 위해, 사무실에서 업무를 수행하는 경리 담당자의 경우를 보자. 경리 담당자는 근무시간의 100%를 '일상 업무'에 쫓기면서 업무를 수행한다. 아침에 출근하자마자 어제 취합된 전표를 입력하고, 집계하고, 부서에서 요청하는 현금요청서에 따라 현금을 집행하고, 마지막 퇴근 전에 일일 결산서를 출력하여 팀장의 책상에 올려놓고 지하철 셔틀버스 시간에 맞추어 황급히 퇴근한다. 이렇게 바쁘게 업무를 수행함으로써 경리 담당자는 정해진 시간에 정해진 업무를 정확히 수행해 낸다. 이 직원의 경우, 앞에서 정의한 '과거보다 더 나은 결과'로서의 성과는 없다. 왜냐하면 이전보다 나아진 것이 없기 때문이다. 즉, 이전과 똑같은 시간을 투입해서 똑같은 결과를 달성한 것이다. 만약 그렇다면 그렇게 열심히 한 일의 결과가 '성과'가 아니라면 그것은 무엇이며, 어떻게 보상하는 것이 적절한 방법일까?

좀 냉정하긴 하지만 이런 경우, 성과에 대한 별도의 보상, 정확히 말해 회사에서 기준에 정해진 경리 담당자의 급여수준을 상회하는 별도의 보상, 또는 더 많은 연봉 인상은 없는 것이 맞다.

또 다른 업무로서 회사의 안전관리자를 보자. 안전관리자의 직무책임은 회사의 시설이나 설비에 대한 사전 점검을 철저히 함으로써, 화재 등의 사고로 인한 인명이나 재산의 손실을 미연에 방지하는 것이며, 또한 사고 발생시 즉시 사고에 대처함으로써 사고로 인한 피해를 최소화하는 것이다.

담당자의 열성적인 노력(철저한 사전 점검)으로 작년에도 그랬고, 올해도 무사고 100%를 달성했다면 과연 이 직원에 대한 별도의 (통상적인 급여 이외에 추가적인) 보상이 필요할까? 또한 만약 담당자의 부주의나 불성실한 직무수행으로 사고가 발생했다면, 비록 사고 후 대응이나 수습은 잘 했다 하더라도, 그 사람에 대한 처벌(역보상)은 없을 것인가?

나의 노력과 능력을 90% 투입하여 수행하는 일상 업무에 대한 보상은 이미 급여에 포함되어 있다. 만약 그 일상 업무를 제대로 수행하지 못하면 그 직원에 대해 질책이나 급여 삭감 등의 징계라는 역보상이 주어진다.

한편으로, 내 업무의 10%도 안 되는 특별한 일(개선, 성장, 증대)의 과제에 대해서만 인정을 해 주는 것이 불만이라고 하지만, 따지고 보면 바로 그 10%가 개인을, 회사를 발전시키는 원동력이며, 회사로서는 당연히 그에 대한 특별한 보상을 제공하여 그 10%의 노력을 강화할 필요가 있는 것이다.

또한 어떤 직원이 일상 업무를 잘 수행하면서 10%의 시간을 투입해서 자기 업무를 10% 개선했다고 치자. 그렇다면 회사는 그 직원의 급여를 100%는 일상 업무를 무사히 수행한 데 대해, 추가적인 10%는 성과급으로 지급할 것인바, 사실 그 10%만 인정하고 나머지 90%의 노력은 인정하지 않는다는 것도, 단순히 정서적인 문제에 지나지 않는 것이다.


## 4. 핵심성공요인과 핵심성과지표

### (1) 목표답지 않은 목표

직원들의 목표설정과 관련하여 상사들의 가장 큰 불만, 또는 애로는 부하직원들이 '목표다운 목표'를 설정해 오지 않는다는 것이다. 이런 불만은 조직의 계층에서의 상하 간에 그대로 적용된다. CEO는 임원에 대해, 임원은 팀장들에 대해, 팀장은 팀원들에 대해 이런 불만을 토로하고 있다. 직원들이 작성한 목표설정서에 표현된 목표답지 않은 목표는 대략 3가지 유형으로 나타난다.

가장 흔한 유형은 '일상 업무를 적어 오는 것'이고, 다음으로는 '적어온 내용만으로는 무엇을 하겠다는 것인지 모르겠다는 것' 세 번째로 'KPI가 불명확해서 그 과제의 수행 결과를 가늠할 수 없다는 것'이다.

직원들이 목표다운 목표를 설정하지 못하는 이유를 간단히 설명하면 다음과 같다.

먼저 직원들이 일상 업무를 적어오는 것은 앞장에서 설명한 '현재보다 나은 상태로서의 목표에 대한 개념'이 부족해서이거나, 또는 바쁜 일상 업무에 파묻혀 '현재보다 더 나은 상태'에 대해 한 번도 생각해 본 적이 없기 때문이다. 다음으로 무엇을 하겠다는 것이 불명확한 이유는 실제 서면에 작성된 내용 자체도 불명확하지만(오히려 이것은 문장 표현의 문제로 사소한 일이다), 나아가 본인 스스로도 무엇을 해야 할 지를 명확히 모르는 상태에서 작성되었다는 것이다. 이것은 문제(해결하려고 하는 과제)의 핵심을 파악하는 능력, 업무에 대한 지식의 부족, 문제 해결을 위한 아이디어의 부재에서 비롯된다. 마지막으로 불명확한 KPI는 대체로 과제의 불명확성과 직접적으로 연결되어 있으며, 또한 과제 수행의 결과에 대한 외부적인 공헌에 대한 이해의 부족 그리고 KPI의 측정 가능성에 대한 지나친 믿음에서 비롯된다.

그렇다면 상사들이 느끼는 목표다운 목표는 어떤 것인가? 그 답은 목표의 구성요소를 제대로 갖춘, 즉 상사를 포함한 타인이 보기에 목표 설정서에 기재된 내용만으로, '무엇(어떤 과제)을, 어떻게, 왜 하겠다'는 것이 명확한 과제여야 한다. 또한 동시에 목표의 정의에 부합하는 조직의 성장·발전에 기여하는 핵심적인 과제이어야 한다. 이런 관점에서 핵심성공요인과 핵심성과지표의 의미와 기능을 주의 깊게 살펴보자.

## (2) 핵심성공요인(CSF, Critical Success Factors 또는 CFS, Critical Factors for Success)

목표는 조직의 성과 향상에 기여하는 것이다. 그러므로 목표로서의 과제는 직원들이 수행하여야 할 여러 가지 과제 중에서 조직의 성과 향상에 직접 기여하는 효과성 있는 과제이어야 하며, 또한 가장 크게 기여하는 핵심적인 과제가 되어야 한다. 핵심성공요인은 과제형 목표의 핵심 요소로서 개인에게 노력을 집중한 방향을 제시하는 목표로서의 기능을 수행한다. 핵심성공요인이 효과적이지 않거나 핵심적이지 않다면 직원들은 엉뚱한 일, 별로 중요하지 않은 갖가지 일에 노력을 분산하게 된다. 또한 이것이 없는 목표라면 그것은 지표형 목표로서 성과관리의 본질에 위배되어 목표로서의 제한된 기능만 발휘하게 된다.

여기서 잠깐 핵심성공요인이라는 표현에 대해 살펴보자. 핵심성공요인은 표현 그대로 회사나 조직을 성공시키는 데 필요한 여러 요인들 중 가장 핵심적인 요인을 말하는 것으로 표현 자체는 대단히 적확(的確)하다. 하지만 이 표현은 회사 전체의 '성과에 영향을 미치는 하나의 요소(Factor)'라는 관점의 표현이기 때문에 그 요소를 수행하는 '나'의 관점에서 직접 와 닿지 않는다는 문제가 있다. 그래서 핵심성공요인이라는 표현 대신, 그 요인을 목표로 설정하여 추진해야 하는 '나 자신의 과제'라는 관점에서 회사에서 일상적으로 많이 쓰는 '중점과제', 또는 '핵심과제'라는 용어로 대체하는 것이 더 이해하기 쉽고 설명이 용이해진다.

## 핵심성공요인의 계층구조

핵심성공요인은 뒤에 설명할 KPI와 더불어, 제4장의 성과의 계층구조에서 기술한 바와 같이, 그 요인을 추진하는 주체와 범위, 구체성에 따라 다양한 계층구조를 가진다. 만약 특정한 핵심성공요인이 회사의 성공을 위한 CEO의 과제로 도출되었다면, 흔히 우리는 이것을 경영방침 또는 전략과제라고 표현한다. 이러한 핵심성공요인으로서의 경영방침의 사례로서 다음을 보자. 이것은 매스컴에서 발췌한 2014년 삼성전자 대표이사의 신년사 요약이다.

삼성전자의 권오현·윤부근·신종균 공동 대표이사는 2일 2014년 신년사를 통해서 핵심 사업 강화를 통한 리더십 확대와 미래성장동력 사업의 성과 가시화를 주문했다. 이날 삼성전자는 서초사옥 다목적홀에서 임직원 400여 명이 참석한 가운데 비공개로 시무식을 열었다.

권오현·윤부근·신종균 공동 대표는 이날 사내 인트라넷에 올린 신년사에서 "올해 세계 경제는 회복세 전망이지만 선진시장·신흥시장의 활성화를 기대하기 어렵다"며 "스마트폰의 성장 둔화와 TV 시장의 정체 속에 미국, 중국과 일본 기업과 경쟁은 치열해질 것"이라고 내다봤다. 그러면서 "위기를 기회로 전환해 온 삼성의 도전 정신으로 지속 성장의 기반을 쌓아야 한다"고 당부했다.

권오현 부회장은 삼성전자의 DS(디스플레이와 부품) 부문의 대표이사, 윤부근 사장은 CE(소비자가전) 부문의 대표이사, 신종균 사장은 IM(IT·모바일) 부문의 대표이사를 각각 맡고 있다. 이들 공동 대표는 부문별 사업경쟁력 강화를 통한 전자업계 리더십 확대, 견실한 경영을 통한 수익성 확대 그리고 지속 성장을 위한 미래 경쟁력 강화 등 세 가지를 올해 핵심 경영 과제로 꼽았다.

이들은 "휴대폰, TV, 메모리 등 주력 사업은 프리미엄 제품 개발과 기술 리더십을 지속 강화해 1위 업체로서 절대 우위를 견지해야 한다"고 강조하는 한편, "생활가전, 네트워크, 프린팅 솔루션, 시스템 LSI, LED 등 육성사업은 기술 개발을 강화해 성장을 가속화해야 한다"고 주문했다. 이와 함께 신흥시장 공략을 강화하고 보급형과 새로운 카테고리 제품을 개발하는 데 힘써달라고 당부했다.

두 번째로 건실경영을 통한 수익성 강화를 강조했다. 사장단은 "설비, 제조, 유통, 마케팅에 대한 투자를 제품과 지역별 상황에 맞게 탄력적으로 집행하여야 한다"며 "불확실성과 위험에 발 빠르게 대응할 수 있는 체질을 확보하자"고 독려했다. 또 글로벌 SCM(공급망관리) 역량을 강화해 경영성과를 극대화하고, 컴플라이언스(준법감시) 이슈에 상시 대비하길 바란다"고 덧붙였다.

세 번째로 하드웨어와 소프트웨어의 시너지 효과를 높이자고 주장했다. 이들은 "기존의 강점인 하드웨어 경쟁력을 공고히 하고 '소프텍', '빅데이터센터', 'S/W센터' 등 소프트웨어 역량도 강화시키자"며 "이를 통한 생태계 구축을 확대해야 한다"고 말했다.

미래성장동력인 의료기기사업과 B2B 사업에서 성과를 내달라는 주문과 전자소재 사업에 대한 당부도 잊지 않았다

– 2014년 1월 7일, 〈인터넷 조선일보〉(biz.chosun.com)

위의 박스 안에 있는 '부문별 사업경쟁력 강화를 통한 전자업계 리더십 확대', '견실한 경영을 통한 수익성 확대' 그리고 지속 성장을 위한 미래 경쟁력 강화' 등 이것이 바로 2104년 삼성전자의 핵심성공요

인이며, CEO의 경영방침이며, 전략과제이다. 이러한 각각의 핵심성공요인에 대해 연말에 그 성과를 측정할 수 있는 성과지표를 만든다면, 그것이 핵심성과지표가 된다. 이러한 최상위 수준의 CSF와 KPI가 설정되면 삼성전자 내의 각 사업부문에서는 이러한 CSF를 실천하기 위한 구체적인 방안(How)으로서 하위 CSF와 KPI들을 고민하고 도출하여야 하며, 이러한 과정은 사업부를 지나 적어도 조직의 최하위 실행단위인 팀까지 전개되어 실행되어야 할 것이다.

## (3) 핵심성과지표(KPI, Key Performance Indicator)

### 가. 핵심성과지표(KPI)의 기능

직원들이 중점과제를 선정하여 일정 기간 동안 노력을 쏟아 붙는다면 그 결과로서 여러 가지 성과가 나타날 것이다. 예를 들면 〈표 6-3〉에서와 같이 생산팀장이 SMT 설비를 안정화시키기 위해 노력하게 되면 설비 자체의 가동률이 20% 상승하는 성과 외에도, 그동안 설비장애로 인한 생산 담당자의 노고나 불만이 줄어들고 생산원가도 감소되는 성과도 있을 것이다. 핵심성과지표는 중점과제(CSF)의 수행 결과로 나타나는 여러 개의 성과 중 가장 핵심적인 성과를 정량적으로 표현한 지표이다. 성과지표로서의 KPI는 개인이 중점과제를 수행하되, 얼마나 열심히, 또한 무엇을 위해 활동을 하는가에 대해 명확하고 구체적인 활동의 목적과 노력의 정도를 나타낸다. 따라서 KPI가 없는 과제의 수행은 '해야 할 일'은 정해져 있으되, 그 노력의 목적(일의 의미, 외부적인 공헌)과 노력의 정도(목표수준, 도전성)가 없다는 측면에서 목표로서의 기능, 즉 성취감을 얻기 위한 자발적인 동기부여효과를 기대할 수 없다. 또한 특히 과제형 목표에서 KPI는 과제의 수행 여부를 판단하는 기준으로서, 상사는 이 KPI를 관리함으로써 부하직원의 과제의 실행을 점검하고 지원하게 된다.

마지막으로 KPI는 사후적으로 과제 수행자가 목표를 얼마나 달성하였는가에 대한 성과평가의 기준으로서, 성과의 정확한 측정과 이에 상응하는 보상을 통해 직원들의 동기를 불러일으키는 중요한 기능을 수행하는 것이다.

---

**KPI의 사전적 의미**

다음은 KPI에 대한 두 가지 정의이다.

① "목표를 성공적으로 달성하기 위해 핵심적으로 관리해야 하는 요소들에 대한 성과지표[네이버 지식백과] (《시사경제용어사전》, 2010. 11, 대한민국정부)"

② "개인 또는 조직의 성과를 측정하는 데 사용되는 척도"를 말한다.

(《행정학사전》, 2009. 1. 15, 대영문화사)

두 가지 KPI의 정의는 비슷한 듯하지만 약간의 차이가 있다. 《시사경제용어사전》에서는 KPI를 조직 전체의 성공을 관리하는 '관리지표'로서의 의미를 강조한 반면, 《행정학사전》에서는 개인이나 (단위)조직의 성과를 측정하는 측정지표로서의 의미를 강조하고 있다. 우연일지 모르겠지만 이러한 의미의 차이는 제2부 1장에서 설명한 목표의 두 가지 유형에서의 KPI의 기능과 정확히 일치한다. 즉, 지표형 목표는 KPI로만 구성되어 있고, KPI의 내용은 팀이나 회사의 성공을 판단하는 지표 – 생산팀의 불량률, 영업팀의 매출액 등 – 이며, 이는 첫 번째 KPI의 정의와 동일하다. 반면 과제형 목표에서 KPI는 본문에서 적은 바와 같이 조직 및 개인이 수행한 중점과제의 실행결과로 나타나는 성과를 측정하는 지표이며, 이것은 두 번째 KPI의 정의와 의미가 비슷하다.

---

## 측정되지 않는 것은 관리되지 않는다

피터 드러커가 주장하고 GE나 모토롤라 등 세계 유수의 기업들이 경영관리의 원칙으로 채택하고 있는 이 격언은 목표의 구성요소로서 KPI의 기능을 한마디로 압축하고 있다. 직원들이 중점과제(CSF)를 추진하는 과정은 매우 다양하고 복잡한 세부 업무(과업, Task, 일의 최소단위)로 이루어져 있다. 그렇기 때문에 관리자의 입장에서 부하의 모든 세부 업무의 진행 여부를 관리하는 것은 불가능하고, 또한 비효율적이다. 그러므로 중점과제가 제대로 실행되고 있는지의 여부를 판단하기 위해서는 과제 실행의 성과로써 측정되고 관리되어야 한다는 것이다. 이런 의미에서 KPI는 반드시 정량적으로 표현되어야 하며, 측정할 수 있어야 한다.

## 나. 핵심성과지표(KPI)의 구성요소

KPI를 좀 더 세분해서 살펴보면, 〈표 6-3〉이나 〈표 6-4〉에서 보는 바와 같이 KPI는 두 요소로 구성된다. 생산팀장의 KPI는 가동률 20%, 조리팀장은 잔반량 0.5톤으로 표현되어 있는 바, 여기서 가동률이나 잔반량과 같이 성과의 성격을 표현하는 어휘를 성과항목 그리고 20%나 0.5톤과 같은 수치를 목표수준으로 기술하고자 한다. 이 두 요소는 목표의 여러 가지 속성이나 기능에 있어 각각 달리 작용할 뿐 아니라 도출을 위한 접근 방법도 다르다. 그렇기 때문에 KPI를 성과항목과 목표수준의 두 요소로 분해하여 접근하는 것은 목표설정에 있어 대단히 유용하다.

## 성과항목

KPI가 중점과제의 실행결과로 인해 '무엇이 얼마나 좋아지는가?' 또는 '중점과제를 왜? 어떤 목적으로 수행하는가?'를 표현하는 지표라고 할 때, 성과항목은 그 '무엇', 또는 '목적'에 해당되는 요소이다. 바꾸어 말하면 중점과제를 실행함으로써 구체적으로 '무엇이 달성되(기를 기대하)는가?'를 표현하는 항목이다. 또한 성과항목은 목표의 속성인 외부적인 공헌과 보람을 자아내는 요소이다. '일을 하는 근본적인 목적'에 대한 생각 없이 그저 주어진 일, 하던 대로의 일에 익숙한 직원들에게, 이와 같이 본인의 일의 결과에 대해 외부적인 기여를 찾고 본인과 상사가 공감할 수 있도록 적절한 어휘로써 성과항목을 표현하는 일은 결코 만만한 일이 아니다. 이 때문에 성과항목을 제대로 찾아서 적절하게 표현하는 일이야말로 실제 목표설정에서 가장 중요한 일 중의 하나가 된다. 앞서 예시한 조리팀장의 목표에서 1, 2, 4번 목표가 목표답지 않다고 느낀 것은 바로 이러한 외부적인 기여가 성과항목으로 표현되지 않았기 때문이다.

## 목표수준

성과항목이 결정되었다면 목표수준을 정하는 것은 어려운 일이 아니다. 목표수준이 객관적으로 측정 가능한 것인지 아닌지는 차치하고, 수준 자체는 수치나 등급, 날짜 등으로 표현할 수 있다. 존 로크가 말한 바와 같이 적절한 수준의 도전적인 목표만이 목표의 동기부여 효과가 발휘된다는 측면에서, 목표의 도전성을 결정하는 것이 바로 목표수준이다. 목표수준의 적정성을 판단하는 사람은 본인과 상사이다. 영업직원이 설정한 매출액이 너무 높은지 낮은지는 오직 그 일을 수행하는 본인이나 상사가, 나아가 그 상사의 상사와 협의하여 결정할 일인 것이다.

또한 KPI는, 목표라는 것이 '이전보다 나은 상태'이기 때문에 이전보다 얼마나 (도전적으로) 개선하려는가를 스스로에게, 또한 상사에게 명확히 전달하기 위해 현 상태 또는 전년도 실적을 표기하는 것이 목표수준의 적정성을 판단하는 데 도움이 된다. 만약 특별한 사정이나 이유 없이 전년도와 같은 수준의 목표를 설정했다면, 그것은 목표다운 목표가 아니며, 이런 일을 우리는 일상 업무라고 이야기한다. 조리팀장의 2번 목표가 바로 그것이다.


## 5. 목표설정의 원칙

### (1) S.M.A.R.T 원칙

목표설정과 관련하여 가장 널리 알려진 용어로 SMART원칙이 있다. 이 원칙은 목표를 세울 때 유념하여야 할 다섯 가지 원칙이자 올바른 목표가 갖추어야 할 요건이다. S·M·A·R·T는 이 원칙의 영어 단어의 첫 글자를 모아서 만든 약어이지만 그 자체로써 Smart하다는 의미가 깃들어 있어, 누가 만들었는지는 알려지지 않았으나 참 잘 만들었다는 생각이 든다. 영어 단어나 각각의 의미에 대해서는 자료에 따라 여러 가지 해석이 있지만, 여기서는 나름대로 가장 적절해 보이는 단어와 내용으로 간추려 소개하고자 한다.

### Specific

목표는 '구체적'이어야 한다. 목표의 구체성은 목표의 가장 중요한 기능, 즉 개인의 노력과 능력개발의 방향성, 나아가 집중성을 결정하는 요건이다. 팀장의 목표가 구체적이 되기 위해서는 목표의 구성요소인 중점과제와 KPI를 모두 갖추어야 하며, 또한 구체적이어야 한다.

### Measurable

목표는 그 달성 여부가 측정 가능해야 한다. 목표의 측정 가능성은 목표의 구성요소인 KPI에 해당하며, KPI를 '정량적(定量的)으로 표현하여야 한다는 의미이다. 아울러 KPI의 측정을 위해 측정기준도 설정되어야 한다. KPI를 측정하지 않는다는 것은 스포츠 경기에서 점수를 매기지 않고 시합을 하는 것과 같다.

### Attainable or Achievable

목표는 달성 가능해야 한다. 여기서 달성 가능성에 대해 두 가지 해석이 있다. 하나는 KPI(중에서 목표수준)를 본인의 능력이나 실력에 맞게 적정한 수준으로 설정하여야 한다는 의미이다. 다른 하나는 KPI를 달성하기 위한 구체적인 방법이나 수단, 즉 과제가 있느냐 하는 것이다. 만약 그 방법이 없다면 그 목표는 달성할 수 없는 목표가된다. 이런 의미에서 달성 가능성은 KPI보다는 중점과제의 적절성에 더 의미를 두고 있으며, 개인적으로 이 해석을 따르고 싶다.

### Realistic or Relevant

목표는 현실적으로 설정되어야 한다는 것이며, 여기서의 목표는 KPI

중에서 목표수준을 의미한다. 목표수준이 현실적으로 되기 위해서는 본인의 능력이나 업무환경, 상사의 지원, 고객인 경쟁상황을 종합적이고 적절하게(Relevant) 고려하여 설정되어야 한다. 이런 의미에서 위의 Attainable의 의미를 목표수준의 달성 가능성으로 해석하면 충돌이 일어난다.

### Time-based, Timely

목표를 달성하는 시기를 확정하라는 것이다. 목표 달성의 시한은 목표의 긴급성과 연결되며, 시한이 없는 목표는 성과를 측정할 시기가 확정되지 않음으로써 달성 여부를 확인할 수 없다는 측면에서 목표가 될 수 없다. 회사에서 시행하는 성과관리는 대개 1년 또는 반년이라는 시한을 설정하기 때문에 시한을 명기하는 것은 생략될 수 있다.

SMART원칙은 목표를 설정하는 말 그대로 Smart한 원칙임에는 틀림이 없지만, 성과관리 컨설턴트로서의 많은 기업에서 팀장의 목표설정을 지도한 경험으로 비추어 볼 때 이것만으로는 부족하다.

## (2) S.M.A.R.T 원칙 Plus

올바른 목표설정을 위한 원칙으로 Smart 원칙에 추가하여 다음의 원칙을 추가하고자 한다. 앞으로 설명할 목표설정요령에서 주로 이 원칙을 활용할 것이다. 이 원칙 Plus는 목표의 정의와 목표설정의 현장에서 발견되는 많은 문제점을 종합하여 정리한 것이다.

### +1. 외부적인 공헌

KPI는 일의 결과로서 나타나는 외부적인 공헌으로 표현되어야 한다. 외부적인 공헌성은 KPI의 성과항목에 해당되며, 앞에서 설명한 목표의 속성에서 비롯되는 원칙이다.

### +2. 도전성

목표는 담당자의 상당한 노력에 의해서만 달성될 만큼 도전적이어야 한다. 목표는 본인의 업무에 관한 현수준을 개선하는 것이어야 하며, 개선의 정도는 회사의 경영에 임팩트를 줄만큼 도전적이어야 한다. 또한 목표설정이론에 의하면 도전적인 목표만이 목표 달성을 위한 열정을 이끌어 낼 수 있으며, 목표를 달성했을 때 성취감을 느낄 수 있다. 목표의 도전성은 KPI의 구성요소 중 목표수준에 의해 판단할 수 있다.

### +3. 통제가능성

KPI는 본인의 노력과 직접적인 인과관계가 있는 성과로 설정되어야 한다. 뒤에서 사례를 들어 설명하겠지만 목표설정의 현장에서, 본인의 노력이 아닌 것, 또는 다른 사람의 노력과 함께 이루어지는 것을 목표로 설정하는 경우가 허다하다. 앞서 설명한 목표설정의 기대효과로서 개인이나 조직의 업무책임을 명확히 하는 효과는 바로 여기에서 발생한다. 본인의 노력과 직접적인 인과관계가 미흡한, 또는 본인 외에 다른 사람이나 환경이 기여한 공헌은 본인의 KPI가 아니다. 만약 본인과 다른 사람이 함께 기여하는 KPI라면, 자신이 기여할 수 있는 만큼만 KPI로 설정하여야 한다.

## 6. 목표설정의 절차

### (1) 목표설정의 출발 – 문제의식

 목표를 설정하는 일은 앞에서 설명한 중점과제와 핵심성과지표를 하나하나 도출하고 설정하는 작업이다. 목표다운 목표를 설정하는 일은 실제로 쉬운 일이 아니며, 목표를 설정하는 것 자체가 대단히 어렵고 도전적인 일이다. 그래서 목표를 설정할 때는 '내 일'을 둘러싼 환경으로부터 출발하여 '내 일'에 이르는 여러 단계를 순차적으로 밟아나가야 하며, 또한 내 자신의 일에 대해 보다 체계적이고, 논리적이고, 분석적으로 접근할 필요가 있다. 순차적이고, 체계적이고, 분석적인, 그리고 논리적인 접근 방식이란 대략적으로 이런 것이다.

**〈최우수 팀장의 사례〉**
문제 제기 : 올해 나는 무엇을 해야 할까?
생각 1 : 사장님이나 사업부장께서 내게 기대하는 것이 뭘까? 고객은 어떤
        일을 기대했지? 그리고 내 일에 있어서 문제가 되는 것은 뭘까?
        더 좋게, 더 발전시킬 일이 뭐가 있을까?
생각 2 : 이것도 있고, 저것도 있고, 이것도 문제고, 저것도 문제고, 개선해야
        될 문제가 많군! 이 중에서 뭐부터 해야 하지?
생각 3 : 우선 가장 큰 문제부터 하나씩 정리해보자.
생각 4 : 그래, 하나 정했어! 그러면 이 문제를 해결하면 어떤 성과가 나올까?
생각 5 : 그 성과의 수준은 어느 정도 정해야 적당할까?

*생각 6 : 하나는 됐고, 다음 과제는 무엇으로 할까? (이후 반복)*

담당부서에서 '올해의 목표설정서 제출 또는 전산 입력'하라는 공지사항을 보고 위에 적은 정도만 머리에 떠 올릴 수 있다면 그 직원은 대단히 일을 잘하는 사람이다. 실제로 많은 직원들은, 특히 직급이 낮은 사람일수록 더욱 아래와 같은 상황에 빠지게 된다.

### 〈이대로 팀장〉
*생각 1 : 그냥 늘 해 오던 업무인데 따로 적어내고 할 게 뭐가 있나….*

*생각 2 : 무슨 문제를 찾아서 개선해 보라고 하는데 내 업무에는 이대로 아무 문제가 없어!*

*생각 3 : 그냥 시키는 대로만 하면 되는데 무슨 목표를 세우라고 하지?*

*이러한 생각에서 한 발자국도 나아가지 못하고 고민만 하다가 그냥 현재 하는 업무를 나열해서 제출하기 일쑤이다.*

최우수 팀장과 이대로 팀장의 생각에서 가장 큰 차이점은 무엇일까?

그것은 바로 문제의식이다. 문제의식은 현상, 즉 내가 현재하고 있는 업무나 그 업무가 빚어내는 결과가, 더 나은 상태, 바람직한 상태에 미치지 못한다는 것을 깨닫는 것이다. 또한 문제의식은 내가 현재 하고 있는 일에 대해 더 나은 방법이나 더 좋은 결과가 있다고 믿거나 더 좋은 결과를 찾아야 한다는 도전의식이며, 더 크게 말하면 야망이다.

그저 현재의 방식에 안주하여 늘 하던 방식대로 똑같은 시간을 들여 똑같은 결과를 내면서도 문제의식을 느끼지 못하는 사람 그리고 상사의 구체적인 지시를 기다리는 사람, 이런 직원들이 올바른 목표를 세우는 것은 대단히 어렵다. 하지만 바로 이런 직원들이야말로 바로 성과관리의 대상이며, 이 책을 쓰는 목적도 바로 이런 직원들로 하여금 '일을 제대로 하는 방법', 즉 목표의 필요성과 목표다운 목표를 세우는 방법을 깨닫게 하는 것이다.

목표란 현재보다 더 나은 상태, 기대하는 상태를 말한다. 그러므로 목표와 현재의 상태와는 갭(GAP)이 존재한다. 문제 해결이란 목표와 현상간의 GAP을 줄이는 것을 말하며, 이것이 바로 곧 성과이다.

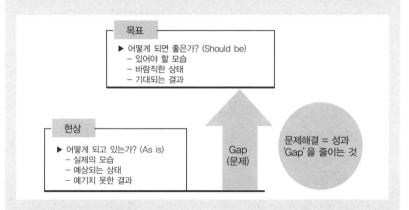

문제에는 3가지 유형이 있다.

첫째 유형은 발생형 문제로서 정상적이고 일상적인 상태에서 이탈한 상태를 말하며, 시간적으로는 이미 발생한 문제이다. 점심식사는 매일 12:00부터 배식이 시작되어야 하며, 생산설비는 1일 8시간 정상적으로 가동되어야 하며, KTX열차는 아무 일 없이 정시에 출발하여 정시에 목적지에 도착해야 한다. 이러한 정상적인 상태에서 벗어나는 것이 발생형 문제이며, 흔히 이것은 '사고'라고 표현된다. 발생형 문제를 해결한 성과는 '정상적인 상태로의 회복'으로서 기껏해야 성과하락을 최소화하는 선에서 그친다.

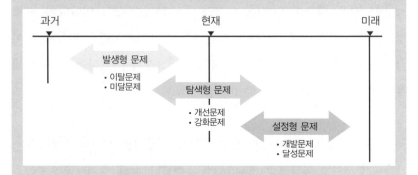

이러한 발생형 문제는 누구에게나 쉽게 포착되며, 흔히 우리가 일상적으로 쓰는 용어로서의 문제는 바로 이 발생형 문제를 지칭한다.

문제의 둘째 유형은 탐색형 문제로서 현재보다 좀 더 나은 상태를 지향하며, 주로 기존에 하던 일들의 효율성을 개선하거나 효과성을 강화할 만한 대상을 탐색하여 문제를 찾아내는 것이다.

탐색형 문제는 담당자의 개선의식에 의해 포착된다. 현재보다 좀 더 편안하고, 안전하고, 빠른 방법으로 고객에게 좀 더 많은 가치를 제공하려는 의식이 바로 개선의식이다.

마지막으로 설정형 문제는 현재 발생하지 않았지만 장차 발생할지 모르는 문제를 예상하고 대비하는 일, 보다 나은 미래를 위해 새로운 문제를 설정하여 도전하는 일이다. 설정형 문제는 대체로 지금까지 하지 않았던 새로운 방법을 통해 획기적으로 효율을 높이거나 새로운 고객의 가치(외부적인 공헌)를 창출하는 방향에서 문제를 해결하는 것으로 흔히 혁신이라고 표현한다.

그러므로 설정형 문제는 본인의 업무보다는 CEO나 상사, 고객의 기대로부터 제기되는 것이며, 정말로 일을 잘하는 사람이라면 이러한 외부적인 기대를 먼저 찾고 그 기대에 부응하려는 자세를 가져야 한다.

## (2) 목표설정의 절차

최우수 팀장의 생각의 흐름을 도표로 나타내면 다음과 같다.

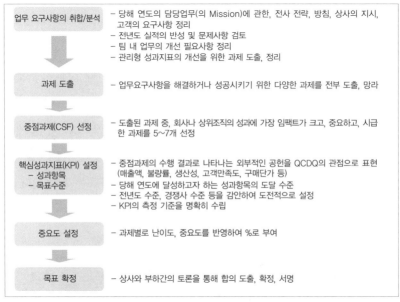

업무 요구사항의 취합/분석
- 당해 연도의 담당업무(의 Mission)에 관한, 전사 전략, 방침, 상사의 지시, 고객의 요구사항 정리
- 전년도 실적의 반성 및 문제사항 검토
- 팀 내 업무의 개선 필요사항 정리
- 관리형 성과지표의 개선을 위한 과제 도출, 정리

과제 도출
- 업무요구사항을 해결하거나 성공시키기 위한 다양한 과제를 전부 도출, 망라

중점과제(CSF) 선정
- 도출된 과제 중, 회사나 상위조직의 성과에 가장 임팩트가 크고, 중요하고, 시급한 과제를 5~7개 선정

핵심성과지표(KPI) 설정
 - 성과항목
 - 목표수준
- 중점과제의 수행 결과로 나타나는 외부적인 공헌을 QCDQ의 관점으로 표현 (매출액, 불량률, 생산성, 고객만족도, 구매단가 등)
- 당해 연도에 달성하고자 하는 성과항목의 도달 수준
- 전년도 수준, 경쟁사 수준 등을 감안하여 도전적으로 설정
- KPI의 측정 기준을 명확히 수립

중요도 설정
- 과제별로 난이도, 중요도를 반영하여 %로 부여

목표 확정
- 상사와 부하간의 토론을 통해 합의 도출, 확정, 서명

〈그림 6-1〉 목표설정 절차

이상과 같은 순서에 따라 목표를 도출하는 방법이 QCD 접근법이며, 이 방법을 통해 도출되는 것이 바로 과제형 목표이다. 과제형 목표는 과제와 KPI 중 과제를 먼저 생각한다. 과제를 먼저 찾고, 그 결과로서 나타날 외부적인 공헌을 KPI로 표현하는 것이다.

## 지표형 목표의 설정

한편으로 지표형 목표를 설정하는 것은 그렇게 어려운 것이 아니다. 지표형 목표는 "팀의 성과를 무엇으로 측정할까?"라는 질문으로부터 시작된다. 그러므로 지표형 목표는 기본적으로 팀의 미션을 먼저 정리하는 데서 출발하는 것이며, 만약 이미 지표형 목표가 설정되어 있다면 팀의 미션이 변경되지 않는 한 성과항목은 변하지 않는다. 영업활동을 직접 수행하는 영업팀의 매출액 목표로서 매출액은 영업팀이 존재하는 한 변하지 않은 성과지표이며, 제품을 생산하는 생산팀의 목표는 마르고 닳도록 불량률, 제조원가, 납기, 생산성 등과 관련된 지표로 설정된다. 이러한 성과지표의 변하지 않는 속성 때문에 시중에는 〈표 6-5〉과 같은 KPI 사전(또는 Pool)이라는 이름으로 수 백, 수 천 종류의 KPI와 각각에 대한 측정기준이 소개되어 있으므로 이 중에서 회사의 업종에 맞는 KPI를 선택만 하면 된다. 이어서 각 KPI별로 상하 간 협의하여 목표수준을 설정하게 되면 지표형 목표는 완성된다.

### 〈표 6-5〉 생산 부문의 KPI 사전

출처 : 《중소기업 핵심성과지표 핸드북》, 2009년, 소상공인진흥원 발간

| 제조업종 | | 제조서비스업종 | | 지식서비스업종 | | 도·소매업종 | |
|---|---|---|---|---|---|---|---|
| 소기업 | 중기업 | 소기업 | 중기업 | 소기업 | 중기업 | 소기업 | 중기업 |
| 평균 출하일정 지연일수 | 평균 출하일정 지연일수 | 평균 출하일정 지연일수 | 평균 출하일정 지연일수 | 생산수율 | 생산수율 | 평균 출하일정 지연일수 | 평균 출하일정 지연일수 |
| 비가동률 | 비가동률 | 비가동률 | 비가동률 | 생산지시 변경률 | 생산지시 변경률 | 재고정확도 | 재고정확도 |
| 공정불량률 | 공정불량률 | 평균 출하일 | 평균 출하일 | 생산직행률 | 생산직행률 | 외주납기 준수율 | 외주납기 준수율 |
| 생산수율 | 생산수율 | 생산수율 | 생산수율 | 재고정확도 | 재고정확도 | 준비시간 | 준비시간 |
| 생산지시 변경률 | 생산지시 변경률 | 생산지시 변경률 | 생산지시 변경률 | 생산 Cycle Time | 생산 Cycle Time | 1인당 소모성경비 | 1인당 소모성경비 |
| 생산직행률 | 생산직행률 | 생산직행률 | 생산직행률 | 생산납기 준수율 | 생산납기 준수율 | 종합효율 | 종합효율 |
| 재고정확도 | 재고정확도 | 재고정확도 | 재고정확도 | 인당 생산액 | 인당 생산액 | 부가가치 시간비율 | 부가가치 시간비율 |

| 생산 Cycle Time | 생산 Cycle Time | 생산 Cycle Time | 생산 Cycle Time | 외주납기 준수율 | 외주납기 준수율 | 개선제안 건수 | 개선제안 건수 |
|---|---|---|---|---|---|---|---|
| 생산납기 준수율 | 생산납기 준수율 | 생산납기 준수율 | 생산납기 준수율 | 준비시간 | 준비시간 | 재해율 | 재해율 |
| 인당 생산액 | 인당 생산액 | 인당 생산액 | 인당 생산액 | 시정조치율 | 시정조치율 | 1년 이상 현장 경력자 퇴직률 | 1년 이상 현장 경력자 퇴직률 |
| 외주납기 준수율 | 외주납기 준수율 | 외주납기 준수율 | 외주납기 준수율 | 1인당 생산성 | 1인당 생산성 | 검사합격률 | 검사합격률 |
| 설비가동률 | 설비가동률 | 설비가동률 | 설비가동률 | 1인당 소모성경비 | 1인당 소모성경비 | | |
| 준비시간 | 준비시간 | 준비시간 | 준비시간 | 종합효율 | 종합효율 | | |
| Lot합격률 | Lot합격률 | Lot합격률 | Lot합격률 | 부가가치 시간비율 | 부가가치 시간비율 | | |
| 시정조치율 | 시정조치율 | 시정조치율 | 시정조치율 | 개선제안 건수 | 개선제안 건수 | | |
| 평균 공정리 드타임 | 평균 공정리 드타임 | 평균 공정리 드타임 | 평균 공정리 드타임 | 재해율 | 재해율 | | |
| 1인당 공정 개선 성과액 | 1인당 공정 개선 성과액 | 1인당 공정 개선 성과액 | 1인당 공정 개선 성과액 | 1년 이상 현장 | 1년 이상 현장 | | |
| 1인당 생산성 | 1인당 생산성 | 1인당 생산성 | 1인당 생산성 | 검사합격률 | 검사합격률 | | |
| 1인당 소모성 경비 | 1인당 소모성 경비 | 1인당 소모성 경비 | 1인당 소모성 경비 | | | | |

# 7. 리더(상사)의 역할

부하의 목표는 상사와 부하 간에 협의하고 합의를 통하여 확정된다. 이러한 목표설정의 과정에서 상사의 역할은 무엇인가?

상사는 적어도 부하에 비해 더 많은 경험과 지식을 가지고 있다. 이 의미는, 상사는 부하가 겪는 비슷한 문제를 더 많이 겪고, 고객이나 CEO의 기대를 더 잘 알고 있으며, 업무에 대한 노하우를 더 많이 보유하고 있다는 것이다. 이런 상사의 시각에서 보면 부하가 나름대로 위에 적은 목표설정의 복잡한 과정을 거쳐 제출하는 목표라는 것이 부족하고 미흡하기 짝이 없을 것이다. 상사가 생각하는 중요한 과제를 빠트리거나, 팀 성과 향상에 별 도움이 안 되는 과제를 적어오거나, 목표수준을 낮게 적어오는 경우가 대부분일 것이다. 만약 부하가 제출한 과제와 KPI에 대해 부족함을 느끼지 못하거나, 부족함을 느끼고도 그것을 바로잡아 주지 않는다면, 단언하건대 그 상사는 그 자리에 있을 필요가 없다. 부하의 목표는 올 한 해 동안 부하가 가장 신경을 써서 노력을 최대한 집중하여 기필코 달성해 내어야 하는 것이며, 이것이 달성되지 않는다면 상사의 목표 역시 달성될 수가 없다. 그럼에도 불구하고 부하의 목표설정에 무관심한 상사가 있다면, 이런 상사는 적어도 업무수행에 있어 목표의 개념이나 중요성을 전혀 인식하지 못하는 사람이며, 목표의 개념이 없는 사람은 결국 늘 하던 대로 하는, 문제의식이 없는 사람으로서 도저히 조직책임자로서 자격이 없다.

그러므로 상사는 부하의 목표설정에 깊이 관여하여 팀 성과 향상을 위한 아이디어를 제공하고, 부하가 고민하는 문제에 대해 조언하며, 또한 CEO의 방침이나 경영전략이 자기 조직에 시사하는 바를 최대한 구체화하여 부하들에게 제시할 수 있어야 한다. 이런 의미에서 상사는 단순한 관리자가 아닌 리더가 되어야 하며, 목표설정 과정을 통해 성과관리의 세 번째 효과인 리더십을 발휘할 수 있는 구체적인 장(場)을 펼쳐가는 것이다.

# 제7장
# 목표설정의 제1단계
## - 업무 요구사항의 취합과 분석

## 1. 내 업무의 근원(根源)

직원들이 올해의 목표를 설정함에 있어 제일 먼저 해야 할 일은, 올해 본인이 하여야 할 '과제'를 찾아내는 일이다. 즉, '올해 내가 팀의 성과 향상을 위해, 나아가 회사의 성과 향상을 위해 무엇을 해야 할까?'에 대한 고민인 것이다. '내가 올해 하여야 할 과제'를 찾기 위해서는 우선 내 업무가 어디서 발생하는 지, 즉 내 업무의 근원을 살펴보아야 한다.

개인의 업무 중 가장 많은 부분을 차지하는 것은 전술한 바와 같이 조직에서 부여한 업무분장(Roll & Responsibility, R&R)에서 발생하는 고유 업무일 것이다. 영업팀 직원은 영업활동으로서 고객을 만나고, 제안서를 작성하고, 가격을 협의하며, 계약서를 작성한다. 생산팀 직원은 생산활동으로서 일일 생산계획을 수립하고, 생산 설비를 운전하거나 부품을 조립하여 제품을 생산한다. 또한 재무팀 직원은 비용 전표를 확인하고, 자금을 결제하고, 매월 결산보고서를 작성한다. 이러한 고유 업무는 대개 정기적이고 반복적인 특성을 가지며, 직원들은 기본적으로 이러한 고유 업무를 수행함으로써 회사의 성과창출에 기여한다.

다음으로 개인의 업무는 고객의 요구로부터 발생한다. 여기서 고객이라 함은 CEO와 상사, 부하, 회사 내부고객팀(원), 외부 고객 등 나를 둘러싼 모든 사람을 말한다. 고객의 요구사항은 구체적으로 CEO가 전사 차원에서 수립하는 전략이나 방침, 상사의 지시, 고객부서의 요청, 외부 고객의 불만 등의 형태로 나타난다.

개인의 업무가 상기한 두 근원으로부터 발생한다면 당해 연도의 과제도 바로 이 근원에서 찾아야 할 것은 당연하다. 여기서 과제를 찾는다고 하는 것은 단순히 고유 업무를 나열하거나 고객의 요구사항을 그대로 옮겨 적는 것이 아니다. 지금 우리는 올해의 목표를 설정하기 위한 첫 단계로서 과제를 찾고 있는 것이며, 거듭해서 말하지만 목표의 본질은 외부에 공헌하는 것일 뿐 아니라 그 공헌의 정도를 전년도보다 상향시키는 것임을 상기하자. 그러므로 과제는 고유 업무를 통해 QCD의 관점에서 조직에 더 많이 기여할 수 있는 과제이거나 고객의 요구사항을 더 많이, 또는 새로운 고객의 요구를 찾고 충족시킬 수 있는 방안으로서의 과제이어야 한다.

이러한 '나의 업무의 발생 근원'을 도식화하면 〈그림 7-1〉과 같다. 편의상 고유 업무적인 요구사항을 업무 자체에서 발생한다는 측면에서 내부적인 요구로, 고객의 요구사항을 업무 외적인 요구라는 측면에서 외부적인 요구로 정리하였다.

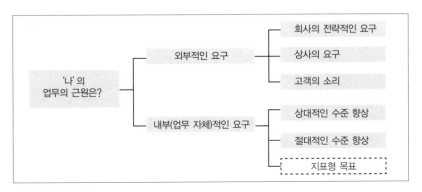

〈그림 7-1〉 내 업무의 근원(根源)


## 2. 외부적인 요구사항

### (1) 회사의 전략적인 요구

먼저 전략적인 요구는 회사의 경영전략, 경영계획, 방침이나 CEO가 평소 공식, 비공식으로 강조하는 사항을 모두 포함한다. 대개 CEO 차원에서 결정되는 전략적인 요구사항은 그 실행의 대상이 특정 조직에 국한되지 않고 전체 조직, 전체 직원들에게 요구하는 사항이기 때문에 개인이나 특정 조직의 입장에서는 그 표현이 추상적이고 광범위하다. 그러므로 전략적인 요구사항은 그 자체로서 특정 팀이나 개인에게 직접적인 과제를 제시하지 않는다(제6장의 삼성전자 사례 참조).

따라서 전략을 바라보는 팀장은 본인의 업무책임(R&R)에 대해 전략이 '시사하는 바'를 포착하여 팀의 과제로서 변형할 줄 알아야 한다. 예를 들면 회사의 전략으로서 신사업 진출이 수립되었을 경우, 인사팀장에게는 신사업을 추진하기 위한 인재를 채용하는 과제가 발생할 것이고, 생산팀장에게는 신규 생산설비의 조기 안정화라는 과제가, 영업팀장에게는 신사업 진출을 위한 마케팅이나 고객을 창출해야 하는 과제가 발생한다.

따라서 정말로 일을 잘 하는 직원이라면 회사의 전략, 방침, 사장의 평소 강조하는 바를 면밀히 검토하여 이의 추진을 위해, 스스로 자기 업무에 관한 과제를 도출하여 추진하여야 할 것이다.

## (2) 상사의 요구

다음으로 상사의 요구, 즉 업무 지시는 당연히 부하의 업무과제가 될 것이며, 이 또한 구체적이고 집적적인 지시가 아니더라도 평소 상사가 강조하는 일이라면 담당자가 스스로 업무과제로 검토하여야 할 사안이다.

## (3) 고객의 소리

외부적인 요구의 마지막 요소로서 고객의 소리를 빠트릴 수 없다. 여기서 고객이라 함은 회사의 제품이나 서비스를 구매하는 외부고객뿐 아니라 내가 하는 일의 결과를 사용하는, 즉 내 일의 다음 공정에 있는 사내 고객 모두를 포함한다. 내부고객의 예를 들면, 생산의 다음 공정이 판매라고 할 때 생산 담당자의 고객은 영업 담당자가 될 것이고, 인사평가제도를 설계, 운영하는 인사 담당자는 그 인사제도를 실행하는 현업관리자들, 또는 평가의 대상이 되는 전직원이 고객이 될 것이다.

하지만 업무 목표를 설정하는 상황에서 직원들이 가장 많이 빠트리거나 덜 고려하는 요소가 바로 이 내부고객의 요구사항이다. 그래서 목표를 설정할 때 모든 담당자들은 내부고객을 만나고, 내 업무에 관한 이들의 불만, 불편사항이나 요구사항을 수렴하는 것은 반드시 필요하다.

목표를 설정함에 있어 고객의 소리는 대단히 중요하다. 직원들이 일을 하는 것은 자기 자신을 위해서가 아니라 오직 외부적인 공헌, 회사나 고객의 가치를 위해서이며, 그래서 내가 월급을 받는 것이다. 고객은 내 업무의 결과에 돈을 주고 사거나(사외 고객), 내 업무의 결과를 활용하여 또 다른 결과물을 만들어 다음 고객에게 전달하는 사람(사내 고객)이다. 그래서 내 업무의 성과는 내가 평가하는 것이 아니라 고객이 평가하는 것이다.

앞에 적은 나대로 팀장의 문제는 고객이 가장 잘 알고 있다. 나대로 같은 문제의식이 없는 직원일수록 고객은 더 많은 문제점을 느끼고 있다. 내 업무에 어떤 문제가 있는지는 고객에게 물어보라. 고객의 요구사항을 충족시키는 것이 바로 나의 과제이다.


## 3. 내부적인 요구사항

내부적인 요구는 자신이 담당하는 고유 업무 자체에 관한 것이며, 주로 업무의 효율화 등 업무 개선과 관련되어 있다. 업무의 개선은 품질(Quality), 원가(Cost), 납기(Delivery)의 3가지(양을 포함하면 4

가지) 측면에서 이루어진다. 즉, 내가 하는 업무의 결과가 품질의 관점에서 정확하게 수행되고 있는지? 원가의 측면에서 너무 많은 노력이나 비용이 들어가는 것은 아닌지? 또는 납기를 제대로 지키고 있는지? 나아가 QCD의 수준을 더 개선할 방법이 있는지를 검토하여야 한다. 만약 QCD에 문제가 있다면 그것은 주로 업무수행의 방법이나 절차에 문제가 있는 것이고, 이를 개선하는 것이 과제가 된다.

내 업무의 개선점을 찾기 위해서는 두 가지 방향에서 검토되어야 한다.

### (1) 절대적인 수준에서 검토 포인트

절대적인 수준에서 내 업무의 개선점을 찾을 때 검토 포인트는 현재 업무수행의 방법이나 절차의 측면에서 최적화가 되어 있는가를 검토하는 것이다. 최적화인지 아닌지는 일차적으로 담당자 본인 스스로가 불편하거나 낭비요인을 감지한다면 그것은 최적화되어 있지 않은 것이다. 그러므로 최적화 여부를 판단하는 데는 앞서 말한 바와 같이 '문제의식'이 필요하다. 만약 남들이 보기에 특정 업무의 수행에 낭비나 실수, 비효율적인 면이 분명히 있음에도 불구하고 문제의식이 없는 직원은 그러한 문제를 문제로 느끼지 못한다. 또한 반복적인 업무를 오래 수행하다 보면, 기존의 숙달된 방식에 대해 문제를 못 느끼는 것도 사실이다.

부하들의 업무수행상의 문제를 지적하거나 또는 문제의식을 가지도록 만드는 것 또한 목표설정에 관한 상사의 역할이다.

- 나를 성가시고 피곤하게 하는 일은 무엇인가? 또는 하기 싫은 일은 무엇인가?
- 내 업무에서 낭비요인은 없는가?
- 내 생각에 이상적인 상태인가?

이를 QCD의 관점에서 다시 정리해 보면 다음과 같다.
- 품질(Q) : 내 업무의 정확도에는 문제가 없는가?
- 비용(C) : 업무로 인해 자주 야근이나 특근을 하거나 회사의 자원(돈, 원재료 등)을 지나치게 사용하지 않는가??
- 납기(D) : 업무의 납기를 자주 어겨 상사에게 혼나거나 납기를 지키기 위해 시간을 너무 많이 쓰지 않는가?

## (2) 상대적인 수준에서 검토 포인트

업무수행의 상대적인 수준이라 함은 회사 내외의 타 업무 담당자와 비교해서, 또는 전년도의 업무수준과 비교해서 더 나은 수준인가를 검토하는 일이다.

업무수준의 비교대상은 다음과 같다.

**• 타사, 타직원 수준 대비**
- 사내에 같은 일을 하는 다른 담당자에 비해 더 잘하는가?
- 경쟁사 대비 최고인가?
- 국내 수준에서 최고인가?

– 세계 수준에서 최고인가?

• **시계열적 수준 대비**
– 작년에 비해 더 개선될 여지나 발전가능성이 있는가?

　내 업무의 QCD 측면에서 절대적/상대적 수준의 검토를 거쳐 문제가 발견되면, 그 문제를 개선하기 위해 해야 할 일이 바로 과제가 되는 것이다.

〈그림 7-2〉는 이상의 설명을 요약해서 도표로 나타낸 것이다.

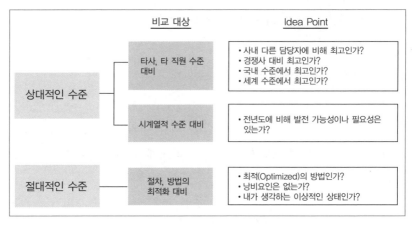

〈그림 7-2〉 고유 업무에서 과제를 찾는 방법

(3) 지표형 목표에서 도출

　만약 현재 지표형 목표를 설정하여 성과관리를 하고 있는 회사라면, 예를 들어 영업팀의 성과지표로서 매출액, 생산팀의 성과지표로서 품질, 생산성, 납기 준수율 등에 관한 성과지표를 관리하고 있다면 이 지표를 개선하기 위한 구체적인 방법(How)이 바로 올해의 과제가 된다.

## 4. 과제의 취합과 정리

팀 업무나 개인의 업무에서 목표로서의 과제를 찾는 가장 좋은 방법으로 브레인스토밍 기법이 있다. 외부적인 요구사항을 찾기 위해 팀장과 팀원들이 한자리에 모여서 "우리 팀에 대해 고객이 바라는 것은?"이라는 질문과, 내부적인 요구사항을 찾기 위해 "우리가 업무를 더 잘하려면?", 또는 "개선할 점은?"이라는 질문을 놓고 팀원들이 개별 업무 담당자로서 생각하는 각종의 아이디어들을 자유롭게 개진하는 것이다.

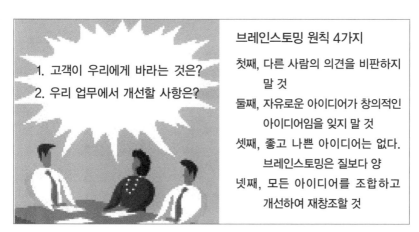

〈그림 7-3〉 브레인스토밍 기법

브레인스토밍을 통해 1차적으로 제시되는 아이디어들은 단순한 의견 사항, 큰 과제와 세부 과제, 중복된 내용, 과제와 KPI 등이 두서없이 혼재되어 있다. 이러한 혼란스러운 의견들을 비슷한 내용은 통합하고, 세부적인 내용이나 단순 의견 사항은 삭제하고, 애매하고 추상적인 과제는 분해하여 구체화하는 작업을 거쳐야 한다. 이러한 과정을 거치면서 점차 그 내용은 중복되지 않고, 과제의 크기는 어느 정도 통일되고, 내용은 구체적이고 명료하게 된다.

# 제8장
## 목표설정의 제2단계
### - 중점과제의 선정

## 1. 중점과제의 선정

앞 단계에서 각각의 요구에 따라 여러 개의 업무과제가 도출되었다면 이제 그 과제 중에서 올해 수행하여야 할 중점과제를 선정하여야 한다. 중점과제란 앞에서 기술한 바와 같이 핵심성과요인으로서 경영성과에 가장 크게 영향을 미치는 과제를 말한다. 즉, 과제의 중요도, 경영(성과)에의 임팩트, 시급성의 측면에서 가장 높은 과제가 중점과제인 것이다. 굳이 경영에의 임팩트를 감안하지 않더라도 가장 큰 문제, 가장 개선효과가 클 것으로 기대되는 문제를 해결하는 것이 중점과제가 된다.

또한 성과관리가 직원들이 수행할 수많은 과제 중 가장 핵심적인 목표만을 관리하는 것인 만큼 관리 대상이 되는 목표의 수는 한정되어야 한다. 일반적으로 중점과제는 5개~7개 정도가 적당하지만 회사의 직급에 따라 과제의 수는 조정될 수 있다. 팀장의 경우라면 이 정도를 도출할 수 있지만 주로 단순·반복적인 업무를 수행하는 하위직급자의 경우는 업무의 범위가 좁고, 대개의 경우 명확한 표준에 따라 업무를 수행하기 때문에 개선과제를 찾는 것이 상당히 어렵다. 그러므로 중점과제의 수는 직급에 따라 달리하는 것이 현실적이다. 한편으로 최하위 직급의 사무보조 담당자가 바쁘게 돌아가는 일상 업무 속에서 자기의 업무와 관련하여 한 가지만 개선하더라도 그것은 결코 작은 일은 아닐 것이다.

아래 〈표 8-1〉은 앞 단계에서 도출된 많은 과제 중에서 중점과제를 선정하는 데 필요한 작업 양식이다. 회사의 경영전략을 포함한 3가지 방향의 업무요구사항이나 그 요구를 검토하여 과제를 도출하고, 도출된 과제 중 경영성과에 대한 임팩트 등을 검토하여 중점과제를 선정하는 과정을 반드시 그림 1, 2와 같은 양식으로 작성할 필요는 없다. 하지만 중요한 것은 양식의 문제가 아니고, 개인의 목표를 설정할 때 반드시 그러한 흐름 속에서 각 단계를 검토하여야 한다는 것이다. 만약 이러한 단계나 검토항목이 생략된다면 '내가 하여야 할 일'이나 '내가 경영에 기여할 수 있는 기회'를 빠트리게 되는 것이다.

〈표 8-1〉 중점과제 선정 양식

작성자 :        팀장        (인)

| 도출과제 | 과제 평가 | | | 선정 여부 | 비고 |
|---|---|---|---|---|---|
| | 중요도 | 임팩트 | 시급성 | | |
| | | | | | |
| | | | | | |
| | | | | | |
| | | | | | |
| | | | | | |
| | | | | | |

※ 과제평가는 각 요소별로 High, Middle, Low의 단계로 평가합니다.

업무요구사항을 검토하여 과제를 도출하고, 그 과제들 중에서 중요한 과제를 선정하면 중점과제의 도출이 끝나는 것일까? 만약 이렇게 순탄하게 중점과제를 도출할 수 있다면 얼마나 좋을까? 하지만 중점과제를 도출하는 작업은 이제 시작일 뿐이다. 비유해서 설명하면, 화재로 소실된 남대문의 복원을 위해 필요한 금강송이 있는 지역을 찾고, 거기에 있는 수많은 나무들 중에서 재목으로 쓸 만한 나무를 골라 그 원목을 이제 겨우 베어 냈을 뿐이다. 지금부터 그 원목을 자르고 다듬어 쓸 만한 목재로 만드는 일이 남아 있다. 지금까지의 과정과 절차에 따라 도출된 과제는 지극히 개략적인 수준이며, 다음 단계인 과제별 KPI를 도출하는 과정과 혼합되면서 수차례의 변경과 개선을 거쳐 과제의 범위와 의미가 명료하게 정리된다.

## 2. 중점과제의 문제 유형

직원들이 위에 적은 절차에 따라 중점과제를 선정했든지 아니면 그러한 검토 없이 바로 본인이 생각하는 중점과제를 찾아서 목표설정서에 적어 오든지간에 일반적으로 직원들이 기술하는 과제는 결코 매끄럽지 않으며, 앞에서 적은 바와 같이 겨우 '원목' 수준에 머무르고 있다. 이 문제들은 대략 세 가지로 나누어 볼 수 있다.

(직원들은 목표설정서라고 하는 양식에 중점과제와 KPI를 동시에 적어 오고, 또한 이 두 요소는 불가분의 관계로써 하나의 목표를 이루기 때문에 아래 문제는 굳이 중점과제에만 해당되는 문제는 아니다.)

첫째 유형은 KPI는 물론 중점과제 자체가 대단히 불명확해서 '무엇을 하겠다는 것인지'를 알 수 없다는 것이다. 중점과제를 읽는 상사나 동료는 물론 심지어는 본인에게도 그것이 불명확하다는 것이다.

둘째 유형은 본인의 업무책임이 아닌 다른 사람의 업무책임에 관한 일을 과제로 설정하는 문제이다(이 문제는 KPI에도 똑같이 적용된다). 이 문제는 주로 기획·지원 담당자(부서)와 실행 담당자(팀) 간에 발생하는 문제로 상호간의 업무책임을 명확히 하는 것으로 해결될 수 있다.

마지막 유형은 과제도 명확하고 나의 업무책임임에는 틀림이 없으나, 그 과제의 수행이 '나의 열성적인 노력'과 무관한 과제를 선정하는 일이다.


## 3. 문제 유형별 해결 요령

(1) 불명확한 과제의 문제와 해결 요령

### 가. 과제가 불명확한 이유

중점과제는 특정한 성과(KPI)를 내기 위해 '내가 하여야 할 일'이기 때문에, 그것은 구체적이며 다른 사람(상사나 동료)이 보기에도 명확하게 표현됨으로써 과제 수행이라는 구체적인 행동으로 돌입할 수 있다. 다시 말해서 과제가 구체적이고 명확하지 않다면 과제 수행을 위한 활동 자체가 특정한 일에 집중되지 않으며, 따라서 KPI의 달성도 기대하기 어렵게 된다. 하지만 단 한 번의 검토를 통해 직원들이 특정한 문제를 정확히 정의하고, 이의 해결을 위해 과제를 명확히 도출하고, 나아가 그것을 타인에게 정확히 전달하는 것은 결코 쉬운 일이 아니다. 이것은 중소기업뿐 아니라 대기업에서도 마찬가지이며, 그만큼 목표설정이라는 것이 만만한 일이 아닌 것이다.

과제의 명확성은 KPI의 명확성과 관련이 있다. 따라서 과제가 불명확하면 KPI도 불명확해지며, 거꾸로 특정한 과제의 KPI가 명확히 도출되지 않는다면 과제가 선명하지 못하기 때문이다. 상호 불가분의 인과관계를 가진 '과제와 KPI'의 관계로 인해, 실제 상사와 부하 간에 목표설정 논의 과정에서 또는 목표설정을 위한 컨설턴트와 담당자간의 1:1 지도 상황에서는 과제에서 KPI를 도출해보고, 반대로 KPI를 명확히 한 후 역으로 과제를 도출하는 과정이 반복된다. 이러한 반복과정을 거치면서 점진적으로 과제와 KPI는 똑같은 수준으로 명료화되는 것이다. 이와 같이 중점과제와 KPI는 도출 순서의 전후에도 불구하고 거의 동시에 확정됨으로써 명확하고 구체적인 하나의 목표로 완성된다.

대체로 과제를 명확하게 적어오지 못하는 이유로는 다음의 세 가지를 들 수 있다. 첫 번째는 과제가 너무 크고 범위가 넓어서 과제 자체가 추상적으로 표현되는 경우이다. 두 번째로 가장 심각하고 가장 흔하게 발견되는 문제로서, 그 과제를 선정한 본인조차도 무엇을 하겠다는 것인지를 정확히 모른다는 것이다. 마지막 유형은 사소한 문제이기는 하지만 표현상의 문제로, 이는 문장표현력, 어휘력의 문제이다.

하지만 어쨌든 직원들이 1차적으로 특정한 과제를, 그것이 명료하든 아니든 특정한 과제를 선정해서 적어온다는 것은 그 과제(서면으로 적은 표현) 속에 잘 드러나지 않는 원래의 의도, 즉 막연한 상태이긴 하지만 무엇인가를 해결할 필요를 느낀다는 것이며, 이것이 바로 과제 명료화의 단초가 된다.

다음으로 각 부서의 팀장들이 적어온 과제를 보자. 독자 여러분은 각 팀장들이 무엇을 할지가 명확히 떠오르는가? 이러한 추상적인 표현으로는 담당자가 무엇을 하겠다는 것인지 담당자 본인도, 상사도 아무도 모른다.

**경영지원팀장** : 불합리한 관행 개선
**영업기획팀장** : 매출 극대화
**생산팀장** : 효율적인 인원배치
**개발팀장** : 제품 개발시스템 개선

## 나. 범위가 큰 과제의 해결

대체로 이러한 범위가 큰, 그래서 추상적으로 표현되는 과제는 그 과제를 분해(Breakdown)하여 더 작은 과제로 만들면 만들수록 과제는 구체적이고 명확하게 되며, 아울러 KPI도 명확해질 수 있다.

범위가 큰 과제를 분해한다는 것은 다음과 같다. 여기서 팀장은 경영지원 팀장이다.

임원 : 불합리한 관행이란 게 대체 뭐요?
팀장 : 상무님도 잘 아시지만 우리 회사 직원들은 약속을 잘 안 지킵니다. 회의 시간도 안 지키고, 각종 자료의 제출 시한도 제대로 지키는 사람이 별로 없습니다. 그리고 회의 시간이 너무

길다는 데는 전팀장들이 문제를 느끼고 있습니다. 그리고 쓸데없는 야근이 많습니다. 일 없이 그냥 관행적으로 야근을 하는 거죠. 그리고 담배를 건물 내에서 안 피우기로 했으면 안 피워야죠.

임원 : 그 많은 문제를 한꺼번에 다 해보겠다는 거요?

팀장 : 글쎄요, 그건 좀…. 어쨌건 개선하기는 개선해야 합니다.

임원 : 그렇다면 제일 급한 것부터 하나하나 잡아 나갑시다. 그 중에서 제일 큰 문제가 뭐요?

위의 사례에서 보는 바와 '불합리한 관행'이 추상적이긴 하나, 지원팀장은 그것의 세부 문제점을 비교적 잘 알고 있기 때문에 쉽게 분해되고, 따라서 쉽게 우선순위에 따라 명확한 과제를 선정할 수 있다.

마찬가지로 영업기획팀장의 중점과제도 무엇을 하겠다는 것이 명확하지 않다. 이는 과제를 너무 크게 설정해서 발생하는 문제이며, 이것 또한 상사와의 대화를 통해 해결할 수밖에 없다. 단 하나의 연속된 질문, 즉 어떻게(How) 매출 극대화를 이룩할 것인가? 이 질문에 대한 영업팀장의 답변에 대해 또 한 번 '어떻게(How)?'를 2번만 반복하면 과제는 명확해진다.

**다. 막연하고 모호한 과제의 해결**

하지만 다음과 같은 상황이라면 훨씬 더 많은 시간이 소요된다. 생산팀장의 사례를 보자.

임원 : 효율적인 인원배치라는 게 뭐요?

팀장 : 생산라인에 공정별로 인원배치가 적절하지 않은 것 같습니다. 어떤 때는 1라인의 인원이 남다가 또 다른 때는 2라인의 인원이 남아돌고, 그러다 보면 3라인의 인원이 부족하고, 이러니 생산효율도 떨어집니다. 아무래도 인원이 효율적으로 배치되지 않은 것 같습니다.

임원 : 인원이 그렇게 라인별로 들쭉날쭉한 이유가 뭔가요?

팀장 : 글쎄요. 생산계획이 무계획적이기도 하고, 자재가 입고되는 것도 그렇고….

임원 : 그러니까 문제가 뭐요? 인원이요? 생산계획이요? 자재입고요?

말하자면 생산팀장은 문제를 느끼고는 있지만, 그저 막연한 수준에서 그 문제의 근본 원인이 무엇이며, 그 원인을 해결하는 방법에 대한 생각이 부족한 것이다. 생산팀장의 경우와 같은 문제를 해결하는 특별한 요령은 없다. 오직 직속상사인 공장장과 생산팀장간의 치열한 토론만이 과제를 명확히 할 수 있다. 실질적으로 생산현장의 문제를 그 회사 내에서는 가장 잘 아는 사람은 생산팀장이고, 다음으로 공장장이 아니겠는가? 두 사람의 전문가가 막연하고 애매모호하지만 틀림없이 존재하는 생산현장의 어떤 문제를 놓고, '왜?'와 '무엇을?' 그리고 '어떻게?'를 반복하는 과정에서 문제는 명료해지는 것이다. 왜(Why), 무엇을(What), 어떻게(How)를 반복하는 것은 문제 해결의 가장 기본적인 접근법이며, 바로 문제 해결능력이다. 문제 해결이란 겉으로 드러나는 문제로 느껴지는 현상을 분석하고 분해하여 문제의 본질을 파악하고, 문제의 근본원인을 찾고, 그것을 해결하는 최선의 방법을 찾아내는 과정이다. 이러한 과정을 통하여 찾아낸 과제, 이것이 바로 중점과제이다.

회사의 발전, 성장을 위해 그리고 적어도 진정으로 회사의 발전에 공헌을 하려는 팀장이라면, 이 정도의 시간과 노력은 투자해야 하지 않겠는가?

## (2) 나와 다른 사람의 과제 구분하기 – '나'의 과제 만들기

### 가. 불분명한 책임 소재의 문제

앞에서 전략적인 요구, 고객의 요구를 검토할 때, 본인의, 업무책임에 관련된 요구와 과제를 언급하였다. 목표설정의 원칙 SMART 플러스(Plus)에서 통제가능성을 설명하였다. 본인의 업무책임이라는 것은 본질적으로 업무분장의 문제이며, 중소기업의 경우 이것이 명확하지 않는 경우가 많다. 직원 개개인의 업무분장은 물론이고 팀의 업무분장에 있어서도 마찬가지 문제가 있다. '내 업무책임을 어디까지 설정할 것인가' 하는 문제는 뒤에 설명하겠지만 목표설정의 가장 중요한 요소인 KPI와 직결된다. 또한 직원 개개인의 업무책임이 명확하지 않다는 것은 KPI로 표현되는 특정한 성과에 대한 책임의 소재가 불분명하다는 것을 의미하며, 그것은 결국 과제의 추진의지, 실행의지를 떨어뜨리는 원인이 된다. 중점과제를 선정하는 단계에서 부서 간, 개인 간에 업무책임이 혼재하는 문제는 주로 기획부서(담당자) 또는 지원부서와 실행부서(담당자) 간에 주로 발생한다. 개인의 목표를 설정하는 과정에서 이러한 업무책임이 불명확한 문제가 발견되고, 이를 명확하게 바로잡을 수 있다는 사실 자체가 제3장에서 설명한 성과관리의 중대한 효과인 것이다.

## 나. 매출 목표 달성과 고객캠페인 시행에 관한 책임 소재

지금부터 사례를 들어 설명하겠다. 설명이 좀 길긴 하지만 이러한 사례는 자주 발생하며, 또한 이러한 유형의 문제 해결이 다른 문제보다 해결이 어려우며, 나아가 이 문제의 해결을 통하여 부서 간, 개인 간에 업무분장을 명확히 한다는 측면에서 좀 더 주의를 기울여 주기 바란다.

회사의 조직도상, 영업담당임원 산하에 영업기획팀과 영업1, 2팀이 있고, 영업1, 2팀은 직접 영업활동을 통해 매출을 책임지고, 영업기획팀은 영업팀의 영업활동을 지원, 또는 통합 마케팅 활동, 또는 영업실적분석 및 관리 업무를 수행함으로써 매출에 기여하고 있는 경우이다. 이때 영업팀장과 영업지원팀장은 다음과 같이 목표를 설정하였다. 독자 여러분은 이제, 위의 목표설정의 내용과 양식에 익숙해졌을 것이다 (이 사례는 매출액이라고 하는 지표형 목표와 고객 캠페인 추진이라는 과제형 목표가 혼합된 경우로서 영업 관련 팀의 목표설정에 가장 자주 나타나는 문제이다.)

〈표 8-2〉 영업부서 팀장의 목표설정

| 담당자 | 중점과제 | KPI | | | 비고 |
|---|---|---|---|---|---|
| | | 성과항목 | 목표수준 | 현수준 | |
| 영업1팀장 | 매출 목표 달성 | 매출액 | 100억 원 | 80억 원 | |
| | 고객 캠페인 추진 | 캠페인 횟수 | 분기 1회 | 없음 | |
| 영업2팀장 | 매출 목표 달성 | 매출액 | 50억 원 | 30억 원 | |
| | 고객 캠페인 추진 | 캠페인 횟수 | 반기 1회 | 없음 | |
| 영업기획팀장 | 매출 목표 달성 | 매출액 | 150억 원 | 110억 원 | |
| | 고객 캠페인 기획 및 시행 | 캠페인 횟수 | 6회/년 | – | 지점별 캠페인 계획 추진 |
| | 지면 광고 확대 | 고객인지도 향상 | 35% | 20% | |

이런 경우 영업담당임원의 목표는 당연히 다음과 같이 설정될 것이다.

〈표 8-3〉 영업담당임원의 목표

| 담당자 | 중점과제 | KPI | | | 비고 |
|---|---|---|---|---|---|
| | | 성과항목 | 목표수준 | 현수준 | |
| 영업담당임원 | 매출 목표 달성 | 매출액 | 150억 원 | 110억 원 | |
| | 고객 캠페인 추진 | 캠페인 횟수 | 6회/년 | – | |

각 팀장들의 중점과제를 보면 모든 팀장들이 매출 목표 달성과 고객 캠페인 추진을 공통으로 설정하였다. 독자 여러분이 보기에 별 문제가 없는가?

결론적으로 〈표 8-2〉와 같이 매출 목표 달성과 고객 캠페인 전개라는 과제를 영업기획팀장과 영업팀장의 목표에 똑같이 설정한 것은 잘못된 것이다. 이것이 잘못된 이유를 살펴보자.

<문제의 정의 – 불분명한 책임 소재>

영업1, 2팀장과 기획팀장의 목표가 잘못된 이유를 살펴보기 전에 먼저 무엇이 문제인지를 정확히 짚고 넘어 가자.

우선 매출 목표 달성이라는 과제와 관련하여 영업기획팀, 영업1, 2팀장 모두에게 책임이 있는 것은 틀림없는 사실이다. 왜냐하면 이 세 조직은 영업담당임원의 목표(올해 매출 목표 150억 원)를 달성하기 위해 존재하기 때문이다. 또는 임원의 매출 책임을 가장 효율적으로 추진하기 위해 그러한 세 개의 조직으로 편제했을 것이다. 이 말은, 만약 연말에 매출 목표를 달성했다면 세 조직 모두가 열심히 노력한 결과일 것이고, 또한 반대로 매출 목표 달성을 하지 못했다면 그 책임 또한 세 조직이 모두에게 돌아간다는 의미이다. 올 연말에 담당임원이 달성하게 될 150억 원 매출에 대해, 영업1, 2팀장의 기여도는 명확하다. 왜냐하면 팀 별로 목표가 연초에 명확히 설정되었기 때문이다. 하지만 기획팀장의 기여도는 어떻게 측정할 수 있을까? 또는 왜 기여도 측정이 안 될까? 아니면 그냥 영업담당 전체 조직이 목표를 달성하였으므로 그냥 달성한 것으로 해 주어야 할까? 상황이 이러하다면 우리가 애초에 기대한 목표의 효과나 목표로서의 기능은 기대할 수 없는 것이다.

다음으로 고객 캠페인 추진이라는 과제를 보자. 고객 캠페인 계획을 수립하는 업무(책임)는 당연히 영업기획팀에 있다. 그리고 고객 캠페인을 영업기획팀에서 외부 아르바이트 직원을 고용하여 직접 실행하는 것이 아니라 영업사원들을 통해 실행하는 경우라면(대부분의 기업들이 이렇게 하고 있다), 그것을 실제 실행하는 책임은 영업팀에 있을 것이다. 연말까지 영업2팀은 계획된 대로 목표 횟수를 다 시행하였으나, 영업1팀에서 팀장의 무관심이나 여러 사정으로 목표 횟수를 시행하지 못함으로써 결과적으로 영업기획팀장의 캠페인 목표 횟수(년 6회)를 달성하지 못하였다고 하자. 이러한 경우 영업조직 전체의 캠페인 목표(담당임원의 목표)를 달성하지 못한 것은 영업1팀장의 잘못인가, 기획팀장의 잘못인가? 아니면 둘 다 책임이 있는가? 그렇다면 영업2팀장이 목표를 달성한 것은 영업팀장의 노력의 결과인가? 아니면 기획팀장의 노력의 결과인가? 나아가 거꾸로 영업2팀장이 아주 열심히 캠페인을 진행, 목표 횟수를 초과하여 시행했고, 따라서 기획팀장의 목표를 초과 달성했다고 가정해 보자. 이 경우에도 마찬가지로 목표 달성에 대한 기여도를 영업1, 2팀장과 영업기획팀장 간에 어떻게 차별화할 것인가?

이 대목에서 우리가 목표를 설정하는 이유를 다시 생각해 보자. 목표를 설정하는 목적은 조직 구성원이 올해 자기가 해야 할 일은 명확하고 구체적으로 설정함으로써 스스로 목표 달성을 위해 동기부여가 되고, 나아가 연말에 개개인의 구체적인 목표 달성도에 따라 성과를 평가하여 차등적 보상(연봉 인상의 차이)을 시행함으로써, 차기(次期)의 목표 달성을 위한 더욱 열성적인 노력을 이끌어 내기 위함이다. 성과에 대한 기여도를 측정할 수 없고, 목표에 대한 책임 소재가 불분명하다는 것은 이러한 성과관리의 효과를 전혀 발휘할 수 없다는 것이다. 이와 같이 문제의 근본 원인은 매출이나 캠페인에 관해 부서 간 책임 소재를 분명하지 않게 설정한 데서 기인하는 것이다.

<매출 목표 달성의 책임 소재>

매출 목표의 달성에 관한 영업1, 2팀장과 영업기획팀장의 책임 소재를 명확히 하기 위해, 세 팀 조직의 발생 배경을 살펴볼 필요가 있다 (이것은 실제 기업 내 다양한 여러 상황을 떠나서 조직이론상 충분히 설명이 가능하다.)

아래 그림과 같이, 제일 처음 이 회사의 매출이 적을 때, 또는 한 가지 제품만 생산, 판매할 시절에는 1개의 영업팀이 존재했을 것이다(물론 그 이전에는 영업 담당자 1명이 있을 수도 있다). 회사가 성장하면서 영업 인력이 늘어나 또 하나의 팀이 만들어져 영업1팀, 영업2팀으로 분리(조직의 수평적인 분화)되고, 그 두 팀을 책임질 임원 조직을 편성(조직의 수직적인 분화)하였을 것이다. 일정 기간이 흐른 다음, 영업담당임원이 보기에 두 팀에 공통으로 발생하는 업무(매출실적 집계 등), 또는 두 팀에서 공통으로 추진해야 할 과제(광고나 임원의 지시 등)를 한데 묶어 별도의 한팀에서 기획하고 수행하는 것이 더 효율적이라는 판단에서 영업기획팀을 신설(조직의 전문화, 수평적인 분화)하기로 하였을 것이다.

이 시점에서 세 팀의 업무분장을 정리해 보면 다음과 같을 것이다.

영업1팀 : 수도권 지역 판매, 또는 A 제품 판매

영업2팀 : 수도권 외 지역 판매, 또는 B 제품 판매

영업기획팀 : 영업팀 공통 업무(직원 근태관리, 실적집계, 판촉물 제작/지급 등), 영업 전략 수립, 광고/캠페인 업무, 영업활동 지원(행사시 인력지원 등)

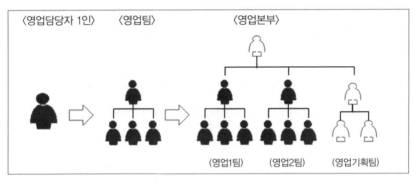

〈그림 8-1〉 조직의 수평·수직적인 분화

위의 업무분장에 따라 영업1, 2팀은 독자적인 영업활동과 영업기획팀에서 주관하는 영업활동(캠페인 등)을 전개함으로써 직접 매출을 발생시킬 책임이 있다. 하지만 영업기획팀장은 매출에 대한 직접적인 책임은 없으며, 오직 영업1, 2팀장들이 영업활동에 전념하여 영업활동을 수행할 수 있도록 지원하고, 또 더 나은 영업 전략을 강구하거나 이들을 지원하는 광고 및 캠페인 계획을 수립하는 간접 영업 업무를 수행

할 책임이 있는 것이다. 이런 이유에서 매출 목표 달성이라는 과제의 책임은 영업팀장에게만 있고, 기획팀장의 책임은 아닌 것으로 보는 것이 타당하다.

〈고객 캠페인 실시의 책임 소재〉

고객 캠페인 실시라는 과제에 대해서도 앞에서 전개한 마찬가지 논리로 설명할 수 있다. 고객 캠페인을 위한 방법, 비용, 세부 추진 계획, 영업팀별 추진 계획을 수립하는 것은 영업기획팀 본연의 책임임에 틀림이 없다(그런 일 하라고 기획팀을 만들었다).

다음으로 남는 것은 실행 책임이다. 기획팀장은 캠페인을 실행할 일선 영업팀장과 팀원들을 대상으로 캠페인 방법, 목적, 캠페인으로 인한 매출 향상 효과 등에 관해 끊임없이 설득하고, 때때로 협박을 가하면서 이들이 캠페인의 목적과 취지를 충분히 이해하여 적극적인 캠페인활동을 전개해 나가도록 만드는 것까지가 본인의 책임이 되는 것이다. 그리고 책임을 진만큼 당연히 캠페인 실시에 따른 성과(여기서는 실시 횟수)를 기획팀장이 전적으로 독식하는 것이다. 영업기획팀장의 '캠페인 실시'라는 목표는 전장에서 설명한 전형적인 과제형 목표이며, 이러한 과제형 목표의 또 하나의 장점인 '성과관리를 통해 부서 간 업무분장을 명확히 하는 효과'가 나타난다.

## 다. 전사 공통과제가 설정되는 경우

마지막으로 전부서 공통 과제는 없을까? 지금까지 문제점이라고 지적해 온 사항에 대해, 그러한 공동책임, 공동목표가 언제나 항상 문제가 될 것인가? 상황에 따라 공동책임이 문제가 아닐 수도 있으며, 위의 〈표 8-2〉가 잘못이 아닌 경우도 있을 것 같다. 이런 경우는 통상적인 경우는 아니고 비상한 상황에서만 가능해 보인다.

예를 들면 다음과 같다.

회사 전체의 입장에서, 또는 회사 CEO의 입장에서 영업 목표 달성을 위해 다른 모든 업무를 전폐하고라도 고객 캠페인을 전개하는 것만이 최고 중요한 과제가 되는 경우라면, 상황은 좀 달라진다. CEO가, 또는 영업담당임원이 직접 영업팀의 고객 캠페인을 챙겨서 추진할 만큼 중대한 사안이라면, 팀별 업무 책임은 또 한 번 달라질 수 있다. 즉, 영업기획팀의 책임은 캠페인 계획을 아주 멋지게 수립하는 것 그리고 영업1, 2팀의 책임은 그것을 최대한 실행하는 것으로 성과책임을 분배할 수 있다. 그래서 영업담당임원이 "이번에 캠페인 제대로 못하는 팀은 두고 보겠다"는 단호한 결심으로 캠페인을 추진한다면, 캠페인에 대한 업무책임은 영업1, 2팀, 영업기획팀 모두가 질 수 있을 것이다.

하지만 이상 설명한 상황은 어디까지나 비상적인 상황이고, 통상적인 조직의 운영은 업무분장에 의해 부서별, 개인별로 할당된 업무를 충실히 이행하는 것으로 이루어져야 한다.

### (3) '나의 열성적인 노력'과 무관한 과제를 선정하는 문제

중점과제 선정의 세 번째 문제로서, 과제도 명확하고 나의 업무책임임에는 틀림이 없으며, 또한 회사의 경영에 임팩트가 큰 중요한 과제이긴 하나, 그 과제의 수행이 '나의 열성적인 노력'과 무관한 과제를 선정하는 일이다

예를 들어 마케팅팀장의 목표로서 '대고객 광고 강화'라는 중점과제를 설정한 경우를 보자. 광고 업무는 당연히 마케팅팀장의 업무이

며, 또 광고를 강화한다는 것은 중요한 경영과제이기도 하고, 또한 '광고를 한다'는 행위도 명확하다. 하지만 만약 그러한 광고 강화를 위한 수단이 순전히 광고 예산의 문제만 해결되면 실행 가능한 과제라고 한다면, 이것은 마케팅팀장의 과제가 될 수 없다. 혹은 과제는 될지언정 팀장이 대단한 노력을 기울여 추진할 중점과제는 아니다. 예산 투입의 문제는 어디까지나 CEO나 사업부장이 내리는 경영의사 결정의 문제이고 예산을 투입하는 즉시 그 성과가 달성될 것이기 때문이다.

이런 유형의 과제는 목표설정의 현장 곳곳에서 발견된다. 생산라인의 생산성을 올리기 위해 생산설비를 교체하는 일, 매출 증대를 위해 새로운 유통점을 개점하는 일 등이 그것이다. 이러한 과제가 담당자의 별다른 노력 없이 단순히 예산 투입으로만 추진 가능한 경우라면 중점과제로서 설정될 수 없다. 그러한 것을 목표로 적어온 직원을 보는 상사의 표현을 빌리면 그 과제는 '그냥 하면 되는' 일이며 예산만 승인이 나면 되는 일인 것이다. 다시 말하면 도전적인 목표가 아닌 것이다. 여기에 대해서는 KPI 설정에서 다시 한 번 설명할 것이다.


## 4. 중점과제의 표현

앞장에서 기술한 바와 같이 목표는 지금보다 더 나은 상태를 말한다. 또한 중점과제는 더 나은 상태를 만들기 위한 행동과제이다. 그러므로 중점과제는 어떠한 대상이 좋아지도록 변화시키는 행동으로 표현하여야 한다. 즉 '…의 강화', '…의 개선', 또는 이에 준하는 의미를 가진 단어로 표현하는 것이다. 철저나 축소, 향상, 확대, 단축 등이 그런 표현에 속한다. 또한 어떤 것을 향상시키기 위해서 기존에 없던 새로운 일을 추진하는 경우에는 (연봉제) 도입, (전산시스템의) 구축, (새로운 장비의) 설치, (새로운 제품의) 개발 등의 표현을 사용할 수 있다.

# 제9장
# 목표설정의 제3단계
## – KPI의 요건

## 1. KPI의 요건

### ⑴ 정량화(定量化)

목표설정을 위해 올해의 중점과제가 내 업무책임의 범위 내에서 구체적이고 명확히 설정되었다면, 이제는 그 중점과제의 결과로서 나타날 KPI를 설정하는 일이다. KPI는 앞서 설명한 대로, 중점과제의 실행결과로서 무엇이 얼마나 좋아지는가를 나타내며, '무엇'에 해당하는 성과항목과 '얼마나'에 해당하는 목표수준으로 구성된다. 명확한 목표만이 업무 담당자의 동기를 부여하는 조건이며, 또한 중점과제의 실행관리와 성과평가의 객관성, 정확성을 위해 KPI는 정량화되고 또한 측정 가능해야 한다.

목표설정단계에서 목표를 '정량적으로 표현'하는 것은 그렇게 어렵지 않다. 엄밀히 말해서 정량적, 정성적이라고 하는 것은 매출액이나 불량률, 또는 만족도, 기한과 같은 정량적인 수치냐 아니냐의 문제가 아니라, 그것이 객관적으로 측정 가능한가에 달려 있는 것이다. 예를 들어 불량률이라 하더라도 그것을 엄밀히 측정할 수 있으면, 또는 측정을 한다면 그것은 정량적인 목표가 될 것이지만, 그것을 측정하지 않는다면, 또는 임의로 상사의 판단으로 불량률을 판정한다면 그것은 정성적인 목표가 되는 것이다.

성과를 객관적으로 측정하는 일은 업무의 성격에 따라 많은 비용을 수반하기 때문에 성과관리의 도입 단계에서, 성과의 객관적인 측정을 지나치게 강조하는 것은 약간은 무리한 방법일 수 있다. 따라서 측정 비용과 직원들의 능력을 감안한 측정 가능성 그리고 성과의 실질적인 향상을 감안하여 적절한 선에서 타협점을 찾아 정량화, 또는 일부 정성적인 성격의 KPI를 도출하는 것이 현실적이다.

## 성과 측정의 한계

성과를 측정하는 일은 업무에 따라 차이가 있지만 결코 만만한 일이 아니며, 때로는 불가능해 보이는 경우도 많다.

가장 흔한 사례로서 영업부서의 목표 중의 하나인 매출 목표는 측정하기가 대단히 쉽고, 그래서 측정 가능한 KPI로서 '매출금액'은 누구나 쉽게 떠 올릴 수 있다. 또 생산부서의 목표로서 불량률도 비슷한 경우라고 할 수 있다. 일정 규모가 되는 제조회사에서 불량률을 집계하지 않은 회사가 없기 때문에 불량률은 생산부서의 훌륭한 KPI가 된다. 하지만 인사나 총무, 기획부서 등 간접 지원부서의 업무 성과는 측정하기가 쉽지 않다. 성과관리를 해야 하는 기획 담당자의 성과를 무엇으로 측정할 수 있을까? 또는 연봉제를 도입하여 성공적으로 정착시켜야 하는 인사 담당자나 교육훈련을 강화하여 직원의 능력을 향상시켜야 하는 교육 담당자의 성과를 어떻게 측정해야 할까? 바로 이런 업무의 성격 때문에 흔히 직접부서는 목표설정이 쉽고, 간접부서는 목표설정의 성과의 측정이 어렵다고 하는 것이다. 하지만 목표(KPI)설정이 어렵다는 문제는 그것이 단순한 업무 성격의 차이에서 기인되는 것이 아니라 측정비용의 문제로 귀결된다.

직원 교육훈련을 강화하여 직원의 능력을 향상시키려는 교육 담당자의 KPI는 '직원 능력의 향상도'가 될 수 있다. 이 경우 실제 직원들의 능력을 측정하는 것은 대단히 어렵다. 하지만 측정이 어렵다는 것이지 불가능한 것은 아니다. 예를 들어 전직원들을 외부 전문기관에 의뢰하여 시험을 보게 하던지, 직원의 능력 향상도를 평가할 수 있는 엄밀한 기준을 만드는 일이 전혀 불가능한 것은 아니기 때문이다. 비슷하지만 또 다른 예로서 구매 담당자의 '원재료 적기 공급'이라는 목표를 보자. 원재료가 생산에 필요한 시기에 제때 공급되는지 여부를 측정하는 일은 별로 어렵지 않다. 하지만 그것이 한두 번이 아닌 수많은 부품에 대해 연간 수십 회, 수백 회가 공급된다면 모든 원재료의 정확한 납기를 측정하는 일은 결코 쉽지 않다. 이것을 정확히 측정하려면 납기관리를 위한 전산시스템을 개발하면 될 것이지만, 이 또한 비용이 수반된다.

이와 같이 성과관리를 제대로 하기 위해서는 측정을 위해 일정한 비용, 즉 직원들의 시간이나 노력, 또는 외부 지급비용이 발생하는 것은 당연하며, 또한 감수해야 한다. 그렇다면 위에 든 사례처럼 성과의 정확한 측정을 위해 어느 정도까지 비용을 감수할 것인가? 그 대답은 간단하다. 회사가 측정을 위해 지급해야 하는 비용은 어디까지나 성과를 측정함으로써 발생하는 편익을 초과할 수는 없다.

교육 담당자가 직원들의 능력 향상을 위해 열성적으로 교육훈련에 노력을 기울였다면 직원들의 능력은 향상되었을 것으로 추정할 수 있다. 이 상황에서 상당한 비용을 들여 직원들의 능력을 측정하게 되면, 과연 그 측정으로 인해 교육 담당자가 더 많은 노력을 기울일 것이며, 또한 노력을 더 기울인다면, 그 효과가 그 측정비용을 상쇄할 수 있을 것인가?

구매 담당자의 납기 준수에 관한 성과를 정확히 측정하기 위해, 전산시스템을 도입하고 수많은 종류의 부품에 대해 일일이 입출고 데이터를 기록하고 관리할 것인가? 만약 측정을 위한 비용, 즉 전산시스템을 도입하고 데이터 관리에 들어가는 인건비 등의 비용이 측정으로 인해 향상되는 납기 준수율이 창출하는 편익보다 많다면, 측정에 투자하는 비용은 그 편익이 한도 내로 제한되어야 할 것이다. 이 말은 결국 성과 측정의 정확도가 훼손된다는 의미이며, 나아가 KPI가 성과의 관리나 평가의 기능을 제대로 발휘하지 못한다는 것이다. 하지만 이 말을 바꾸어 말하면 일정 수준의 측정비용(측정기준을 만들고 성과를 측정하는 데 드는 시간이나 노력)을 투입한다면, 딱 그만큼 성과는 측정되고, 측정한만큼 중점과제의 실행이 관리되고, 성과를 평가할 수 있다는 것이다.

비록 객관적이고 엄밀한 측정을 수반하지 않더라도 KPI의 정량적인 표현은 그 자체로서 대단한 의미가 있다. 객관적인 측정 여부와 관계없이 정량적으로 표현된 KPI는 중점과제가 지향하는 성과, 즉 외부적인 공헌의 성격(성과항목)과 공헌의 수준(목표수준)을 나타내기 때문에 목표의 효과, 즉 일의 의미부여와 동기부여효과는 여전히 기대할수 있다. 또한 일단 정량적으로 표현된 KPI는 사후적으로 성과의 측정과 평가와 관련하여 담당자 개인과 상사, 또는 회사(CEO)간의 미묘한 긴장을 조성시킨다. 앞 장에서 설명한 성과관리의 기대 효과 중, 회사의 경영관리수준을 단기간에 향상시키는 효과는 바로 정량적으로 표현된 성과로 인해 발생한다. 왜냐하면 담당자는 성과를 인정받기 위해 성과의 객관적인 측정방법을 고민할 것이며, 상사나 회사도 마찬가지로 담당자의 성과를 인정, 또는 인정하지 않기 위해, 나아가 설정된 성과항목을 실질적으로 향상시키기 위해 객관적인 측정기준을 만들려고 노력할 것이기 때문이다.

## (2) 외부적인 공헌

KPI는 정량적으로 표현되어야 할 뿐 아니라, 전장에서 기술한 바와 같이 내 업무, 즉 수행자 자신이 아닌 수행자의 고객, 회사, 조직이라는 외부에의 공헌이라는 형태로 나타나야 한다. 영업사원의 매출액 증대를 위한 활동은 회사 매출액의 증대라는 성과로 나타나고, 인사팀장의 인사평가제도 개선 활동의 결과는 나의 공정감이 아니라 직원들이 느끼는 공정감에 기여한다. 하지만 외부적인 공헌이라는 의미가 쉽게 와 닿는 것이 아니며, 또한 실제 내 업무의 결과로서 외부적인 공헌을 찾는 것은 결코 쉬운 일이 아니다.

외부적인 공헌에 대해 좀 더 살펴보자.

외부적인 공헌은 한 마디로 어떤 일을 수행하는 근본 목적이다. 즉, 중점과제를 추진하려는 목적이며, 더 나아가 '뜻 깊은 일'로서의 '의미'이다. 외부적인 공헌, 일의 목적, 일의 의미를 이해하기 위해 다음의 사례를 보자.

〈표 9-1〉 팀장의 목표설정 사례

| 담당자 | 중점과제 | KPI | | | 비고 |
| | | 성과항목 | 목표수준 | 현수준 | |
|---|---|---|---|---|---|
| 조리팀장 | 조리원 복장 청결 | 복장점검 횟수 | 주 2회 | 주 3회 | |
| 생산팀장 | 설비예방점검 강화 | 점검 횟수 | 월 2회 | 주 1회 | |
| 인사팀장 | 인사평가제도 개선 | 개선 시한 | 6월 | – | |

조리팀장의 성과항목인 복장점검 횟수가 직원들의 복장청결의 목적인가? 생산팀장의 설비점검 횟수가 설비예방점검의 목적인가? 또한 인사팀장의 제도 개선 시한이 목적인가? 이렇게 질문하고 나면 이제 여러분은 외부적인 공헌의 의미를 이해할 것이며, 위의 세 팀장의 KPI(성과항목)가 외부적인 공헌이 아니라는 것도 알 수 있을 것이다.

그러므로 중점과제의 외부적인 공헌을 찾기 위해서는 중점과제의 목적이나 이유, 즉 '왜 이 과제를 수행하는가?' 하는 원천적인 질문으로 돌아가야 한다. 조리팀장의 복장점검은 점검 자체에 목적이 있는 것이 아니라, 고객에게 청결감을 주거나, 또는 식당 자체의 위생 상태를 개선하는 데 있을 것이다. 또한 생산팀장이 설비예방점검을 하는 목적은 설비의 고장을 미연에 방지하여 설비 고장으로 인한 작업 손실을 줄이는 것이다. 그리고 인사팀장이 인사평가제도를 개선하는 목적은 인사평가에 대한 직원들의 불만을 해소하는 것이다. 그러므로 조리원 복장점검의 KPI는 고객의 청결감이나 위생 상태, 설비예방점검의 KPI는 설비의 고장감소, 또는 작업 손실시간, 인사평가제도 개선의 KPI는 직원 불만도나 공정감으로 나타내야 할 것이다.

〈표 9-2〉 외부적인 공헌으로 표현된 KPI

| 담당자 | 중점과제 | KPI | | | 비고 |
|--------|---------|---------|---------|---------|------|
| | | 성과항목 | 목표수준 | 현수준 | |
| 조리팀장 | 직원들 복장 청결 | 고객의 청결감 | 80점 | 없음 | |
| 생산팀장 | 설비예방점검 강화 | 연간 고장시간 | 30시간 | 50시간 | |
| 인사팀장 | 인사평가제도 개선 | 공정감 | 75점 | 65점 | |

내 노력으로 인해 고객들의 청결감이 올라가고 그래서 매출이 올라간다면, 내 노력으로 기계의 고장시간이 줄어 그만큼 회사의 제조원가

를 낮출 수 있다면, 내 노력으로 인해 직원들의 인사에 대한 공정감이 올라가서 더 열심히 일을 하게 한다면, 그것은 '의미'가 있는 일이 아니겠는가? 다시 한 번 일의 근본 목적, 일의 의미가 바로 외부적인 공헌이며 KPI(성과항목)이다.

## 2. KPI의 설정 요령

### (1) 용어의 정리

독자의 혼선을 피하고 여기서 기술하는 의미의 명확한 전달을 위해 KPI의 '도출'과 KPI의 '설정'이라는 용어를 먼저 정리하고자 한다. KPI와 관련하여 '도출'이라는 용어와 '설정'이라는 용어가 중복되게 쓰이는 이유는 KPI가 성과항목과 목표수준으로 구성되어 있기 때문이다. 성과항목은 앞서 설명한 대로 외부적인 공헌을 정량적으로 표현하여야 하기 때문에 그것을 표현할 적절한 어휘를 찾아내야 한다. 성과항목을 표현할 어휘를 '찾아낸다'는 의미에서 '도출'이라는 용어가 사용된다. 그래서 KPI를 '도출'한다는 것은 '성과항목'을 찾아내는 데 중점을 두는 표현이다.

다음으로 목표수준을 정한다는 의미에서는 '설정'이라는 단어가 정확한 표현이다. 그래서 KPI를 '설정'한다는 것은 '목표수준'을 정하는 데 중점을 둔 표현으로 이해하면 된다. 하지만 '목표를 도출하다'가 아닌 '목표를 설정하다'라는 말이 더 어울리는 것과 같이, 성과항목과 목표수준을 합한 KPI의 경우도 도출보다는 설정이 더 어울릴

듯하다.

## (2) 성과항목과 QCD

KPI를 달성하는 사람, KPI를 초과 달성하거나 남보다 높은 KPI를 달성하는 사람은 성과가 높은 사람이다. 성과가 높다는 것을 QCD 측면에서 다음과 같이 정의한 바 있다. 즉, 특정한 과제를 ① 최소한의 기간 내에 ② 최소한의 비용으로 ③ 최대한의 품질로 산출해 내는 것이다. 그러므로 KPI는 QCD의 측면에서 정량적으로 설정될 수 있다.

또한 QCD는 아래 표에서 보는 바와 같이 단순한 일의 결과가 아니라 그 자체로서 외부적인 공헌을 나타내고 있다. 일의 결과로서 공정 품질이 올라가고 직원 만족도가 개선되며, 제조원가가 절감되거나 매출액이 향상된다면, 그것은 회사(외부)에 공헌하는 것이다.

〈표 9-3〉 QCDQ 측면의 KPI

| 담당자 | 품질(Quality) | 원가(Cost) | 납기(Delivery) | 양(Quantity) |
|---|---|---|---|---|
| 영업팀장 | 악성채권율 | 영업비용 | | 매출액 |
| 생산팀장 | 공정 품질/생산효율 | 제조원가 | 납기 준수율 | 생산량 |
| 개발팀장 | 개발품질 | 개발원가 | 개발기간 | 모델개발 수 |
| 인사팀장 | 직원만족도 | | 제도 개선 시한 | 채용인원/교육량 |

여기서 한 가지 추가해야 하는 항목이 양(量, Quantity)의 개념이다. 제1장에서는 양을 고정된 값으로 가정한 상태에서 QCD만으로 성과를 측정하여 성과가 높은, 또는 낮은 사람을 설명하였지만, 성과관리는 일정한 기간을 전제로 하기 때문에 그 기간 동안에 누적되는 성과의 양을 추가하여야 한다. 예를 들어 영업사원의 성과는 동일한 금

액의 매출을 달성했을 때 누가 더 짧은 기간에, 더 적은 돈을 쓰면서, 매출 품질, 예를 들어 부도가 날 가능성이 높은 매출을 달성했는가로 성과를 평가하거나, 아니면 일정기간 동안 얼마나 많은 매출을 달성하였는가로 평가할 수 있다. 성과관리는 일정기간을 전제로 그 기간 동안의 성과를 관리하는 것이기 때문에 오히려 후자의 평가가 더 일반적이고 효과적인 방법일 수 있다. 그러므로 KPI는 품질, 비용, 납기뿐 아니라 성과의 양적인 측면에서 기술되어야 한다. 회사 내 직원들의 업무 성격의 다양성을 감안하면 KPI 또한 그 수만큼 다양하게 표현되며, QCD 그리고 Q(양, Quantity)는 〈표 9-4〉에서 보는 바와 같이 다양하게 응용되어 표현될 수 있다. 또한 업무성격에 따라 이 네 측면에서 모두 KPI를 설정할 수 있는 경우가 있고, 한두 개의 측면만 해당되는 경우도 있다.

모든 KPI(성과항목)는 이 QCDQ의 네 가지 범주에서 도출된다. 따라서 하나의 중점과제의 KPI를 도출할 때에는 제일 먼저 그 일의 성과를 이 네 가지 측면에서 살펴보고, 그 중에서 해당 과제가 지향하는 가장 핵심적인 성과 또는 애초에 그 중점과제를 설정하게 된 취지에 맞는 어느 하나를 선택하면 된다. 예를 들어 생산팀장의 중점과제가 '설비점검 강화'라고 한다면 강화된 설비점검으로 발생되는 여러 성과들, 즉 품질의 관점에서 불량률의 개선이나 공정효율의 향상 그리고 이로 인해 발생하는 제조비용의 하락(원가측면), 그리고 납기의 관점에서 효율상승으로 인한 납기의 단축, 마찬가지로 생산 효율의 상승으로 인한 양적인 관점에서의 생산량의 증대 중에서, 애초에 설비점검 강화의 목적이었던 생산효율로 KPI를 정하면 되는 것이다.

〈표 9-4〉는 중점과제의 성격에 따라 QCDQ를 응응하여 적용할 수

있는 사례를 정리한 것이다.

〈표 9-4〉 QCDQ를 응용한 KPI 사례

| 구분 | KPI(성과항목) | 업무 성격 |
|---|---|---|
| 납기<br>(Delivery) | 완료시한 | 새로운 일을 기획하거나 제품개발, 설비의 설치 등 연간 1번 또는<br>아주 적은 빈도로 발생하는 경우 |
| | 납기 준수율 | 생산과 같이 매월 비슷한 일이 다수의 빈도로 발생하는 업무이면서<br>납기를 준수하는 것이 이슈가 되고 있는 경우 |
| | 단축기간(시간) | 동일한 업무가 연간 수회 이상 반복적으로 발생하는 업무이면서<br>납기 준수는 항상 100%로 달성하고 있는 경우 |
| 원가<br>(Cost) | 절감금액 | 통상적인 경영상황에서 목표를 정해 총 비용 자체를 절감할 수<br>있는 경우(전력비, 소모품비, 기계수리비 등) |
| | (구매품의)<br>단가 | 원재료 구입비용과 같이 매출에 따라 총 지출 금액이 변동하는<br>경우에는 1개당 평균 단가가 적합 |
| | 단가인상률 | 매년 구입단가가 올라가는 경우는 상승률 억제가 목표가 됨. |
| 품질<br>(Quality) | 불량률 | 생산라인에서 발생하는 불량, 판매 후 불량, 입고검수 불량 등 |
| | 품질비용 | 품질 불량으로 인한 수리비용(부품교체, 투입 인건비 등) |
| | 불량 건수,<br>클레임 건수 | 불량률(불량 건수/총 수량)을 정확히 산정하기 어려운 경우,<br>월 또는 주간 등 단위기간의 발생 건수가 적합 |
| | 고객만족도 등 | 정량적 측정이 불가능한 경우 설문 등을 통해 측정 |
| 양<br>(Quantity) | 금액 | 단위기간 동안 성과가 금액으로 누적되는 경우(판매액, 손실액 등) |
| | 건수 | 단위기간 동안 성과가 건수로 누적되는 경우(제안 건수, 특허 건수 등) |
| | 기타 | 생산량, 채용인원 |

(3) 목표수준의 설정

성과항목이 결정되었다면 다음으로 목표수준을 설정하여야 한다. 목표수준은 각각의 성과항목에 대응하는 수치와 단위로 표현된다. 목표수준은 목표의 도전성을 나타내는 요소로서 도전적인 목표라 함은 곧 목표수준의 도전성을 의미한다. 목표수준의 도전성을 판단하기 위해 전년도의 실적(매출액, 건수)이나 목표설정일 현재의 상태(불량률, 구매단가)를 함께 표시하는 것이 좋다.

목표의 도전성을 제3자가 판단할 수 있는 객관적인 기준은 없다. 다만, 성과관리에서는 전사적인 관점에서 모든 목표, 모든 직원의 목표 (수준)의 도전성은 동일하다고 가정(假定)한다. 단, 그 목표가 목표를 둘러싼 환경과 여건, 상사나 회사의 지원 정도 그리고 담당자의 역량을 감안하여 상사와 부하가 충분히 토론하고, 공감하고, 납득하는 목표에 한하여 도전성은 동일하다. 여기에 대해서는 뒤에서 좀 더 살펴 볼 것이다.


## 3. KPI 설정의 문제와 해결 요령

(1) 측정 가능성의 문제

KPI의 정확한 측정은 앞서 기술한 바와 비용의 제약으로 인해 그 정확성을 일부 양보하는 것은 불가피하다. 정확성을 양보한다는 것은 측정의 정확도를 떨어뜨리거나 측정의 대상(성과항목)을 업무 현실에 맞게 적당히 변경하는 것으로 나타난다.

앞에서 예로 든 구매 담당자의 경우와 같이, ERP와 같은 전산시스템에 의해 부품의 적기 공급 여부(율)를 측정하는 데 비용이 너무 많이 든다면, 비록 정확도는 떨어지지만 생산에 가장 큰 영향을 미치는 소수의 부품에 대해 약간의 정형화된 관리 양식을 사용하여 수작업으로 납기를 관리하고 측정할 수 있을 것이다. 물론 이를 위해 약간의 추가적인 관리업무가 필요해질 것이다. 아울러 이렇게 관리 가능한 부품에 대해서만 KPI를 설정하면 될 것이다.

또 하나의 예로서 영업사원의 KPI(성과항목)를 고객 만족도로 도출한 경우, 정확한 성과 측정을 위해 전문적이고 엄밀한 만족도 조사가 필요하겠지만 역시 비용이 수반된다. 만약 회사가 이를 위해 별도의 비용을 지출할 여력이 없는 상황이라면 '고객 만족도'라는 KPI는 버려져야 할 것인가? 이런 경우 약간은 막연하지만 정량적인 표현이 되는 만족도 등급, 예를 들어 A등급(아주 만족스런 수준)에서부터 D등급(아주 불만스런 수준) 사이에서 적절한 등급을 목표수준으로 잡을 수 있다. 또한 이 경우 등급의 측정을 위해 간략한 설문서를 작성하여 친숙한 고객에게 협조를 구하는 방법도 생각해 볼 수 있다. 성과관리의 초기, 즉 관리의 지표가 형성되어 있지 않은 경우에는 이런 방법으로 정량적인 KPI의 설정이 가능하다.

앞에서 예로 든 교육 담당자의 경우는 위의 두 사례와 약간 다르다.

직원 교육훈련을 강화하여 직원의 능력을 향상시키려는 교육 담당자의 KPI(성과항목)는 '직원 능력의 향상도'가 되어야 한다. 하지만 교육으로 인한 직무능력이 향상한 정도를 직접 측정하는 것은 비용의 문제를 떠나 불가능에 가깝다(물론 필기시험 등이 있을 수 있지만 시험 성적과 직무능력의 향상이 항상 정비례하는 것은 아니다). 이런 경우에는 불가피하게 측정의 대상, 즉 직원 능력의 향상도가 아닌 다른 측정 대상, 예를 들면 교육량이나 교육 인원, 교육 만족도 등으로 변경하여야 한다. 즉, 성과항목이 바뀌는 것이며, 이는 KPI의 요건인 외부적인 공헌성을 일부 훼손한다.

이와 같이 KPI와 성과의 측정 가능성(비용)은 불가분의 관계가 있기 때문에 KPI, 특히 성과항목을 도출할 때는 반드시 측정수단이나 방법을 동시에 고려하여야 한다.

비록 측정비용으로 인해 정확하고 완벽한 KPI는 아니지만, KPI를 정량적으로 표현하는 일은 직원들이 목표설정의 과정에서 본인이 수행하는 과제에 대해 외부적인 공헌으로서의 성과를 생각하고 측정방법을 고민하게 한다. 이것은 늘 하던 일, 일의 결과와 성과에 대해 전혀 신경을 쓰지 않던 직원들의 업무태도나 수준에 있어 대단한 진전이 아닐 수 없으며, 바로 성과관리의 첫 번째 효과인 것이다.

## (2) 외부적인 공헌의 문제

### 가. 문제의 발생 원인과 유형

외부적 공헌성은 목표의 속성이며 지금까지 누차 중요성을 강조해 왔지만, KPI의 측정 문제와 더불어 현실적으로 KPI를 외부적인 공헌으로 표현하는 일 또한 녹록하지 않다. 외부적인 공헌을 찾기 어렵게 만드는 가장 큰 이유는 중점과제의 실행이라는 원인행위와 외부적인 공헌의 발생이라는 결과 사이에 시차가 존재한다는 점이다. 이로 인한 문제의 유형은 다음과 같다.

첫째, 중점과제의 실행 결과는 시간의 흐름에 따라 여러 가지의 외부적인 공헌을 야기한다. 이 경우, 어떤 공헌을 KPI로 설정할 것인가?

둘째, 외부적인 공헌성을 강조할수록 개인의 통제가능성은 줄어든다. 이 경우, 두 개의 목표설정원칙 중 어떤 것을 KPI로 선택할 것인가?

셋째, 중점과제를 추진했으나 성과관리 기간 내에 외부적인 공헌이 나타나지 않는 경우, 무엇을 KPI로 설정할 것인가?

위의 문제 중 둘째와 셋째 문제의 경우에는 결국 KPI는 외부적인 공헌이어야 한다는 중요한 속성을 포기할 수밖에 없게 된다.

## 나. 하나의 중점과제가 여러 개의 외부적인 공헌을 야기한다

QCDQ의 관점에서 도출되는 KPI는 대체로 외부 공헌적인 성격을 가지고 있다. 하지만 외부적인 공헌과 관련하여 목표설정의 현장에서 자주 맞닥뜨리는 문제가 하나 있다. 그것은 하나의 (중점)과제 수행으로 여러 개의 외부적인 공헌이 나타나며, 이 중에서 어떤 것을 선택할 것인가의 문제이다.

하나의 과제 수행이 여러 개의 외부적인 공헌을 야기하는 사례를 보자.

중점과제의 수행과 외부적인 공헌이라는 성과는 원인과 결과라는 측면에서 둘 사이에는 일정한 시간 차이가 존재한다. 즉, 영업팀장이 매출액 증대를 위한 여러 가지 활동, 예를 들어 고객과의 빈번한 접촉을 하자마자 그것이 매출로 즉시 이어지는 것이 아니며, 인사평가제도의 개선이라는 업무수행 결과 즉시 직원들의 공정감이 높아지는 것이 아니다. 또한 이러한 외부적인 공헌은 시간의 흐름에 따라 또 다른 외부적인 공헌을 야기한다. 예를 들어 인사팀장이 인사평가제도를 개선하고 시행한 결과 직원들의 공정감이 향상되는 성과가 나타나며, 향상된 공정감은 좀 더 시간이 흐른 후 직원들의 '열성적인 노력'이라는 성과로 나타난다. 이어서 직원들의 열성적인 노력의 결과로서 '회사 매출의 증대'라는 최종적인 성과가 나타나는 것이다. 이와 같이 직원 모두의 성과는 궁극적으로 회사의 경영실적 향상으로 나타난다. 이런 논리를 연장하여 직원들의 성과를 외부적인 공헌이라는 용어 자체의 의미로만 본다면, 모든 직원들의 KPI는 회사의 경영실적 등의 경영지표로 나타낼 수 있다는 결론에 다다르게 된다.

〈표 9-5〉 과제의 수행과 성과의 발생

| 과제 수행 | 직접적인 결과 | 직접적인 성과 | 궁극적인 성과 |
|---|---|---|---|
| 영업사원이 고객 접촉을 강화한다. | 접촉 10회 완료 | 계약/매출 증대 | 회사의 경쟁력 확대, 경영실적 호조 |
| 생산팀장이 공정효율을 개선한다. | 개선작업 완료 | 공정효율 증대 | |
| 교육훈련 담당자가 직원 교육을 강화한다. | 교육 완료 100명 | 직원 능력 향상 | |
| 연구개발자가 특정제품을 개발한다. | 제품개발 완료 | 신제품 매출 증대 | |
| 구매 담당자가 싼 가격에 부품을 산다. | 구매 완료 | 손익 개선 | |

이와 같이 직원들이 수행하는 하나의 업무는 시간의 흐름에 따라 여러 개의 외부적인 공헌을 야기하는 바, 이 중에서 어떤 외부적인 공헌을 성과항목으로 잡을 것인가?

회사 직원들의 업무수행과 궁극적인 성과는 다음 그림에서도 잘 나타나 있다. 〈그림 9-1〉은 BSC 컨설턴트들이 널리 활용하는 그림인데, 이들의 용어로 전략 맵(Strategy Map)이라고 부른다.

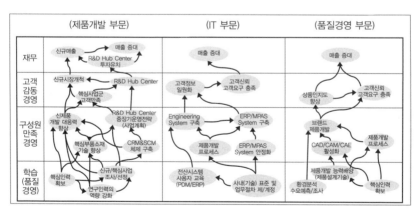

〈그림 9-1〉 BSC 관점의 전략 맵

〈그림 9-1〉에서 보다시피 그림의 제일 상단에는 재무적 경영실적이나 경영지표가 있고, 하단으로 갈수록 경영의 재무적 성과에 기여하는 직접적인 연관성은 낮고, 일의 직접적인 결과에 가까운 성과들이 표현되어 있다. 결국 회사의 모든 직원들의 과제 수행 결과들이 모여 상위단계의 성과를 창출하는 것이다.

## 다. 외부적인 공헌성이 커질수록 개인의 통제가능성은 줄어든다

시차를 달리하여 발생하는 외부적인 공헌에 대해 좀 더 살펴보자. 앞에서 말한 바와 같이 KPI가 단순히 외부적인 공헌의 의미를 가진다면, 그리고 그 성과를 직원들의 과제 수행의 궁극적인 성과를 표현하는 것이라면 다음과 같은 목표도 설정될 수 있을 것이다.

〈표 9-6〉 중점과제와 시차가 큰 성과

| 담당자 | 중점과제 | KPI | | | 비고 |
|---|---|---|---|---|---|
| | | 성과항목 | 목표수준 | 현수준 | |
| 영업팀장 | 매출액 증대 | 매출액 | 100억 원 | 80억 원 | |
| 생산팀장 | 공정효율 개선 | 매출액 | 100억 원 | 80억 원 | |
| 인사팀장 | 인사평가제도 개선 | 매출액 | 100억 원 | 80억 원 | |

위의 표에 나타난 팀장들의 목표는, 과제의 명확성, KPI의 정량화, 외부적인 공헌의 측면에서 문제가 없긴 하지만 뭔가 좀 이상하고 잘못된 부분이 있어 보인다. 그것은 바로 목표설정의 원칙(SMART원칙 PLUS) 중의 하나인 '통제가능성'이 결여되었기 때문이다. 통제가능성은 나의 권한과 책임 하에 과제를 수행하는 나의 노력에 의해 발생되는, 즉 내가 통제할 수 있는 성과만이 KPI가 된다는 것이며, 내가 수행한 과제와 직접적인 연계성이 있는 KPI가 되어야 한다는 것이다. 이

런 측면에서 생산팀장과 인사팀장의 목표로서 매출액은 목표가 될 수 없다.

통제가능성에 대해 좀 더 살펴보자.

영업팀장과 다른 팀장의 과제 수행과 KPI의 관계에는 어떤 차이가 있는가? 영업팀장의 매출액 증대를 위한 과제 수행은 매출액으로 직접 연결된다. 그리고 생산팀장의 공정효율 개선은 효율 개선으로 인해 제조원가가 하락하고, 그로 인해 제품의 가격인하로 매출이 증대된다고 본다면, 생산팀장의 과제와 KPI는 한 단계쯤 떨어져 있다.

마지막으로 인사팀장의 인사평가제도 개선과 매출 증대와의 관계는 좀 복잡하다.

인사평가제도 개선(결과) → 직원들 공정감 개선 → 직원들의 동기부여 강화 → 직원의 열성적인 업무수행 → 매출 증대

〈그림 9-2〉 인사평가제도의 개선과 매출 증대의 관계

위에서 보는 바와 같이 과제 수행의 결과와 최종 성과의 거리가 멀수록 왜 직접 연관성(통제가능성)이 떨어지는가?

그 이유로서 과제 수행의 결과와 성과간의 거리가 멀수록 또는 시간 차이가 클수록, 담당자의 특정업무의 수행 결과 외에 최종 성과에 미치는, '내가 통제할 수 없는' 변수가 점점 늘어난다. 즉, 내 과제 수행과 거리가 먼 최종 성과는, 내 과제를 포함해서 직원 모두의 과제 수행의 결과, 나아가 고객과 경쟁사를 포함한 경영환경이라는 엄청나게 많은 변수가 작용한 결과이기 때문에 직접 연관성이 떨어지는 것이다.

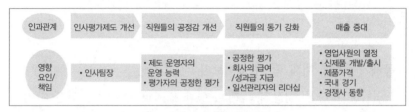

〈그림 9-3〉 성과와 영향요인의 수

'모두의 책임은 누구의 책임도 아니다.' 성과에 영향을 미치는 변수
가 많고, 수많은 사람이 기여를 한다는 것은 결국, 그렇게 설정된 성
과의 달성에 대한 책임이 누구에게도 없다는 것을 의미할 따름이다.
따라서 목표의 달성을 위해 누구도 책임 있게 추진하지 않으며, 또한
누구도 그 성과에 대해 더 많은 기여를 했다고 평가할 수 없으며, 반대
로 누구나 그 성과에 기여를 했다고 주장할 수 있다. 그렇기 때문에 이
러한 KPI는 그야말로 있으나마나 한 것이 되어 성과관리는 실패한다.
　결론적으로 KPI는 중점 과제 수행의 결과와 최종적인 전사적 경영
성과 또는 경영지표의 중간 어딘가에 존재하게 되는 것이다.
　KPI는 외부적인 공헌성과 통제가능성을 동시에 가져야 하지만, 불
행히도 이 두 가지의 속성은 서로 상반된다. 과제 수행 행위의 직접적
인 결과, 직접적인 연관성을 강조하면 외부적인 공헌성이 떨어지고, 외
부적인 공헌성을 강조하면 과제 수행과의 직접적인 연관성이 모호해진
다. 그렇다면 일의 결과와 궁극적인 성과 사이 어디쯤에서 KPI를 잡
는 것이 적절할까?
　계속해서 다음을 보자

## 라. 기간을 초과하는 외부적인 공헌의 문제

외부적인 공헌의 문제는 앞에서 제기한 바와 같이, 하나의 과제 추진으로 인해 여러 개의 외부적인 공헌이 발생하지만, 여기에 시한(時限)의 개념을 더하면 또 다른 문제가 발생한다. 회사에서 시행하는 성과관리는 짧게는 6개월이고 길어야 1년을 넘기지 않는다. 그러므로 과제 수행의 결과와 외부적인 공헌간의 시차가 이 기간, 즉 성과관리의 마지막 시한인 12월 31일을 지나서 발생하는 외부적인 성과는 당해 기간 내에 외부적인 공헌으로서의 성과를 측정하기 어려워진다. 업무의 성격에 따라 과제 수행의 결과와 외부적인 공헌의 시차가 짧은 업무도 있지만, 그 시차가 1년을 초과하여 성과가 발생하는 업무도 많이 있다.

앞에서 예로든 인사 담당자의 인사평가제도의 개선 과제는 분명히 그 성과(공정감)를 당해 연도에는 측정이 불가능하다. 왜냐하면 인사평가는 1년에 한 번 시행하는 것이기 때문에 올해 개선된 인사평가제도는 내년 1월이 되어야 시행이 가능하고, 개선된 평가 결과에 따라 연봉이나 승진이 실시된 연후에(약 4월경) 직원들이 '아 이제는 인사가 좀 공정해 졌다'고 느낄 것이다. 또한 올해 개발팀에서 1년 내내 심혈을 기울여 개발한 신제품은 내년이 되어야 출시가 되고 매출이 발생한다. 그러므로 제품개발의 외부적인 공헌(매출 향상) 또한 내년이 되어야 나타나는 것이다.

비단 이렇게 과제 수행과 성과의 발생 간에 시차가 큰 업무가 아니고, 비교적 시차가 짧은 영업사원의 경우에도 비슷한 상황은 발생한다. 10월 이후 연말 가까운 무렵에 수행하는 영업활동은 아무리 열심히 하더라도 그 성과는 이듬해의 매출로서 나타나게 된다.

이렇게 성과관리를 함에 있어 외부적인 공헌만을 강조한 나머지 올해는 성과를 평가하지 않거나 실행을 관리하지 않을 것인가? 기간 내에 성과가 발생하지 않는다는 이유로 관리자로서 영업사원의 영업활동을 독려하지 않거나 무시해도 되는 것인가?

## (3) 과제완료형 KPI

외부적인 공헌의 발생 시기적 제약과 통제가능성으로 인해 이제는 목표의 외부적인 공헌성을 약간 수정해야 할 때가 된 것 같다.

다음 사례를 보자.

• 영업팀장이 새로운 시장을 개척하기 위해 지금까지 자사의 매장이 없는 지역에 매장을 새로 5개를 개점해서 매출 증대에 기여해야 하는 경우 KPI는 개점 수인가? 아니면 신규 매출액인가? 게다가 만약 5개 중 2개가 10월 이후에 개장되어 올해의 매출에 기여하기 힘든 경우라면?

• 생산팀장이 새로운 장비를 도입하여 생산성을 높이려는 경우의 KPI는 장비설치 완료시기인가? 또는 향상된 효율인가? 아니면 제조원가의 하락인가?

• 인사팀장의 인사평가에 대한 직원들의 공정감 향상을 위해 평가제도를 개선한 경우 개선완료 시기인가? 또는 공정감 향상인가?

위에서 매출, 공정효율, 공정감 등은 외부적인 공헌이며, 5개 신규 매장 개점, 장비설치 완료, 인사평가제도 개선 완료는 말 그대로 과제를 완료한다는 의미이며, 과제의 수행 결과이다. 이와 같이 과제완료의 시기, 과제 완료 직후의 상태를 정량적인 수치(매장 수 5개, 10월 등)로 표현한 것을 과제완료형 KPI라고 한다. 과제 완료형 KPI는 담당자가 과제 수행을 완료한 상황이기 때문에 완료 여부를 측정(측정이라고 할 것도 없다)하거나 그 일이 담당자가 직접 수행한 것인지를 판단하는 것(통제가능성)은 대단히 쉽다.

### 외부적인 공헌이 기간을 초과하여 발생하는 경우 과제완료형 KPI는 불가피하다

지금 우리는 '올해(1/1~12/31)'의 목표를 설정하고 있는 중이다. 외부적인 공헌은 과제의 수행 결과(완료)에 따라 일정한 시차를 두고 발생하고, 때대로 업무의 성격이나 과제 수행의 시기에 따라 그 성과(외부적인 공헌)는 다음 해에 발생한다. 이런 경우에는 불가피하게 과제완료형으로 KPI를 설정할 수밖에 없다.

인사팀장의 경우 평가제도의 개선과 시행 그리고 직원들의 공정감 향상이라는 KPI는 상당한 시차를 두고 발생한다. 이와 같이 정해진 성과관리의 기간(대략 1년) 동안에 성과가 나타나지 않는 경우에는 불가피하게 과제가 완료되는 시기로 KPI를 설정할 수밖에 없다. 이것 외에도 과제완료에 상당기간을 요하는 업무들, 예를 들어 공장을 증설하는 업무, 신제품개발, 대규모 프로젝트 등은 완료시기라는 과제완료형 KPI가 불가피하면서도 또한 적절하다.

### 업무상황에 따라 과제완료형 KPI가 더 나은 경우도 있다

만약 올해 안에 과제 수행이 완료되고 또한 일정 수준의 외부적인 공헌도 발생할 수 있는 업무의 경우에도 외부적인 공헌보다는 과제완료형 KPI가 (장기적인 성과 향상에) 더 효과적일 수 있다. 앞에서 예로 든 조리 책임자의 목표 중 복장점검을 강화(주 2회 → 주 3회)

하는 과제라면 이 과제 수행의 외부적인 공헌인 '고객들의 청결감'을 KPI로 해야 한다는 데는 이의가 없을 것이다. 상식적으로 판단할 때 조리원의 복장점검을 강화하는 효과(청결감 향상)는 그 다음 달로 즉시 나타날 것이고 측정 가능할 것이기 때문이다.

하지만 위에서 예로 든 영업팀장이 신규매장을 개점하거나 생산팀장이 신규설비를 설치하는 과제는 판단하기가 쉽지 않다. 예를 들어, 영업팀장이 새로운 지역의 매장을 개점하는 것이 예산의 뒷받침을 받아 마음만 먹으면 쉽게 달성할 수 있는 과제라면, 즉 매장을 신규로 개점하는 것이 문제가 아니라 신규로 개점한 매장을 통해 매출을 증대시키는 것이 더 어렵고 도전적인 일이라면 KPI는 (신규 매장에서의) 매출액으로 잡는 것이 맞다. 하지만 반대의 경우, 철저한 입지 분석을 통한 최적의 입지 선정, 입주할 매장의 건물주의 설득 등으로 최적지에 매장을 개점하는 것 자체가 도전적일 경우에는 개점하는 매장의 수 자체가 KPI가 될 수 있다. 이 경우 철저한 분석 결과 최적지로 선정되었기 때문에 새로 개점한 매장은 일정한 매출(외부적인 공헌)이 보장될 수도 있을 것이다.

마찬가지 논리로 생산팀장의 경우도 새로운 장비를 도입하여 생산을 개시하는 과제가 쉽게 '그냥 하면 되는' 과제라면 생산효율을 KPI로 설정하는 것이 맞다. 하지만 대개의 경우, 생산설비의 도입 및 정상가동이라는 것이 결코 쉬운 과제가 아니며, 급박한 생산물량을 감안한다면 설비의 설치 완료 및 정상적인 생산의 시점 자체가 대단히 중요한 이슈가 될 수 있다. 그렇다면 KPI는 설치 완료 또는 정상가동 시기로 잡는 것이 맞다.

물론 이러한 도전성의 판단은 담당자 스스로가 하는 것이 아니며 상사와 협의하여 판단할 일이다. 공장장이 생산팀장에게 "생산팀장, 올해는 일단 신규 설비를 도입해서 10월까지는 무슨 일이 있어도 정상 가동해야 합니다"라거나 CEO가 영업팀장에게 "영업팀장, 올해는 전국 주요 지역에 매장을 증설하는 것이 최대의 과제요. 매출 증대는 그 이후에 가서 보기로 하고…"라는 경우라면, KPI는 이의(異意) 없이 설비의 정상가동 시기나 신규 매장 수라고 하는 과제완료형으로 KPI가 설정되어야 할 것이다. 또한 CEO의 방침으로 올해를 '제안활성화의 해'로 정하고 대대적으로 제안을 독려해야 할 상황이라면 올해는 일단 '양적으로 제안 건수를 늘리는 것'이 목표가 될 수 있고, 만약 올해 제안 건수(과제완료형)가 양적으로 충분하다면 내년에는 제안의 질적인 향상, 예를 들어 제안의 효과금액(외부적인 공헌)을 목표로 설정할 수 있을 것이다.

이와 같이 KPI는 중점과제의 수행 결과(완료)와 최종 성과 사이에 존재하며, 올바른 KPI는 그 과제의 성격과 상황에 따라 수행 결과가 야기하는 여러 가지 성과들 중에서 적절히 선정할 수밖에 없다.

## KPI로서 완료시기(납기)

과제 완료형의 대표적인 KPI로서 '완료시기' 또는 '완료시한'이 KPI가 되는가에 대해서는 '아니다'라는 주장도 가끔씩 발견된다. 하지만 앞서 예로 든 바와 같이 외부적인 공헌이 제약되는 상황에서 완료시기는 도전성의 측면에서 훌륭한 KPI가 된다.

완료시기의 도전성을 이해하기 위해서 과제의 '완료'라고 하는 단어의 의미를 살펴보자.

과제를 완료한다는 것, 적어도 중점과제로서 '과제를 완료한다'는 것은 담당자 스스로 완료했다고 완료되는 것이 아니다. 위에 적은 인사팀장의 평가제도의 개선이라는 과제가 완료되기 위해서는 인사 담당자의 제도(안)에 대한 기안(起案), 인사팀장의 검토와 승인 그리고 사장의 결재, 나아가 전직원의 의견 수렴을 거쳐야 비로소 완료되는 것이다. 이러한 과정을 거쳐 진행된 인사평가제도는 향후의 성과인 '공정감'을 분명히 개선시킬 것이라는 상사와 사장의 판단 하에 그것을 '완료'로 인정하는 것이다. 즉, '완료'는 단순한 완료가 아니라 추진한 내용의 품질 — 향후 기대하는 외부적인 공헌을 내기에 충분하다고 인정된 품질 — 에 대해 인정된 것을 의미한다. 만약 인사팀장이 보고한 인사평가제도가 사장의 마음에 들지 않는다면, 또는 직원들이 인정을 하지 않는다면 완료시기는 끝없이 늦어지는 것이다. 그러므로 최종 승인자가 결재할 만큼 충분히 품질이 좋은, 공정감의 향상에 확실히 기여할 만한 '인사제도 수립'의 완료시기는 KPI가 될 수 있다.

똑같은 논리로 생산팀장의 장비설치 완료시기도 KPI가 될 수 있다. 생산팀장이 장비설치를 완료한다는 것은 설치 완료 후 '정상 가동'이라는 일의 결과에 대한 일정한 품질을 전제로 하고 있다. 그러므로 정상가동일자를 앞당기는 일은 중요하고도 도전적인 목표이며, 따라서 정비설치일자의 완료시기는 KPI가 된다. 여기서 중점과제를 '장비설치 완료'라고 하건 '정상가동 개시'라고 하든 그 표현은 중요하지 않다. 요컨대 KPI는 외부적인 공헌으로 표현하는 것은 틀림없지만, 특정과제를 완료하는 것이 도전적이며, 외부적인 공헌을 발생시킬 것이 확실하다면, 또는 그렇게 판단된다면 '완료시기'는 충분히 KPI가 될 수 있다.

## (4) 업무의 Life Cycle에 따른 KPI의 유형

업무의 성격이나 상황에 따라 KPI가 달라질 수 있다는 사실을 약간 다른 각도에서 살펴보자.

회사에서 수행하는 모든 업무는 방법, 절차의 측면에서 라이프 사이클을 가진다. 즉, 하나의 업무가 시작되면 시간이 경과함에 따라 수행 방법이나 절차가 개선되어 궁극적으로 최적화될 수도 있으며, 또한 완전히 다른 방법으로 대체되어 업무 자체가 사라지기도 한다. 만약 같은 업무를 수행함에 있어 기준이나 방법이 전혀 바뀌지 않는다면 그 조직의 성장과 발전은 기대할 수 없다. 경리 담당자가 아직도 주판으로 결산업무를 수행하는 경우, 생산팀장이 30년의 노후 설비로 생산을 계속하고 있는 경우, 인사 담당자가 10년 전의 평가제도를 그대로 시행하고 있는 경우를 상상해 보라.

그래서 회사 내의 모든 업무의 방법과 절차는 도입단계와 본격시행, 안정화의 단계 그리고 성숙화의 단계로 접어 든 후, 기술이나 기법의 발전에 따라 새로운 방법과 절차로 대치되면서 소멸한다.

업무에 관한 중점과제와 KPI는 각각의 업무 단계에 따라 일정한 유형을 가지게 된다.

다시 한 번 생산팀장의 목표를 보자. 생산성의 향상을 주된 미션으로 하는 생산팀장은 올해 새로운 설비를 도입하여 생산성 향상을 도모한다고 하자. 이 경우 생산팀장의 설비를 도입하고, 설치하고, 정상적인 수준으로 운영되도록 하는 기간이 6개월 이상이라고 하자. 그렇다면 생산팀장의 올해의 중점과제는 '생산설비의 설치 완료 또는 정상가동'이 될 것이며, 이 경우에는 정상가동이 최대의 목표가 될 것이

고, 따라서 정상가동의 시기를 KPI(성과항목)로 설정할 수 있을 것이
다. 일정 기간이 흘러 새로 도입된 설비가 정상적으로 운영되고 있는
상황이라면 생산팀장의 내년도 업무 목표는 새로 설치한 설비의 개선
을 통한 '생산효율 증대'로 설정할 수 있을 것이다. 이 경우 KPI는 생
산효율이 된다. 그리고 이 설비가 가동되는 이상, 생산팀장은 지속적
으로 그 설비를 통해 생산성을 향상시켜 궁극적으로 최적화의 수준,
더 이상 향상시킬 수 없는 수준에 도달할 때까지 생산성 향상을 목표
로 하게 된다.

〈표 9-7〉 업무 Life Cycle에 따른 KPI 유형

| Life Cycie | 관리의 중점 | 업무(과제)사례 | KPI의 유형 |
|---|---|---|---|
| 도입·개발 단계의 업무 (신규과제) | 가능한 최소 시간 내에 최소한의 품질수준으로 완료/출시/시행하는 것 | – 제2공장 건설<br>– 신제품의 개발<br>– 신제품의 생산<br>– 신제품의 판매<br>– 연봉제의 도입 | – 완료시기<br>– 초도품질 : 다음의 4가지로 구분<br>① 내부품질기준–합격<br>② 법규나 KS, 고객의 품질기준–합격<br>③ 상사의 주관적 판단–정성평가<br>④ 정성적이나 개략적으로 고객의 평가를 받을 수 있는 경우·상동 |
| 안정화 효율화 단계의 업무 | – 내부 생산성 향상. 투입은 줄이고 산출은 늘리는 것<br>– 품질 향상/납기단축<br>– 표준화 | – 제2공장의 정상 가동<br>– 유사제품의 개발·개선<br>– 기개발 제품의 생산<br>– 판매증대, 시장점유율 확대<br>– 급여지급/인사고과 운영<br>– 연봉제의 정착/공정감 제고 | – 업무효율(생산성) 개선 투입시간, 공정 개선, 가동률 향상<br>– 품질, 에러의 개선<br>– 비용/원가절감<br>– 업무표준 정립 |
| 성숙·발전 단계의 업무 | – 외부 고객가치의 증대 기본 품질의 향상 주변기능, 서비스의 향상<br>– 업무의 최적화 | – 제2공장의 최적화 가동<br>– 개발 프로세스의 최적화<br>– 생산 프로세스의 최적화<br>– 판매 증대, 시장점유율 1위<br>– 급여 정확도 향상/고과제도의 개선<br>– 연봉제의 정착/성과의 향상 | – 고객 만족도 향상<br>– 시장품질의 향상<br>– 전단계 항목의 목표수준 상향 |

## 4. 나의 KPI 만들기

### (1) 나와 무관한 KPI의 문제

앞에서 중점과제를 설명하면서 많은 지면을 할애하여 '나의 중점과제 만들기'에 대해 기술하였지만 KPI에 대해서도 똑같이 말할 수 있다. KPI는 철저하게 본인의 성과, 본인이 노력에 의해 달성된 성과에만 한정되어야 한다. 즉, 내가 통제할 수 있는 것이어야 한다. 따라서 본인의 노력과 직접적인 인과관계가 미흡한, 또는 본인 외에 많은 사람이 기여한 공헌은 본인의 KPI가 아니다. 또한 만약 본인과 다른 사람이 함께 KPI에 기여한다면, 즉 같은 성과항목에 영향을 미친다면 목표수준을 자신이 기여할 수 있는 만큼만 설정하여야 한다.

하지만 실제 목표설정의 현장에서 여러 가지 이유로 내 노력과 관련 없는 KPI를 잡는 경우가 흔하게 발생한다. 대체로 중점과제를 내 업무책임에 한정되도록 명확하게 설정하였다면 KPI 또한 중점과제를 수행하는 내 노력에 의해 달성된 KPI를 설정할 수 있다. 거꾸로 명확하지 않은 중점과제는 나와 남의 노력에 의한 KPI가 혼재된 상태로 설정하게 한다.

목표설정의 현장에서 흔하게 발생하는 다음 사례를 보자.

앞에서부터 계속 등장하는 생산팀장은 연초에 공정효율 개선을 과제로 하는 효율 증대를 KPI로 설정하였고, 실제 연말에 공정효율이 향상된 것으로 측정되었다. 이른바 목표를 달성한 것이다. 이 상황만 보면, 과제나 KPI로서 그리고 성과평가(공정효율 측정)에는 전혀 문제가 없어 보인다. 하지만 공정효율 개선에 대한 사장의 평가는 달랐다. 즉, 공정효율의 개선에 결정적으로 기여한 요인은 장비의 교체였기 때문에 그 성과는 생산팀장의 성과로 인정할 수 없다는 것이다. 장비의 교체에는 많은 비용이 투자되었고, 실제 그것은 경영 의사결정으로서 CEO가 내린 결단이었다.

왜 이런 문제가 발생했는가? 바로 '나'의 KPI가 아니었기 때문이다.

〈표 9-8〉 책임이 혼재된 목표

| 담당자 | KPI | | | 측정기준 | 비고 |
|---|---|---|---|---|---|
| | 성과항목 | 목표수준 | 현수준 | | |
| 생산팀장 | 공정효율 | 90% | 80% | 설비가동시간/가동가능시간 | |

대개 이런 경우는 중점과제가 없이 KPI만 있는 지표형 목표에서 발생하는 문제이기도 하며, 목표가 팀의 종합적인 성과지표로서 팀장 스스로 통제할 수 없는 변수가 개입한다는 측면에서 지표형 목표의 단점이 될 수 있다.

(2) 나의 KPI 만들기

생산팀장의 중점과제인 공정효율 개선에는 신규장비의 투자와 생산팀장의 노력, 예를 들어 설비점검 강화의 두 가지 변수가 작용을 하게 된다(물론 설비점검 외에 여러 가지 활동들이 있을 수 있으나, 여기서는 설비점검이 효율을 높이는 데 가장 핵심적인 과제라고 하자). 여기서 순수한 생산팀장의 (사장이 인정해 줄만한) 성과는 당연히 본인의 노력에 의한, 설비점검강화를 통한 효율 향상만이 성과로 인정될

수 있다. 이상을 바탕으로 생산팀장의 목표를 다시 설정하면 다음과
같이 될 것이다. 중점과제를 본인의 책임에 관해 더 명확히 표현하거나
아니면 KPI에 대한 기준을 부가하여 표현하는 것이다.

〈표 9-9〉는 중점과제를 명확히 설정하고 - 여기서는 이미 신규설비
투자로 인한 효율 향상은 빠져 있다 - 그로 인해 KPI가 중점과제의
추진의 결과로만 제한될 수 있다면 통제가능성은 확보된다.

〈표 9-9〉 '나'에게 한정된 KPI 1

| 담당자 | 중점과제 | KPI | | | 비고 |
|---|---|---|---|---|---|
| | | 성과항목 | 목표수준 | 현수준 | |
| 생산팀장 | 기존 설비의 점검 강화 | 공정효율 | 90% | 80% | |

〈표 9-10〉은 중점과제를 그대로 둔 채 KPI에만 일정한 제한(비고)
을 두는 방법이다.

〈표 9-10〉 '나'에게 한정된 KPI 2

| 담당자 | 중점과제 | KPI | | | 비고 |
|---|---|---|---|---|---|
| | | 성과항목 | 목표수준 | 현수준 | |
| 생산팀장 | 공정효율 개선 | 공정효율 | 90% | 80% | 기존장비 효율 기준 |

나의 KPI와 관련한 또 하나의 사례로서 다음을 들 수 있다.
구매팀장의 일반적인 목표는 구매원가의 절감과 구매 납기의 준수
를 들 수 있다. 구매팀의 미션은 보다 싼 가격으로 원재료를 필요한
시기에 제조라인으로 투입하는 것이기 때문이다. 그래서 구매팀장의
목표 중 하나로써 다음을 설정하였다.

〈표 9-11〉 구매팀장의 목표 1

| 담당자 | 중점과제 | KPI | | | 비고 |
|---|---|---|---|---|---|
| | | 성과항목 | 목표수준 | 현수준 | |
| 구매팀장 | 구매원가 절감 | 절감금액 | 2,500만 원 | - | 전년 생산량 기준 |

대체로 '비용 절감'이라는 목표는 특정한 기준점을 전제로 한다. 원재료의 구매비용은 생산량과 매출액에 비례한다. 그래서 기준점이 없는 구매금액 자체의 전년도와 올해의 비교는 무의미하며, 그것을 성과로 하는 것은 더욱 무의미하다. 이런 의미에서 비고란을 활용하여 전년도 생산량을 기준으로 계산한다는 내용을 기재하였다. 다음으로 구매팀장의 KPI로서 절감금액은 구매팀장이 원재료를 싸게 사려는 노력에 의해 절감되는 금액만이 성과로 인정될 수 있을 것이다.

만약 원재료의 구매가 국내가 아닌 외국에서 달러로 구입한다면 어떻게 될까? 구매팀장의 성과인 절감금액이 미치는 내 노력이 아닌 변수가 또 하나 추가되어야 한다. 바로 환율이다. 구매팀장의 노력으로 단가를 인하하였으나 원화 환율이 하락하여 구매 단가가 더 비싸지거나, 반대로 구매팀장은 아무 노력을 하지 않았으나 환율 상승으로 구매단가가 저절로 낮아질 수 있을 것이다. 이러한 경우 환율의 등락으로 인해 발생하는 원가의 절감 또는 원가의 상승은 구매팀장의 성과와는 전혀 무관하다.

이러한 KPI에 영향을 미치는 '내 노력' 이외의 변수를 제거하기 위해 다음과 같이 표시하여야 한다.

| 담당자 | 중점과제 | KPI | | | 비고 |
|---|---|---|---|---|---|
| | | 성과항목 | 목표수준 | 현수준 | |
| 구매팀장 | 구매원가 절감 | 절감금액 | 2,500만 원 | – | 전년도 생산량 및 전년도 환율기준 |

이른바 목표설정서라고 하는 양식에는, 계속 보여주는 바와 같이 중점과제와 KPI 그리고 그 의미를 보충하여 설명할 수 있는 '비고'란이 반드시 필요하다.

## 5. 목표설정의 마지막 문제

### (1) 중점과제와 KPI설정의 선후 관계

목표설정의 절차에 따르면 중점과제를 먼저 설정한 다음 KPI를 설정하도록 되어 있다. 원인(중점과제)과 결과(KPI)의 관계에서 당연한 일이지만 실제 목표설정의 현장에서는 목표를 정리해 나가는 과정은 그렇지 않다. 제6장의 박스에서 보는 바와 같이 What 또는 How의 의미를 가진 중점과제와, Why의 의미를 가진 KPI간의 전후 관계가 뒤죽박죽 혼합된 상태에서 출발하여, 반복된 검토와 논의의 과정을 거치고 상호 보완적으로 각각의 구체성을 확보할 수 있도록 작용하면서 하나의 목표가 완성된다.

다시 제6장의 〈장면 2〉로 돌아가 보자.

영업팀장은 회사에서 하달된 매출 목표가 먼저 정해지고, 그 다음으로 목표 달성을 위한 중점과제를 찾아낸다. 하지만 회사 차원에서 경영계획의 일부로서 개인의 KPI를 하달하는 경우는 오직 영업 담당자에게만 해당이 되며, 다른 업무들은 거의 모두 직원들이 스스로 KPI를 제안하고 상사와 논의를 통해 확정한다(물론 지표형 목표를 설정하고 관리해 온 회사라면 팀의 지표형 목표를 How로 분해하여 과제형 목표를 도출한다). 이런 의미에서 목표설정에 관한한 영업 직무는 대단히 특수한 직무이며, 매출액이라는 KPI는 상당히 독특하다.

반면 생산팀장의 경우와 같이 설비의 잦은 고장으로 애를 먹고 있다는 생산팀장 자신의 문제의식에서 설비점검이라는 중점과제를 먼저 설정하고, 다음으로 그 결과로서 나타나는 가동률이라는 KPI를 선정하는 경우이다. 인사팀장의 경우도 비슷하게 직원들이 인사의 공정성에 대한 불만이라는 막연한 문제를 느끼고, 이를 해결하는 방안으로 인사제도의 개선이라는 구체적인 과제를 선정하고, 이후 공정감이라는 KPI를 도출한 경우라고 할 수 있다. 또한 머릿속에 내 업무에 관한 KPI(불량률이나 금액 등 지표)를 먼저 떠 올렸다면 이어서 그 KPI의 개선을 위해 무엇을 할 것인가(중점과제)를 고민하게 된다. 이와 같이 실제로 직원들이 목표를 설정할 때, KPI(성과항목)를 먼저 떠올리는 경우도 있고, 중점과제를 먼저 생각하는 경우도 있다. 그리고 중점과제와는 관계없는 엉뚱한 KPI 또는 KPI와 관계없는 전혀 다른 과제를 생각해 오는 직원들도 비일비재하다.

목표설정의 과정은 이렇게 뒤죽박죽되어 있는 직원들의 문제의식을 중점과제와 성과항목, 목표수준으로 명확히 정리함으로써, 문제 해결을 위한 실질적인 행동으로 나아가게 만드는 것이다.

## (2) KPI 측정기준

KPI가 정량적으로 정해졌다면 당연히 지표로 표현된 성과를 실제로 측정할 수 있는 기준을 명확히 정립하여야 하며, 또한 상하 간에 충분히 공유하여야 한다. 과제 수행자로서의 부하와 과제 수행의 관리자로서 상사가 KPI의 측정기준에 대해 상호 불신하고 합의하지 못한다면 지금까지의 목표설정은 무의미해진다.

업무요구사항을 취합하는 데서부터 KPI 설정에 이르는 목표설정의 단계의 하나하나가 대단히 어렵고 시간이 많이 걸리는 일이며, 대략한 달이나 그 이상의 기간이 소요된다. 과제형 목표에서는 중점과제와 KPI만을 대단히 강조하고, 그래서 이 두 요소를 찾는 데 목표설정이 많은 시간을 쏟아 붓기 때문에 상대적으로 측정기준을 명확히 수립하는 데 할애할 여력이 부족해진다. 반면 지표형 목표는 KPI를 설정하고 설정된 KPI의 측정기준을 명확히 하는 데 많은 시간을 소요하며, KPI와 거의 비슷한 중요도로 취급한다. 어쨌거나 KPI가 측정되지 않거나 측정기준이 모호하여 불확실하게 측정된다면 그동안 공들였던 KPI의 설정은 말짱 도루묵이 될 수밖에 없기 때문에 명확한 측정기준을 수립하는 일은 그냥 지나칠 수 없는 일임에 틀림이 없다.

이 장의 첫머리에서 언급한 KPI의 정량화와 객관적인 측정의 문제는 불가피한 문제이긴 하지만, 담당자나 상사는 가능한 범위에서 최선의 측정기준을 수립하여야 할 것이다.

현실적으로 중점과제와 KPI 그리고 측정기준의 중요도는 외견상 다음과 같은 형태로 나타난다.

| 구분 | KPI | 산식 | 11년 실적 | 12년 목표 | 배점 |
|---|---|---|---|---|---|
| 생산실적 달성률 | 생산계획 대비 생산 실적 달성도 | 생산실적/생산계획X100 | 85% | 90% | 20 |
| 설비효율 | 종합설비 효율 | 가동률X직행률 | 73% | 76% | 20 |
| 품질 부적합률 | 품질 부적합률 | (부적합 대수/생산 대수)X100 | 23% | 20% | 30 |
| 인당 생산성 | 인건비 대비 생산성 | 인건비/(생산수량X품목별 판가)X100 | 23% | 20% | 10 |
| 재고비용 절감 | 재공품률 | (재공금액/총 투입자재 금액)/100 | 25% | 20% | 20 |

〈표 9-14〉 과제형 목표의 목표설정서

| 업무 구분 | 중점 추진 과제 | 배점 % | KPI | | 방법·일정 등 |
|---|---|---|---|---|---|
| | | | 성과항목 | 전년 실적 | 금년 목표 | |

| 업무 구분 | 중점 추진 과제 | 배점 % | 성과항목 | 전년 실적 | 금년 목표 | 방법·일정 등 |
|---|---|---|---|---|---|---|
| 유지 관리 | 제품 업그레이드를 통한 계약유지 | 20 | 낙찰률 | 100 | 100 | 낙찰 건수/입찰 건수 |
| | 경쟁업체 동향 파악 및 대응 강화 | 30 | 재계약률 | 90% | 98% | 재계약건/기존 건 |
| 신규 거래 | 신규거래 강화 | 30 | 샘플 제시 | 30건 | 50건 | |
| | 가망고객 창출 | 20 | 가망고객 수 | 5건 | 10건 | |

〈표 9-15〉 KPI 측정기준

| KPI | | KPI측정기준·산식 | 비고 |
|---|---|---|---|
| 성과항목 | 목표 | | |
| 낙찰률 | 100 | ·낙찰 건수/전년 거래업체의 입찰 건수 | |
| 재계약률 | 98% | ·계약건수/전년 거래업체 중 올해 계약만료 업체 | |
| 샘플 제시 | 50건 | ·디자인팀 샘플+자체 발굴 샘플 | |
| 가망고객 수 | 10건 | ·연간 1억 원 이상 구매 가능 업체 중 2회 이상 접촉한 고객사 | |

〈표 9-13〉에서 보는 바와 같이 지표형 목표는 KPI와 측정기준(산식)이 목표설정서 한 장에 기술 되어 있다(사실 지표형 목표는 이것 외에는 적을 내용이 없다). 하지만 〈표 9-14〉와 같이 과제형 목표는 중점과제와 KPI만 명기되고 비고란에 '작게' 부기된다. 이것이 과제형

목표설정이 일단락된 모습이다. 여기서 일단락이라 함은 1개월여의 기간 동안 추진된 팀장들의 목표설정 작업을 일단 종료한다는 것이다. 즉, 올해의 목표가 CEO의 승인을 받아 확정되는 것이다. 만약 여기서 종료하지 않고 연이어 KPI 측정기준까지 만들다 보면 또 한 달 정도가 소요되며, 목표의 확정시기는 그만큼 지연된다. KPI의 측정기준은 올해의 목표가 확정된 이후 추가 보완 작업을 거쳐 〈표 9-15〉와 같은 별도의 양식에 기재된다. 이렇게 측정기준을 목표설정서 다음으로 별도 양식에 기재한다는 것은 단순히 종이의 분량의 문제가 아니다. 팀장의 목표설정을 위해 팀장과 임원, CEO의 관심을 중점과제와 KPI에 집중하라는 의미이며, 만약 여기에 측정기준까지 끼어들게 되면 그 집중이 흐트러질 수밖에 없다. 이런 이유로 KPI 측정기준은 목표 확정 이후 실행계획 수립 단계에 함께 진행하는 것이 바람직하다.

# 제10장
# 목표설정의 제4단계
– 중요도의 설정과 목표의 합의

## 1. 중요도의 설정

목표설정에 있어 마지막 단계는 중점과제별로 중요도를 설정하고 상하 간에 합의하는 일이다.

먼저 중요도의 설정이 필요한 이유는 다음과 같다.

팀장이 중점적으로 수행할 수 있는 과제의 수가 5개 정도, 많아야 7개 정도가 적당하다고 말한 바 있다. 중점과제가 너무 적다면 목표의 도전성에 문제가 있을 것이고, 너무 많으면 중점과제로서의 의미가 퇴색되기 때문이다.

한편으로 이러한 여러 개의 중점과제들이 전부 똑같은 정도로 회사의 성과 향상에 기여한다고 보기는 어렵다. 즉, 과제에 따라 '회사의 성과에 기여하는 정도'가 다를 것이며, 이 기여도에 따라 중요도가 달라야 한다는 것이다. 또한 올해의 회사 전략이나 방침이 팀장에게 새로운 중점 과제를 발생시키기도 하지만 대개의 경우 이들은 과제의 중요도에 반영된다. '올해는 원가절감의 해', '불량 개선을 통해 고객 만족도 향상' 등의 회사 방침은 생산팀장의 늘 수행하던 불량 개선 과제에 대한 중요도를 높이게 된다.

중요도를 설정하는 핵심적인 취지는 설정된 중요도에 따라 '목표 달성을 위한 개인의 노력의 정도'를 달리해야 한다는 것이다. 한마디로 더 중요한 과제에 더 많은 노력을 기울이라는 것이다.

또 다른 중요도의 기능은 성과평가와 관련이 있다. 여러 개의 성과를 발휘한 개인의 성과를 종합적으로 평가함에 있어, 중요도가 높은 성과(KPI)에 더 많은 가중치를 부여함으로써 성과평가의 결과에 더 높은 영향을 미치게 하는 것이다. 개인의 성과평가의 종합은 개별 목표의 평가 결과에 중요도를 곱한 개별 점수를 전체 목표로 합산한 점수가 된다.

중점과제별로 중요도를 측정하는 객관적인 방법이 있는 것은 아니며 굳이 측정할 필요도 없다. 중요도는 오직 상사와 부하 또는 차상위자의 토론에 의한 합의에 따라 결정하는 것이 가장 바람직하다.


## 2. 통합형 목표에서의 중요도

앞에서 본 바와 같이 지표형 목표는 팀의 미션에 관한 종합적인 성과를 목표로 설정하며, 과제형 목표는 주로 지표형 목표의 달성을 위한 중요한 과제(수단, How)와 몇 가지 다른 과제로 구성된다. 지표형 목표와 과제형 목표를 통합한 통합형 목표의 경우에는 이 두 유형별로 중요도를 어떻게 배점하여야 할까? 이 질문은, 예를 들어 영업사원의 성과를 평가할 때, '지표형 목표인 매출과 손익으로만 평가할 것인가?' 아니면 '과제형 목표에 표기된 영업사원의 다양하고도 열성적인 노력도 함께 평가할 것인가?'라는 의미를 가진다. 다시 말하면 직원의 성과를 평가할 때 일의 결과(지표형 목표)와 일의 과정(과제형 목표) 간에 어떤 성과를 더 높이 평가할 것인가로 요약된다.

개인의 노력이나 열정(신규거래선 개척 10건)이라는 것과 탁월한 성과(매출액 100억 원)는 상당한 상관관계가 있음에 틀림이 없으나, 최종 성과에는 외부적인 공헌의 불확실성이라는 속성으로 인해 개인의 노력 외에도 '운'이라는 기회요인이 존재한다. 그러므로 어쩌면 직원들을 평가할 때 직원들의 노력의 최종 결과보다는 과정을 더 높이 평가하는 것이 더 바람직할 수도 있다. 과정과 최종 결과 중 어느 것을 더 높이 평가할 것인가는 CEO의 경영철학이나 인사관리 철학과 연관이 있다. 일의 과정과 최종 성과가 똑같이 중요하다는 관점에서 대체로 각각에 대한 배점을 지표형 목표에 50점(운도 어쨌든 실력이다!), 아랫단의 과제형 목표에 50점을 각각 부여하는 것이 비교적 바람직한 평가라 할 것이다.


## 3. 목표의 합의

목표설정을 지도하면서 목표를 누가 설정하는가에 대한 질문을 가끔씩 받는다.

"상사가 하는 것인가, 부하가 하는 것인가?"

목표를 설정하는 제일 첫 단계인 업무요구사항의 취합/분석 단계에서 본 바와 같이, 목표는 회사의 전략, 상사의 지시, 고객 그리고 본인의 업무 자체에서 비롯된다. 그러므로 담당자는 제일 먼저 이 모든 업무 요구사항을 취합하여 그 중에서 중요하다고 판단되는 것에 대해 목표를 설정하여 상사에게 보고한다. 상사는 부하가 설정한 목표가 중요한지, 즉 경영에 임팩트가 있는 것인지, 목표가 목표설정의 원칙에 어긋나지 않는 제대로 된 목표인지를 검토하여야 한다. 그리고 난 후 담당자와 충분한 협의를 거쳐야 비로소 부하의 목표는 완성된다.

그러므로 목표는 상사나 부하의 어느 일방이 정하는 것이 아니라, 오직 상사와 부하의 충분한 토론에 따라 합의된 결과이다. 합의란 말에 약간의 거부감을 느끼는 부하가 있겠지만, 조직에서 상하 간에 합의라는 말은 어느 정도 상사의 강제나 의도, 지시가 더 많이 들어가는 것은 어쩔 수 없는 조직의 속성으로 이해될 수밖에 없을 것이다.


## 4. 목표설정서의 작성

지금까지의 단계를 거쳐 확정된 목표는 회사 차원의 관리를 위해 다음과 같은 양식으로 작성한다. 목표설정서의 양식이 반드시 이와 같을 필요는 없으나 목표의 주요 요소, 즉 중점과제, KPI 그리고 과제별 중요도는 반드시 기재하여야 한다.

〈표 10-1〉 목표설정서 양식 1(과제형 목표)

| 업무 구분 | 중점 추진 과제 | 배점 % | KPI | | | 비고 |
| | | | 성과항목 | 전년 실적 | 금년 목표 | |
| --- | --- | --- | --- | --- | --- | --- |
| | | | | | | |
| | | | | | | |
| | | | | | | |
| | | | | | | |
| | | | | | | |

〈표 10-2〉 목표설정서 양식 2(통합형 목표)

| 팀<br>종합<br>목표 | 성과 항목 | 배점<br>% | 목표 | | 비고 |
|---|---|---|---|---|---|
| | | | 전년 실적 | 금년 목표 | |
| | | | | | |
| | | | | | |
| | | | | | |

| 중점<br>과제<br>목표 | 업무<br>구분 | 중점 추진 과제 | 배점<br>% | KPI | | | 방법·일정 등 |
|---|---|---|---|---|---|---|---|
| | | | | 성과항목 | 전년 실적 | 금년 목표 | |
| | | | | | | | |
| | | | | | | | |
| | | | | | | | |
| | | | | | | | |
| | 총계 | | 100 | | | | |

## 5. 실행계획의 수립

목표설정이 완료되면 각각의 과제에 대한 구체적인 실행계획을 수립하여야 한다. 실행계획은 두 방향에서 수립할 수 있다. 하나는 중점과제를 여러 개의 세부과제로 분해하여 각각에 대한 실행계획을 수립하는 방법이고, 다른 하나는 문제 해결의 일반적인 절차에 따라 실행계획을 수립하는 방법이다. 실행계획에는 중점과제 수행을 위한 세부 추진과제, 추진내용 그리고 추진일정이 기재되어야 하며, 특별한 양식이 필요한 것은 아니나 관리나 커뮤니케이션의 편의를 위해 〈표 10-3〉과 같은 양식으로 한 과제에 대해 한 장씩의 실행계획을 수립하도록 권장하고 있다.

〈표 10-3〉 실행계획서 양식

| 중점과제명 | | | |
|---|---|---|---|
| 세부과제 | 추진 내용 | 기간 | 비고 |
| | | | |
| | | | |
| | | | |

〈표 10-4〉는 하나의 중점과제를 여러 개의 세부과제로 분해하여 실행계획을 수립하는 사례이고, 〈표 10-5〉는 일반적인 문제해결 절차에 의한 실행계획 사례이다.

〈표 10-4〉 실행계획서 사례 1

| (생산부서)중점과제 | 생산 원가절감 5억 원 | | |
|---|---|---|---|
| 세부과제 | 추진 내용 | 기간 | 비고 |
| 1. 생산 부자재비용 절감<br>(절감금액 : 1억 원) | - 절감 대상 아이템 확정<br>- 생산직원 교육·물자 절약 교육<br>- 부자재 교체 검토·구매팀과 협의<br>- 월별 절감 실적 파악 및 보고 | 3월 말까지<br>4월 중<br>5월 중<br>6월부터 실시 | |
| 2. 설비운전비용 절감<br>(절감금액 : 3.5억 원) | - 운전비용 항목별 현황 파악<br>  전력비, 수도비, 윤활유비, 소모품비 등<br>- 개선 방안 수립 : 분임조 활동<br>- 개선 방안 실행 | 2월<br><br>3월~5월<br>6월부터 실시 | |
| 3. 수리비 절감<br>(절감금액 : 0.5억 원) | - 외주 수리를 자체 수리로 변경<br>- 변경 수리 내용 : xx부품 교체 외 2건 | 3월부터 | |

〈표 10-5〉 실행계획서 사례 2

| 중점과제 | XX제품 개발 기간 단축(현재 25일 ~ 20일) | | |
|---|---|---|---|
| 세부과제 | 추진 내용 | 기간 | 비고 |
| 1. 현상 및 문제점 분석 | - 개발 프로세스 분석<br>- 프로세스별 개발 기간 분석<br>- 자료 조사 및 타사 현황 분석<br>- Bottleneck 명확화 | 3/1~3/15 | |

| 2. 원인 분석 | – 관련자 인터뷰<br>– 낭비요인 발굴 | 3/15~4/15 | |
|---|---|---|---|
| 3. 해결안 수립 | – 기술자료 조사<br>– 타사 벤치마킹<br>– 핵심 해결과제 도출 | 4/15~5/30 | |
| 4. 해결과제 실행 | – 도출된 과제 실행 계획 수립 및 실행 | 6월 이후 | |

# 제11장
# 목표설정의 실제

## 1. 사례 소개

　지금부터 사례를 통해 목표설정의 과정을 보여 주고자 한다. 이 사례는 성과관리 컨설팅을 수행하면서 직접 기업을 방문하여 팀장의 목표설정을 지도한 내용으로 영업, 연구개발, 생산, 경영지원의 4부문으로 나누어 설명할 것이다. 사례에 대한 설명은 팀장들이 작성한 목표에 대한 '해설'과 각각의 목표에 대한 컨설턴트의 '지도'로 이루어져 있다.

　또한 이 사례에 등장하는 회사들은 성과관리를 처음 도입하는 회사로서 규모는 작지 않으나 전반적인 경영관리체계가 미흡한 상황이다. 따라서 목표설정의 접근법은 QCD 접근법으로 과제형 목표의 도출을 중점으로 진행하였다. 하지만 이따금씩 매출 목표와 같은 지표형 목표가 등장하기도 하지만, 지표형 목표도 중점과제 중의 하나로 정리하여 전체적으로는 과제형 목표의 양식으로 목표설정서를 작성하였다.

## 2. 영업 부문의 목표설정하기

### (1) 업무 개요

영업 부문의 개별 직무는 회사의 비즈니스 모델에 따라 아주 다양하지만, 대략 다음의 직무로 구분할 수 있다. 직무의 명칭은 회사마다 나름대로의 고유 명칭을 사용하고 있으므로 다를 수 있다.

• 판매(소매영업) : 회사의 제품을 오프라인 매장에서 직접 불특정 다수의 고객에게 제품을 파는 직무

• 특판(도매영업) : 회사의 제품을 매장이 아닌 중간 도매상을 대상으로 물건을 판매하거나, 또는 BTOB 거래에서 기업을 대상으로 필요로 하는 제품을 판매하는 직무, 소수의 특정 고객을 대상으로 영업을 수행한다.

지금부터 소매영업을 담당하는 팀장의 목표설정 사례 두 개와 도매영업을 하는 팀장의 사례 하나를 소개할 것이다. 영업 부문의 사례를 타 부문에 비해 많이 소개하는 이유는 영업 담당자들이 입사 이후 매출액이라는 전통적이고 가장 오래된 지표형 목표에 너무 익숙해 과제형 목표에 대한 이해가 가장 부족하기 때문이다.

### (2) 영업 부문 목표의 특성

**영업사원은 매출이 인격이다?**

영업 부문의 목표설정에 앞서 영업 담당자의 목표의 특징을 알아보기 위해 사업부장이 특정 지역의 판매 지점장과 목표설정을 위해 논의

하는 모습을 보자.

사업부장 : 자! ○○지점장, 당신의 매출 목표가 올해 5억 5천만 원
　　　　　으로 확정되었소. 어떻게 달성하겠소?

○○지점장 : 현재 경쟁사 대비 판매가 가장 부진한 대학가 매출을
　　　　　올려야 합니다.

사업부장 : 대학가 매출을 올리는 것은 매년 하는 이야기이고…. 당
　　　　　신도 알고 나도 알고 있는 사실이요. 요는 어떻게 대학가
　　　　　매출을 올릴 것인가를 묻는 것이요.

○○지점장 : 대학가를 중심으로 열심히 뛰어야죠….

사업부장 : 어떻게 열심히 뛴다는 거요?

○○지점장 : …….

흔히 영업 담당자의 목표설정은 쉽고, 목표가 명확하다고 이야기들을 한다. 하지만 성과관리 컨설턴트로서 목표설정 지도 경험에 비추어 보면 위의 논의 장면에서 보는 바와 같이 결코 쉽지만은 않은 것이 사실이다. 오히려 가장 어려운 쪽이 아닐까 하는 생각이 들 때가 많다.

영업사원이 흔히 목표라고 부르는 매출 목표, M/S 목표, 채권회수율 등은 전형적인 지표형 목표로서, 회사 전체의 경영계획의 일부로 거의 모든 회사에서 관리되는 수치이다. 또한 이런 목표는 회사 전체 차원에서 전영업사원들에게 동일한 성과항목으로 부여되고 목표수준 또한 전사 차원에서 영업팀, 또는 영업사원 개인별로 할당된다. 영업 부문 목표의 이러한 성격은 다른 지표형 목표와 비교해도 상당히 특이하다. 예를 들어 생산 부문의 지표형 목표인 생산성이나 불량률과 같

은 지표의 경우, 회사의 경영계획에서 할당되는 것이 아니라 대체로 생산팀장과 공장장간의 합의(약간은 공장장이나 CEO의 의지가 반영된 합의)에 의해 확정되는 것이다.

그렇다면 상사가 영업사원의 성과를 관리함에 있어 과연 그러한 매출 목표만 관리하면 될 것인가?

실제 이 부분에 대해서는 목표설정의 지도 현장에서 많은 논쟁이 있고, 쉽게 관리자들이 받아들이지 못하는 부분이다.

"영업사원이 매출 목표만 달성하면 되지, 더 이상 무슨 목표가 필요한가? 영업사원은 매출이 인격이다"라는 것이 많은 영업조직의 관리자가 하는 말이다.

이 말이 그럴듯하긴 하지만, 이러한 주장은 현실과 상당히 떨어져 있다. 다시 말하면, 지금까지 이 책에서 주장해 온 성과관리의 본질, 지표형 목표와 과제형 목표에 대한 이해의 부족에서 비롯된다.

여기서 다시 한 번 영업 부문의 성과 향상(매출 목표 달성)을 위해 상사와 부하가 하는 일을 살펴보자.

매출이라고 하는 성과는 영업사원들의 무수하고 다양한 노력에 의해 이루어지는 최종 결과물이다. 만약 영업사원의 노력이나 행위를 그 결과(매출)로만 관리한다면, 실제 조직 책임자는 아무런 할 일이 없다. 오직 정기적으로 월 한 번, 아니면 6개월에 한 번씩 실적만 관리하면 될 것이고, 나아가 그런 것도 다 필요 없이 연말에 딱 한 번 직원들의 매출 실적만 점검하면 될 것이다.

하지만 영업조직의 관리자의 일은 실제 그렇지 않다. 그들이 일상적으로 챙기는 업무, 그들을 바쁘게 하는 업무는 부하직원들의 영업활동이라는 과정을 챙기는 것이 그들의 일상적인 업무이다. 즉, 계획된

대로 거래처 방문은 열심히 하는지, 대학가에 대한 적절한 마케팅 방법을 찾아서 실행하고 있는지, 그러한 것들이 잘 안 되면 안 되는 이유가 무엇이고, 관리자가 지원해야 할 일은 어떤 것인지 등. 바로 이러한 영업활동, 즉 매출을 일으키는 과정을 챙기는 데 대부분의 시간을 쏟고 있는 것이다.

이렇게 볼 때, 위의 대화에서 지점장의 머릿속에는 단순히 회사에서 주어진 영업활동의 최종 결과에 대한 목표(지표형 목표)만 있고, 그 목표를 달성하기 위한 방법은 목표(과제형 목표)로서 전혀 존재하지 않는 것이다. 그 결과로 수년간 전략지역인 대학가에 대한 매출 향상을 부르짖었지만 결국은 말로만 끝나고 실질적인 매출 향상은 일어나지 않는 것이다.

## (3) 영업사원의 목표설정

제2장에서 기술한 바와 같이 목표의 속성상 일의 (최종) 성과는 고객에게서 나타나는 것이고 따라서 항상 불확실성을 내포하고 있다. 영업사원이 아무리 열심히 노력했으나 목표를 달성하지 못하는 경우도 있고, 또 열심히 노력하지 않고도 여러 가지 외부적인 변수에 의해 목표를 초과 달성할 수도 있다는 사실은 영업을 해본 사람이라면 누구나 잘 아는 사실일 것이다.

'매출 목표 달성'이라는 최종 결과가 이러한 속성을 가지는 것이라면, 최종성과(지표형 목표)를 달성하는 것이 과연 영업사원의 노력으로 이루어진 것인지, 외부적이고 우연적인 요소에 의해 그리 된 것인지 분간이 어렵게 된다. 이런 이유로 영업사원의 열성적인 노력(또는 불성

실함)에 의해서 매출 결과가 일어난 것인지 아닌지에 대한 책임 소재가 불분명해진다. 여기서 책임 소재가 불분명하다는 문제는 단순히 영업사원의 성과를 평가하는 문제를 넘어, 원래 목표관리의 가장 큰 효과인 목표 달성을 위한 자발적인 노력을 불러 일으키지 못한다는 것이다.

이상 기술한 내용을 바탕으로 영업사원의 목표에 대해 다시 한 번 정리해 보자.

〈조건 1〉 회사에서 주어진 매출 목표를 달성하는 것은 영업사원에게는 절체절명의 과제임에는 틀림이 없고, 그 결과에 따라 성과를 평가하는 것은 당연하다.

〈조건 2〉 매출 목표 달성은 영업사원의 노력뿐 아니라 외부적인 요소에도 많이 좌우된다(흔히 이러한 외부적인 변수는 실적 달성을 못한 영업사원의 변명거리로 이용된다).

〈조건 3〉 영업조직의 책임자는 업무 시간의 대부분을 부하직원의 영업활동이라는 과정에 관여하여 코치하고 지원한다. 또한 그러한 리더십을 요구받는다(아무것도 하지 않다가 실적만 가지고 따지는 상사를 생각해보라!).

이상의 3가지 조건을 고려한다면, 영업사원의 성과는 일의 최종 결과(매출액)뿐 아니라 매출을 발생시키기 위한 과정에서 얼마나 열심히 그리고 효율적으로 영업활동을 수행했는가에 의해서도 평가받아야 한다. 또한 관리자는 결과(매출액)보다는 오히려 그 과정(영업활동)을 관리함으로써 매출 목표를 달성하도록 부하를 독려하여야 한다. 그러므로 영업사원의 목표는 최종 목표(매출, 지표형 목표)와 과정 목표(영업활동, 과제형 목표)의 두 가지로 구성되어야 한다. 그래야만 (막연한) 영업활동 노력은 구체화되고, 또한 목표로서 과제에 대한 새로운 동기부여가 될 수 있다.

## 영업사원의 목표설정이 어려운 이유

영업 담당자들의 목표설정을 지도할 때, 이러한 두 분야에서 목표설정을 지도하고 있지만, 과제형 목표를 제대로 수립하는 데 애로가 많이 발생한다. 그 이유는 무엇보다 매출 목표 달성을 위한 아이디어가 없거나 아이디어가 있더라도 구체화되어 있지 않기 때문이다.

목표설정을 지도하는 상황에서 어떻게 해서, 즉 어떤 과제를 추진함으로써 목표를 달성할 것인가라는 상사나 컨설턴트의 질문에 흔쾌한 대답을 내는 영업 담당자는 별로 없다.

그저 "열심히 해야지요" 하는 대답 아니면, "아! 목표 달성 방법이요? 그건 목표설정서 뒤에 있는 실행계획서에 있습니다"가 전부다. 하지만 실행계획서는 그저 단순히 영업사원의 직무기술서와 같은 수준으로만 작성되어 있다. 거래처 방문 월 1회, 대학가 전단지 배포 분기 1회 등등으로 늘 일상적으로 반복해 오는 업무만 기술되어 있는 것이다. 이래서는 절대로 목표 달성이 되지 않는다. 나아가 목표가 달성되었다 하더라도 그것이 왜 달성되었는지를 알 수조차 없다.

한편으로 실제 영업팀장을 대상으로 목표설정을 지도하다 보면, 목표 달성을 위한 구체적인 아이디어가 없는 것은 아니다(물론 실제 아무 생각이 없는 경우도 있다). 대부분 영업팀장 정도 되는 관리자라면 나름대로 영업활동의 노하우와 올해 시행할 과제(영업활동)를 아이디어 수준으로 머릿속에 가지고 있다. 하지만 이들은 그 아이디어를 끄집어내어 구체적인 과제로서 표현하고 KPI를 설정하는 일에 애로를 느끼고 있는 것이다. 그래서 컨설턴트가 하는 일은 바로 그러한 막연한 아이디어를 구체화시켜, 중점과제와 KPI를 명확히 설정하는 일을 돕는 것이다.

### (4) 목표설정 사례 1(소매영업 1)

## 가. 업무 개요

이 회사는 소주 등 주류제품을 생산, 판매하는 회사이다. 주류 판매의 경우, 주류 회사에서 직접 소비자에게 판매하는 것이 아니고, 식당이나 주류도매상을 거쳐서 판매가 이루어지기 때문에, 영업의 대상은 식당 주인과 종업원 또는 주류도매상 사장이며, Pull Marketing 차원에서 직접 소비자를 대상으로 광고, 홍보 마케팅을 수행한다. 지점장은 특정 지역을 중심으로 주로 식당 등 주류 판매처를 관리하고, 소비자를 대상으로 마케팅을 수행하여 판매를 촉진하는 일이다.

〈표 11-1〉 목표설정 요령에 대한 1차 교육 후 영업지점장이 작성

| 중점과제 | KPI | | | 비고 |
|---|---|---|---|---|
| | 성과항목 | 실적 | 목표 | |
| 1. 판매 목표 달성 | 판매 목표 달성 | 52천만 원 | 55천만 원 | 연간 |
| 2. 시장점유율 확대 | 시장점유율 | 46.1% | 48.8% | 연간 |
| 3. 채권 회수율 95% | 거래선별 점검 | | | 매월 |
| 4. 부도율 0% | 사전점검 강화 | | | 매월 |
| 5. 대학가 M/S 향상 | 방문주기 | | | 분기 1회 |

## 나. 목표설정 해설

먼저 독자 여러분이 보기에는 어떤가? 얼핏 보기에도 제대로 된 목

표설정은 아닌 것으로 느낄 것이다. 하지만 이 정도가 실제 중소기업의 팀장(급)들이 한번쯤의 강의를 듣고 작성하는 수준으로 보면 틀림이 없고, 지금 위의 사례가 잘못된 것을 아는 독자 또한 스스로 목표설정을 할 때는 이와 크게 다르지 않을 것이다.

일단 내용은 별도로 치더라도 형식적인 측면만 보자.

1번 판매 목표 달성 항목과 2번 시장점유율 목표는 지표형 목표로서 제대로 설정되어 있다. 우리가 흔히 영업부서는 목표설정이 쉽다고 할 때, 바로 이런 측면에서 '쉽다'고 할 수 있다. 왜냐하면 어느 회사든지 회사의 경영계획을 수립함에 있어 매출 목표를 수립하지 않는 회사가 없을 것이고, 그렇게 확정된 전체 매출 목표는 사업부단위, 팀단위, 개인단위로 배분(Cascading)되기 때문에 영업사원의 매출 목표는 어느 회사나 비슷하게 탑-다운(Top-Down)으로 확정된다.

2번 항목인 시장점유율도 비슷한 성격으로 볼 수 있다. 일정 지역에서 판매를 담당하는 영업 조직(이런 경우는 대체로 2명 이상의 영업사원이 배치된 조직단위가 형성된다)의 경우, 동일지역에서 경쟁사 대비 시장점유율을 목표로 설정하는 경우도 별로 드문 일이 아니다.

시장점유율을 목표로 설정하는 것은 1항의 매출 목표가 절대 기준이라면, 시장점유율은 경쟁사 대비 판매 금액을 비교하는 수치이기 때문에 상대기준으로 볼 수 있다. 또한 시장점유율과 매출 목표는 영업사원의 성과를 측정하는 보완적인 항목이 될 수 있다. 즉, 매출 목표는 달성하더라도 시장점유율이 오히려 떨어진다면 경쟁사에 비해 낮은 성과를 달성했다는 의미인 동시에 영업사원의 성과를 그만큼 낮게 평가하는 것이 타당할 것이다.

3번 채권 회수율 항목 또한 영업 담당자의 목표 항목으로서 거의 모든 회사에서 관리하고 있기 때문에 회사에서 주어진 목표라 할 수 있다.

하지만 표현 방식에 있어서 위에 적은 채권 회수율 95%, 거래선별 매월 점검이라는 표현은 중점과제와 KPI 등이 뒤죽박죽 섞여 있어 올바른 표현이 아니다.

4번 부도율 0% 항목은 3번의 채권 회수율과 동일한 성격의 항목으로 중복된 과제이다. 동일한 업무 행위, 즉 채권 회수율을 높이기 수단의 하나로서 부도업체가 없도록 미연에 노력하는 것이기 때문에 그 결과는 결국 채권 회수율에 포함된다.

5번 대학가 시장점유율 향상의 항목도 표현상의 문제는 3번 항목과 동일하게 과제와 KPI가 구분되지 않고 혼재되어 있다. 이 항목의 더욱 큰 문제는 동일한 목표가 표현만 달리하여 중복되어 있다는 점이다. 5번 목표가 얼핏 보기에는 그럴 듯하고 또 다른 목표같이 보이기는 하나, 다시 자세히 보면 1번 항목 내지는 2번 항목과 그대로 중복된다. 앞으로도 사례로 보이겠지만 이런 일은 영업사원의 목표설정서 곳곳에서 발견된다.

1, 2번과 5번의 목표가 중복되어 있는 사실을 알기 위해 다음의 〈그림 11-1〉을 보자. 〈그림 11-1〉은 목표설정과정에서 가장 많이 활용되는 문제 해결 기법의 하나로서 로직트리(Logic Tree)라고 한다. 로직트리란 간단히 말해 특정한 과제(문제)를 해결하는 데 필요한 수많은 하위 과제를 일목요연하게 도표로 나타낸 것이다.

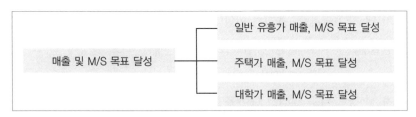

<그림 11-1> 매출 및 M/S 목표 달성을 위한 로직트리

　<그림 11-1>에서 보는 바와 같이, 이 회사는 주류 매출을 위한 전략적인 세그멘테이션을 일반 유흥가, 주택가, 대학가로 구분한 경우로 볼 수 있는 바, 결국 대학가 매출과 시장점유율 목표를 달성하는 것은 전체 매출 목표를 달성하는 하나의 수단으로, 이 두 가지를 목표로 하는 것은 중복이 되는 것이다.


### 다. 올바른 목표설정
　지면 관계상 대학가 시장점유율 향상에 대한 목표에 대해서만 지도사례를 설명하고자 한다.


컨설턴트 : 대학가 시장점유율을 목표로 잡은 것으로 보아. 대학가에 집중적으로 영업하는 것이 아마도 매출 목표 달성에 가장 중요한 이슈인 것 같습니다.
지 점 장 : 네, 그렇습니다.
컨설턴트 : 그렇다면, 대학가에서 어떻게 활동할 것입니까?
지 점 장 : 대학가를 중심으로 열심히 뛰는 수밖에 없습니다. 매일 업소 방문하고, 학생들한테 홍보하고….
컨설턴트 : 매년 그렇게 해 오셨을 텐데 효과가 있던가요?

지 점 장 : 글쎄요. 효과가 있었다기보다는 방법이 그것밖에 없는 거죠.

컨설턴트 : 매년 같은 방법으로 해서는 매출 목표 달성이 안 되죠. 어떻습니까?

지 점 장 : 더욱 열심히 해야죠, 죽어라….

컨설턴트 : …….

컨설턴트 : 좋습니다. 그렇다면 영업사원이 열심히 뛴다고 하셨는데, 열심히 뛰면 어떻게 되죠? 또는 직원들이 열심히 뛰는 지 안 뛰는 지는 무엇으로 판단합니까? 매일 업소 방문 하는 거 챙기면 됩니까?

지 점 장 : 업무일지를 쓰긴 하지만 그것 가지고 매일 내가 이래라 저래라 할 수는 없습니다. 또 그것만 챙길 수도 없는 노릇이고….

컨설턴트 : 다시 한 번 정리해 보죠. 영업사원이 업소를 대상으로 열심히 뭔가를 하고, 최종 결과로서 매출이 늘어날 것인데…. 업소 방문과 매출 증대라는 결과의 중간에 뭐가 없을까요?

지 점 장 : 글쎄요…. 아! 이런 사례는 있습니다. 제 지점에 영업 잘 하는 직원이 있는데, 그 친구에 대해서는 업소 사장들의 칭찬이 이따금씩 들려옵니다. 당연히 그 친구가 맡은 구역은 매출이 많죠.

컨설턴트 : 바로 그겁니다. 그렇다면, 업소사장들의 생각을 들어보면 그 친구가 열심히 했는지 안 했는지를 알 수 있겠네요. 그리고 사장들의 칭찬이나 호감이 결국 매출로 이어지는 것이고요.

이상의 대화 내용을 도식화하면 다음과 같다.

| 영업활동과 일의 결과 | 1. 영업사원의 업소 방문 노력 → | 2. 업소 사장/직원의 호감도 증진 → | 3. 손님에게 자사제품 권유 → | 4. 매출증대 |
|---|---|---|---|---|
| KPI 후보 | 업소방문 횟수 | 업소 호감도 | 권유 횟수 | 매출액 |
| 검토 항목 Specific | High | High | High | High |
| Measurable | Low | Middle | Low | High |
| 통제가능성 | High | High | High | Middle |
| 기타 | 너무 빈번히 발생 | 점진적 발생 | 측정 불가 | 성과 목표와 중복 |
| KPI 선정 | X | O | X | X |

〈그림 11-2〉 영업활동에 관련된 가능한 KPI

지 점 장 : 당연히 그렇죠….

컨설턴트 : 지금까지 업소를 대상으로 호감도 조사나 업소 사장이나 종업원들이 원하는 바를 들어본 적이 있습니까?

지 점 장 : 저도 그렇고 담당자들도 늘 듣고 있죠.

컨설턴트 : 좋습니다. 그렇다면 이번에 한 번 업체 사장과 종업원들을 대상으로 호감도나 필요한 사항을 체계적으로 조사를 한 번 해 보죠. 그리고 정기적으로 그 조사를 해서 추세를 한번 분석해 보는 거죠. 또 그 사람들로부터 회사가 해줄 수 있는 게 무엇인지도 같이 조사를 해보고요. 그렇게 되면 좀 더 효과적으로 업소 방문활동을 할 수 있겠죠.

지 점 장 : 괜찮은 방법 같습니다. 그걸 담당자별로 맡은 업소를 구분해서 분석하면, 담당자별로 호감도 수치가 나오겠네요.

컨설턴트 : 바로 그겁니다! 지점장님께서 애초에 다 아는 얘기를 이

렇게 길게 하셨습니다.

지 점 장 : 그러고 보니 그러네요. 내가 왜 그렇게 안 했죠?

컨설턴트 : 그러면 KPI는 다음과 같이 되는 거죠.

〈표 11-2〉 정리된 목표

| 중점과제 | KPI | | | 비고 |
|---|---|---|---|---|
| | 성과항목 | 실적 | 목표 | |
| 5. 대학가 영업활동 강화 | 업소 호감도 | - | 30% 증진 | 2월, 12월 호감도 조사 |

컨설턴트 : 호감도가 30% 정도 올리기는 너무 과도한 것 아닙니까?

지 점 장 : 그 정도는 돼야 될 것 같은데요. 측정할 수야 없겠지
만 호감도가 30% 정도 올라가야 그나마 매출이 한 10%
정도 올라가겠죠. 우리만 열심히 뛰는 것도 아니고 경
쟁사도 그렇게 뛸 테니까요.

컨설턴트 : 좋습니다. 이것 하나만 하면 매출 목표 달성합니까?

지 점 장 : 아뇨, 더 해야죠. 그것만 열심히 해봐야 대충 잡아도
대학가 매출만 10% 올라갈 수 있을 겁니다.

컨설턴트 : 그러면 또 지점장님이 생각하시는 방법은 뭐가 있습니까?

(5) 목표설정 사례 2(소매영업 사례 2)

**가. 업무 개요**

이 회사는 여러 개의 브랜드와 제품군을 가지고 의류나 피혁 제품
을 생산, 판매하는 회사이다. 일반영업팀장은 이 회사의 여러 제품군
중 특정 제품군을 판매하는 여러 개의 매장을 관리하여 그 제품에 대

한 판매를 책임지고 있다. 매장은 백화점 등 대형 유통점에 입점하여 제품을 직접 판매하거나 개인과 대리점 계약을 통해 판매하고 있다.

<표 11-3> 목표설정 요령에 대한 1차 교육 후 영업팀장이 작성

| 업무 구분 | 중점과제 | KPI | | | 비고 |
|---|---|---|---|---|---|
| | | 성과항목 | 실적 | 목표 | |
| 매출 | 1. 매출 목표 달성 | 매출액 | 253억 원 | 298억 원 | |
| 매출관리 강화 | 2. 주 · 월 실적 분석 및 대안 수립 | 목표 대비 실적 | 시행 안함 | 6회 | |
| | 3. 점별 목표관리 강화 | 목표 달성률 | 90% | 100% | |
| 유통경쟁력 강화 | 4. 매장 확대 운영 | 오픈매장 수 | 12개 | 20개 | |
| | 5. 신개념 매장 오픈 및 시범운영 | 시점매장 수 | – | 5개 | |
| 매출 활성화 | 6. 목표 달성에 대한 보상 강화 | 성장률 | 시행 안함 | 상위 3개점 포상 | 분기 1회 실시 |
| | 7. 점별 영업활동 평가 및 페널티 | 평가/시행 | | 연 1회 | |

**나. 해설**

누차 말하지만 내 목표를 설정하기는 어렵지만 다른 사람이 수립한 목표에 대한 평가는 대단히 쉽다.

다음 관점에서 위의 목표를 평가해 보라.

① 목표 2~7번까지의 목표를 달성하면 과연, 제일 윗단의 1번 목표인 매출 목표가 달성되는 것인가?

② 매출 목표 달성을 위해 무엇을 어떻게 하겠다는 것이 명료한가?

어느 회사든지 매출 목표는 특별한 경우가 아니면 성장 목표를 설정하고 있고, 그 성장 목표를 달성하기 위해서는 기존에 하던 일을 더 열심히 하거나 뭔가 특별히 다른 방법으로 일을 해야지 달성된다는 것은 논리적으로도 틀림없는 사실이다. 하지만 위에 적은 과제에서 노력을 더 하거나 뭔가 특별한 방법이 보이는가?

과제 1은 회사에서 하달된 목표이기 때문에 제외하고 하나씩 문제점을 찾고, 대안을 모색해 보자.

### 과제 2, 3, 6, 7에 대한 해설

먼저 업무구분상의 매출관리 강화 업무와 매출활성화로 기재한 과제 2, 3과 6, 7을 보자.

주·월별 실적관리와 점별 목표관리는 얼핏 보기에도 같은 업무로 느껴질 것이다. 또한 여러 매장의 매출을 책임지는 영업팀장이 판매점별 실적, 개인별 실적을 관리하는 것은 너무나 당연한 일이다. 그리고 별로 어려워 보이지도 않는다. 그리고 이 회사에는 여러 영업팀이 있고, 이러한 영업팀을 관리하는 영업지원팀이나 기획기능이 있는 팀이라면 과제 6, 7과 같은 평가보상제도는 일개 영업팀 단독으로 할 수 있는 일이 아니다. 모든 영업팀이 전체적으로 시행해야 할 업무이기 때문에 이것은 영업기획팀이나 인사팀의 책임이다. 또한 그러한 성과관리가 잘되고 못 되는 것에 대한 책임 또한 이들이 지면 된다.

영업팀장의 업무 중 가장 중요한 것이, 매출 향상을 위한 영업 전략을 수립하여 각 매장으로 하여금 그 전략을 시행하게 하는 것임에도 불구하고, 위의 목표설정서에는 별로 그런 것이 보이지 않는다. 중점과제가 아닌 것을 중점과제로 설정했으니 당연한 일이기도 하다.

### 과제 4, 5에 대한 해설

여기서 비교적 목표로서 인정할 만한 것은 유통경쟁력 강화를 위한 업무인 목표 4 (매장 확대 운영)과 목표 5 (신개념 매장 오픈 및 운영)

이다. 우선 이 두 중점 과제를 좀 더 깊이 들여다보자.

물론 이것이 중점과제인지 아닌지, 또는 20개 정도의 매장을 오픈하는 일이 도전적인 일인지 아닌지는 현재의 정보로는 컨설턴트도 독자 여러분도 판단할 수가 없다. 하지만 일단 신규매장을 오픈하는 것이 매출 향상에 중요한 과제이고, 또 20개 정도의 신규매장을 오픈하는 것이 상당히 도전적인 목표라면 이 과제와 KPI는 정확히 설정된 것이다.

5번 과제인 신개념 매장 및 시범운영도 이런 맥락에서 판단할 수 있다. 이 과제에서 눈 여겨 볼만한 것은, KPI로 설정된 시범매장 수 5개이다. 물론 시범매장을 5개 개장하는 것이 어렵고 중요한 과제(현재의 매출, 또는 미래의 매출에 중대한 영향을 미치는)라면 개장 그 자체로서 목표가 될 수 있으나, 단순히 개장 매장의 수를 지나서 일정 매출이 일어나는 것을 목표로 삼을 수도 있을 것이다. 그렇게 본다면, KPI는 시범매장 매출액 ○○○원이 될 것이며, 매장 수는 '비고'란에 기재되고, 또한 그에 대한 상세 일정은 실행계획서에 기술되어야 할 것이다.

이상을 정리하면 다음과 같다.

〈표 11-4〉 정리된 목표설정서

| 업무 구분 | 중점과제 | KPI | | | 비고 |
|---|---|---|---|---|---|
| | | 성과항목 | 실적 | 목표 | |
| 매출 | 1. 매출 목표 달성 | 매출액 | 253억 원 | 298억 원 | |
| 유통경쟁력 강화 | 4. 매장 확대 운영 | 오픈매장 수 | 12개 | 20개 | |
| | 5. 신개념 매장 오픈 및 시범운영 | 시점매장 수 | – | 5개 | |

## 또 다른 중점과제 찾기

또 다른 중점과제를 어떻게 설정할 것인가? 즉, 1번 매출 목표 달성을 위해 무엇을 하여야 하는가?

독자 여러분이 보기에도 위에 적은 과제만 수행하면 매출 목표가 달성될 것 같지는 않을 것이다. 중점과제를 도출하는 아주 간단한 요령은 앞서 말한 바와 같이, '과연 현재 설정된 과제만 수행하고 그 목표만 달성하면 매출 목표를 달성할 수 있을 것인가?'를 스스로에게 물어 보는 것이다(물론 팀장이니까 팀원들의 의견을 구하는 것도 당연한 방법이다).

일반 고객을 대상으로 영업(판매)을 하는 경우, 매출은 〈그림 11-3〉의 로직트리에서 보는 바와 같이 2가지 방향에서 발생한다. 이미 앞 단계에서 목표로 설정된 판매망 확대 외에, 판매 점포별 판매액 증대가 바로 그것이다.

〈그림 11-3〉 소매 지점의 매출 증대 방안

이러한 로직트리를 그리는 일은 지식의 문제이며, 회사에서 직원들에게 교육을 시키는 것은 바로 이와 같은, 직무와 관련된 지식을 갖게 하기 위한 것이다. 교육을 통해 습득한 지식이라는 것이 늘 그렇듯이 그 자체로서 우리의 업무에 직접 활용되는 경우는 대단히 드물다.

직원들은 그러한 지식을 자기 업무에 관해 응용을 해서 수행하여야만 비로소 회사의 성과와 연결되는 것이다. 하지만 이 정도의 로직트리는 교육에서 배운 것이 아니더라도 문제 해결 기법에 대해 어느 정도 지식이 있는 팀장이라면, 스스로 도출해 낼 수 있다.

## 간단한 로직트리 작성법

맨 먼저 팀원들을 모아서 회의를 한다. 이 회의에서 '우리 팀이 맡은 제품의 매출을 올리기 위해 무엇을 해야 하는가?'라는 회의 주제를 놓고, 팀원들의 의견을 브레인스토밍을 통해 무작위로, 자유롭게 들어보라. 직원들이 제안하는 아이디어를 전부 칠판에 적고, 그것을 분류하고 또 분류해보라. 그러면 바로 위에 적은 로직트리가 도출된다. 그러므로 목표설정에는 반드시 상하간의 의견 수렴 및 토론이 필요하다(브레인스토밍과 로직트리의 작성요령에 대해서는 뒤에서 좀 더 상세히 설명할 것이다).

〈그림 11-3〉의 로직트리를 활용하여 중점과제를 좀 더 도출해보자.

입점 고객을 늘리기 위해 할 수 있는 일은 대체로 광고나 이벤트, 할인 행사, 점포 앞 전단지 배포 등의 일일 것이다. 중견회사 이상의 회사는 대체로 이러한 대고객 홍보나 행사는 본사의 광고팀이나 영업기획(지원)팀에서 회사 차원에서 이루어진다고 보면 된다. 그렇게 본다면, 입점 고객 증대와 관련된 과제는 영업팀의 업무가 아니다. 이제는 입점 고객 구매율 증대와 고객 1인당 구매액 확대를 위해 영업팀장이 고민을 할 차례이다.

여기서 잠깐, 영업 담당자가 흔히 목표설정에서 흔히 저지르는 실수

(잘못된 목표)를 보자.

〈표 11-5〉 중복된 목표

| 업무 구분 | 중점과제 | KPI | | | 비고 |
|---|---|---|---|---|---|
| | | 성과항목 | 실적 | 목표 | |
| 매출 | 1. 매출 목표 달성 | 매출액 | 253억 원 | 298억 원 | |
| 전략과제 | 2. 판매망 확대 | 신규개점 수 | 12개 | 20개 | |
| | 3. 점당 매출 확대 | 점당 매출액 | 10억 원/점 | 15억 원/점 | |

여기서 과제 3은 그럴 듯하기는 하지만, 이 과제는 과제 1과 완전히 같은 과제의 다른 표현에 지나지 않으며, 전혀 새로운 정보가 없다. 매출액은 매장 수와 점당 매출액의 곱으로 계산될 것이므로 매출액을 올리기 위한 방안으로서 과제 2와 같은 판매망 확대 목표는 중점과제로서 의미가 있다. 하지만 과제 3의 점당 매출액 확대는 과제 1의 매출 확대와 똑같은 수준으로 전혀 구체적인 방안이 아니다. 그러므로 여기서는 점당 매출을 어떻게 올릴 것인가를 고민해서 그 방안을 찾아야 한다.

그렇다면 〈그림 11-3〉의 로직트리에서 나오는 입점고객 구매율을 올리고 이들의 구매금액을 늘리는 방법을 찾아야 한다. 일단 입점 고객 구매율을 증대한다는 것은 일단 매장에 들어 온 고객 대비 실제 구매를 하는 인원을 늘리는 일이다. 그것을 위해서 팀장은 무엇을 해야 할까?

이 회사의 팀장이 제안한 방법은 제품 라인을 변경하는 것이다. 즉, 백화점 고객을 위한 백화점에 특화된 제품, 대형 할인마트에 특화된 제품으로 제품을 구분하여 각 매장의 고객 특성에 맞게 제품 라인을 구성한다는 것이다.

다음으로 고객 1인당 구매액 확대를 위한 방법으로서 두 가지를 생각해 볼 수 있다. 먼저 제품의 가격을 올리는 것이고, 또 하나는 1인 고객이 한 가지뿐 아니라 여러 가지를 사게 만드는 것이다. 즉, 옷을 사러 온 고객에게 그 옷에 어울리는 넥타이나 지갑, 벨트를 판매원이 권고(유인)해서 구매를 많이 하게 하는 것이다. 이 중에서 팀장이 제안한 – 오랜 경험상 효과가 있을 것이라고 판단한 – 방법은 '할인율 축소'이다. 그간 너무 잦은 세일 판매로 인해 제품 이미지가 실추되고, 또 고객들은 정상가격에는 아예 구매를 하지 않고 며칠을 기다렸다가 세일시기에 구매를 하기 때문에 판매가격이 낮아진다는 점을 개선 포인트로 본 것 이다.

이상 영업팀장과 논의한 것을 정리하면 다음과 같다.

**〈표 11-6〉 영업팀장의 최종 정리된 목표**

| 업무 구분 | 중점과제 | KPI | | | 비고 |
|---|---|---|---|---|---|
| | | 성과항목 | 실적 | 목표 | |
| 매출 | 1. 매출 목표 달성 | 매출액 | 253억 원 | 298억 원 | |
| 유통망 확대 | 2. 매장 확대 운영 | 오픈매장 수 | 12개 | 20개 | |
| | 3. 신개념 매장 오픈 및 시범운영 | 시점매장 수 | – | 5개 | |
| 점당 매출 확대 | 4. 매장별 기획제품 운영 확대 | 제품구성비 | 20% | 40% | |
| | 5. 고객관점의 판가 재정립 | 할인율 | 35% | 15% | 세일 행사 축소 |

제일 처음 영업팀장이 작성한 〈표 11-3〉과 마지막 목표 〈표 11-6〉을 비교해 보면 어떤 것이 더 목표다운 목표인지 쉽게 이해할 수 있을 것이다.

### (6) 목표설정 사례 - 특판영업

#### 가. 업무 개요

사례의 회사는 종합 패션업체로서 일반 백화점의 직영매장이나, 일반 상가(명동 등)에서 매장을 두고 직접 소비자에게 판매하는 시판 영업과, 제복을 입는 정부 기관(A, B), 학교 그리고 일반 회사를 대상으로 단체복을 제작, 납품하는 특판 영업으로 구분되어 있다. 이 회사 특판 영업의 제일 큰 고객은 A나 B, 학교이며, 그 외 100여 개 이상의 일반 회사에서 특정한 직무에 종사하는 직원들을 위한 단체복(작업복 등)을 판매하고 있다. 영업의 주 대상은 회사나 기관의 구매 담당자들이며, 수개의 패션업체들이 납품을 위해 치열한 경쟁을 벌이고 있다.

#### 나. 해설

〈표 11-7〉은 목표의 개념에 대한 간단한 강의 후 특판팀장이 작성한 것이며 〈표 11-8〉은 이후 3시간의 강의를 더 진행한 후 작성한 것이다. 〈표 11-8〉이 약간은 나아졌다고 할 수 있지만 여전히 미흡하다(여기서 일단 KPI는 제외하자. 중점과제만 제대로 잡을 수 있어도 반은 진전된 것이다). 여기서 간단히 〈표 11-7〉에 대해 해설을 하면, 과제 3, 4는 위의 재무적 목표 1, 2와 100% 중복된 과제이다. 특판팀의 매출은 논리적으로 순전히 기존 거래처 유지와 신규 거래처 개척으로 이루어지고, 그것의 단순 산술적인 합이다.

다시 한 번 말하지만, 이렇게 과제를 표현만 바꾸어 중복되게 나열하는 이유는, 현 단계에서 담당자가 목표 달성을 위해 무엇을 할지에 대한 아이디어가 없거나, 그것이 구체화되어 있지 않기 때문이다.

〈표 11-7〉 특판팀장의 목표 1

| 업무<br>구분 | 중점과제 | KPI | | | 비고 |
|---|---|---|---|---|---|
| | | 성과항목 | 실적 | 목표 | |
| 재무적<br>성과과제 | 1. 매출 목표 달성 | 매출액 | 94.8억 원 | 110억 원 | |
| | 2. 손익 목표 달성 | 손익 | 7.7억 원 | 10.1억 원 | |
| 전략과제 | 3. 기존 거래처 영업 진행 | 고객 만족을 통한 유지 | | | |
| | 4. 신규업체의 개발 | 팀 발전 목표 | | | |
| 부서관리 | 5. 유기적인 의사소통 | 합리적인 방향 | | | |
| | 6. 상호업무지원 및 보조 | | | | |

〈표 11-8〉 특판팀장의 목표 2

| 업무<br>구분 | 중점과제 | KPI | | | 비고 |
|---|---|---|---|---|---|
| | | 성과항목 | 실적 | 목표 | |
| 재무적<br>성과과제 | 1. 매출 목표 달성 | 매출액 | 94.8억 원 | 110억 원 | |
| | 2. 손익 목표 달성 | 손익 | 7.7억 원 | 10.1억 원 | |
| 전략과제 | 3. A 작업복 기능 업그레이드 | | | | |
| | 4. B 고객 판매 강화 | | | | |
| | 5. 제품·영업력 강화 | | | | |

## 다. 지도

지금부터 〈표 11-8〉에 기술된 목표에 대해 하나하나 짚어나가 보겠다. 과제 1, 2에 대해서는 회사에서 하달된 목표이기 때문에 별도의 해설이 필요하지 않다.

컨설턴트 : 작성하신 것 어디 한 번 볼까요.

특판팀장 : 지난번 교육받고, 팀원들과 회의도 하고 저도 진짜 고민을 많이 했습니다만, 정말 어렵네요. 저희 특판팀에는 성과관리 이런 거 안 맞는 거 아닙니까?

컨설턴트 : 그래도 지난 번 교육 때 작성하신 것보다는 좀 구체화되

어 있는데요.

특판팀장 : 그래도 KPI 설정은 도저히 안 됩니다.

컨설턴트 : 한 번 얘기해 보죠. A 작업복 기능 업그레이드가 중요한
과제는 맞습니까?

특판팀장 : 예. A가 저희의 제일 큰 고객이고, 이거 하나 놓치면 목
표 달성 못합니다. 죽어도 잡아야 됩니다.

컨설턴트 : 죽어도 거래처를 잡아야 된다고 말씀하셨는데, 죽어도
이 사람들을 잡기 위해서 팀에서는 무슨 일을 합니까?

특판팀장 : 부지런히 담당자 만나서 친분 유지하고, 그 사람들이 원
하는 제품을 만들어 제시하고 설득하는 거죠.

컨설턴트 : 그건 A뿐만 아니라 B도 마찬가지겠네요? 그리고 또 다
른 일반 업체는요?

특판팀장 : 그렇습니다. 다 똑같죠.

컨설턴트 : 좋습니다. 지금 두 가지를 말씀하셨는데, 열심히 만나는
일과 원하는 제품 제시하는 일이 맞습니까? 그것만 잘
하면 기존 거래처 유지가 되는가요? 타 업체들은 어떻게
하는지 아십니까?

특판팀장 : 그 사람들도 저희랑 별다를 것은 없지요. 정말 치열합니
다. 서로 상대 업체 물어뜯기도 하고, 가격 치고 들어오
고….

컨설턴트 : 그럼 경쟁업체 동향을 파악하는 것도 중요한 업무이겠네
요?

특판팀장 : 그렇죠. 그것도 하나 추가해야겠네요.

컨설턴트 : 다시 정리를 하죠. 열심히 담당자 접촉하고, 그 사람들이

원하는 제품 또는 더 나은 기능을 부가한 제품을 제시하고, 경쟁사의 동향을 잘 파악해서 적극적으로 대응하면 되겠네요?

특판팀장 : 그렇습니다. 조금씩 정리가 되어가는 느낌입니다.

컨설턴트 : 그런데 이렇게 하면 정말 (기존 거래처에 대한) 매출 목표는 달성합니까?

특판팀장 : 아니죠. A나 B는 연간 예산이 있기 때문에 예산이 삭감되면 목표 달성이 안 되죠.

컨설턴트 : 만약 그런 업체서 예산을 삭감하면 아무리 열심히 뛰어도 그 업체에 대한 매출 목표는 못 맞추게 되는데…. 그러면 전체 매출 목표는 어떻게 맞출 건데요?

특판팀장 : 일반 업체에서 더 많이 팔거나 신규업체를 개발해야죠.

컨설턴트 : 좋습니다. 중점과제는 이 정도 하고, KPI로 넘어가 보죠. A나 B 판매와 관련해서 그 사람들의 예산 문제는 우리가 통제가 불가능한 것이죠. 정부 예산 담당자에게 가서 영업할 수는 없을 테니까요?

특판팀장 : 당연히 그렇죠.

컨설턴트 : 그렇다면 특판팀이 할 수 있는 것은 어디까지입니까? 즉, A나 B를 상대로 영업활동을 열심히 해서 나타나는 결과로서 매출이 아니면 무엇이 있을까요? 즉, 매출의 전 단계로서 나타나는 결과가 뭐 없을까요?

특판팀장 : 일단 A나 B는 정부조달규정에 따라 입찰방식으로 진행합니다. 공개입찰이 나왔을 때, 그대로 낙찰이 되도록 하는 것이죠. 금액은 (예산과 관계있는 것이기 때문에)

잘 모르겠지만, 작년도 거래처에 대해 그대로 낙찰을 받는 것입니다.

컨설턴트 : 낙찰이라…. 기존 거래처 낙찰률? 작년에는 낙찰률이 얼마였는데요?

특판팀장 : 이전에 계약했던 그대로 100% 거래처를 유지했습니다.

컨설턴트 : 그렇다면 올해도 100% 유지하는 것을 목표로 해야 할 텐데…. 늘 그렇게 해서야 발전이 됩니까?

특판팀장 : 그건 그렇지 않습니다. 아까 말씀드린 대로 업체 간 경쟁이 엄청나기 때문에 기존 계약 유지하는 것 자체가 엄청 어렵습니다. 기존 거래처를 다른 데 안 빼앗기고 유지하는 것만으로도 엄청 열심히 한 것입니다.

컨설턴트 : 그것이 얼마나 어려운 일인지 저는 사실 잘 모릅니다. 팀장님의 상사께서 판단하실 일이겠죠. 일단 팀장님께서 그렇게 어렵다고 하니까 그렇다 치고…. 그렇다면 기존업체 거래 유지율 100%로 하면 됩니까?

특판팀장 : 네, 그것만 해도 엄청난 노력이 필요합니다.

컨설턴트 : 좋습니다. 다시 처음으로 돌아가서, A나 B에 낙찰을 받기 위한 영업활동 중에서 가장 중요한 과제가 무엇인가요?

특판팀장 : 제일 중요한 것은, 지속적으로 경쟁업체보다 나은 제품(샘플)을 그 사람들이 요구하기 전에 우리가 먼저 만들어서 제시하는 일입니다.

컨설턴트 : 올해 대략 몇 건 정도 제시할 계획입니까?

특판팀장 : 올해는, 상황이 안 좋아서 더 많이 제시하고, 또 그 사

람들이 없던 (구매) 계획도 만들어 내려면 작년보다 더 많이 해야 됩니다. 작년에 약 30건 정도, 올해는 50건 정도 해야 할 것 같네요.

컨설턴트 : 그것도 한 번 목표로 잡아볼까요? 일단 한 번 잡아 보죠.

<표 11-9> 1차 정리된 목표

| 업무 구분 | 중점과제 | KPI | | | 비고 |
|---|---|---|---|---|---|
| | | 성과항목 | 실적 | 목표 | |
| 재무적 성과과제 | 1. 매출 목표 달성 | 매출액 | 94.8억 원 | 110억 원 | |
| | 2. 손익 목표 달성 | 손익 | 7.7억 원 | 10.1억 원 | |
| 기존 거래처 유지 | 3. A/B 영업 강화 | 낙찰률 | 100% | 100% | |
| | 4. A/B 대상샘플 제시 강화 | 샘플 건수 | 30건 | 50건 | |

컨설턴트 : 다음으로 넘어가 보죠. A나 B에 대한 영업목표는 이 정도로 하고, 일반 업체는 어떻습니까?

특판팀장 : 일반 업체는 거래처가 100군데 이상이라, A나 B와 같은 집중관리는 못합니다. 또 금액이 그렇게 크지도 않고요.

컨설턴트 : 그렇다면 업체별로 다양한 영업활동들이 이루어지겠네요. 어떤 데는 샘플 제시, 어떤 데는 담당자 관리 열심히 하는 것, 또는 경쟁사가 특별히 노리는 업체라면 경쟁사 동향 파악하는 것도 포함해서….

특판팀장 : 그렇죠. 이런 업체들은 제가 일일이 관리도 못하고 담당자가 판단해서 활동합니다.

컨설턴트 : 일반 업체 대상으로 그러한 영업활동을 어떻게 관리할 수 있나요? 예를 들면 업무일지를 보고 열심히 했는지 안 했는지를 판단하나요?

특판팀장 : 업무일지를 쓰긴 하지만 그건 관리가 안 됩니다.

컨설턴트 : 그러면 무엇으로 판단하시겠습니까?

특판팀장 : 열심히 뛴 친구는 기존 거래처를 안 빼앗기고 올해도 그대로 계약 유지하는 것이고, 못하는 녀석은 다른 경쟁사에 뺏기겠죠.

컨설턴트 : 그러면 됐네요. 앞에서 얘기했던 낙찰률과 같은 계약 유지율로 관리하면 되나요?

특판팀장 : 그렇겠네요. 물론 올해 제품구입을 안 하는 업체도 있을 테니까, 그런 거래처는 제외하고 집계해 보면 되겠네요.

컨설턴트 : 좋습니다. 일반 업체에 대해서는 계약 유지율을 KPI로 해 봅시다. 작년도는 얼마나 됩니까?

특판팀장 : 약 90% 정도 됩니다.

컨설턴트 : 그럼 올해는 95% 정도하면 됩니까?

특판팀장 : 글쎄요. 욕심 같아서는 100% 하고 싶지만, 어쩔 수 없는 상황도 있을 수 있으니 한 98% 정도로 해 보죠.

컨설턴트 : 좋습니다. 정리하면 이렇게 됩니다.

〈표 11-10〉 2차 정리된 목표

| 업무 구분 | 중점과제 | KPI | | | 비고 |
|---|---|---|---|---|---|
| | | 성과항목 | 실적 | 목표 | |
| 재무적 성과과제 | 1. 매출 목표 달성 | 매출액 | 94.8억 원 | 110억 원 | |
| | 2. 손익 목표 달성 | 손익 | 7.7억 원 | 10.1억 원 | |
| 기존 거래처 유지 | 3. A/B 영업 강화 | 낙찰률 | 100% | 100% | |
| | 4. A/B 샘플 제시 강화 | 샘플 건수 | 30건 | 50건 | |
| | 5. 일반업체 영업 강화 | 재계약률 | 90% | 98% | |

컨설턴트 : 계속해서 다음 과제를 할까요?

특판팀장 : 좀 쉬었다 하시죠. 골치가 지끈지끈합니다.

컨설턴트 : 저도 아주 힘드네요. 10분만 쉬었다 하죠.


(10분 후)

컨설턴트 : 기존 거래처 관리는 이 정도로 하구요. 지금부터는 신규 거래처 관련해서 얘기해 보죠. 신규 거래처 개발을 위한 영업활동은 기존 거래처와는 좀 다를 것 같은데요?

특판팀장 : 다르죠. 일단 신규 거래처가 어디 있는지 잘 모르니까 저희 제품을 구매할 만한 거래처를 발굴하는 것이 제일 처음이죠.

컨설턴트 : 그렇군요. 그렇다면 신규 거래처를 발굴해서, 최종 납품에 (판매)까지 이르는 프로세스를 한 번 말씀해 보시겠습니까? 칠판에 한 번 그려 보시죠.

특판팀장 : 이렇게 됩니다.

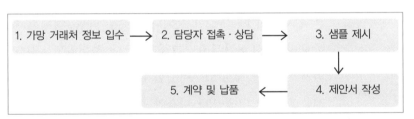

〈그림 11-4〉 신규 업체 개발을 위한 영업활동 프로세스


(위와 같은 그림은 절대 단번에 나오지 않는다. 이것까지 그리는 데 약 30분이 논의가 있었지만 그 과정은 생략한다)

컨설턴트 : 신규거래라 함은 순전히 올해 처음 발굴해서, 위의 전 과
　　　　　정을 다 밟아서 거래가 이루어지는 거래를 말합니까?

특판팀장 : 아니죠. 작년, 아니 그 전부터 계속 접촉하고 있는 업체
　　　　　가 훨씬 많죠. 다만 다른 경쟁사와 거래를 하고 있으니
　　　　　까 저희가 기회를 엿보면서 계속 관리하고 있는 거죠.

컨설턴트 : 그렇다면, 현재 신규거래를 위해서 가망고객의 리스트를
　　　　　가지고 수시로 접촉해서 기회를 엿보는 고객이 대부분이
　　　　　고, 그래서 이들로부터 구매가 이루어지면 되는 거죠?

특판팀장 : 바로 그렇죠.

컨설턴트 : 그러면 최종적으로 계약을 하고 최종 납품까지 가기 전
　　　　　에 어떤 단계까지 가면 거래가 성사될 확률이 높습니까?
　　　　　말씀하신 대로 매일 담당자 만나고 하는 활동들은 관리
　　　　　가 어려울 테고요.

특판팀장 : 그건, 샘플 제시입니다. 거래처 담당자가 샘플 한 번 가져
　　　　　와보라고 하면 그건 상당히 가능성이 높죠. 왜냐하면 기
　　　　　존 업체들이 마음에 안 들거나 새로운 제품 업체를 찾
　　　　　아보려는 신호거든요. 그렇지 않다 하더라도, 저희가
　　　　　먼저 샘플을 제시해도 비슷한 가능성이 생깁니다. 저희
　　　　　제품을 보고 (기능이나 다자인 측면에서) 담당자의 마음
　　　　　이 변할 수도 있습니다.

컨설턴트 : 그렇다면, 영업사원들이 열심히 하는 노력은 1단계로 샘
　　　　　플을 제시해 보는 것으로 나타나겠네요?

특판팀장 : 그렇습니다.

컨설턴트 : 샘플 제시할 때는 팀장님께 보고하고…. 관리가 가능한

것이죠?

특판팀장 : 물론입니다. 그렇다면 신규 업체 발굴을 위한 활동의 KPI는 샘플 제시 건수가 되겠군요.

컨설턴트 : 바로 그겁니다. 이제야 말이 좀 통하기 시작하네요. 작년도 몇 건이나 제시해 봤습니까?

특판팀장 : 약 30건 정도 했습니다.

컨설턴트 : 그럼 올해는 몇 건 정도 해야 됩니까?

특판팀장 : 한 50건은 해야죠.

컨설턴트 : 너무 많지 않습니까?

특판팀장 : 이 정도는 해야 할 것 같습니다.

컨설턴트 : 마지막으로 하나만 더 봅시다. 기존에 알고 있는 가망고객은 그렇게 하면 되겠고, 순전히 신규로 가망고객을 발굴하는 업무도 해야지요.

특판팀장 : 물론입니다. 실제 그런 활동도 하고 있고요. 그런 업체가 발견되면 저한테 보고하고 후보거래업체 리스트에 추가 기록해서 관리합니다.

컨설턴트 : 그러면 이야기를 더 길게 할 것 없네요. 뭐가 KPI가 될지 알겠죠?

특판팀장 : 그 정도야 뭐…. 당연히 신규 가망고객 발굴업체 수가 되겠지요. 작년에 한 10여 개 업체를 했으니까 올해는 한 20여 개 업체를 해야겠네요.

컨설턴트 : 너무 무리하시는 거 아닙니까?

특판팀장 : 아뇨, 이 정도는 해야 됩니다.

컨설턴트 : 마지막으로 정리해 볼까요?

〈표 11-11〉 3차 정리된 목표

| 업무<br>구분 | 중점과제 | KPI | | | 비고 |
| --- | --- | --- | --- | --- | --- |
| | | 성과항목 | 실적 | 목표 | |
| 재무적<br>성과과제 | 1. 매출 목표 달성 | 매출액 | 94.8억 원 | 110억 원 | |
| | 2. 손익 목표 달성 | 손익 | 7.7억 원 | 10.1억 원 | |
| 기존 거래처<br>유지 | 3. A/B 영업 강화 | 낙찰률 | 100% | 100% | |
| | 4. A/B 샘플 제시 강화 | 샘플 건수 | 30건 | 50건 | |
| | 5. 일반업체 영업 강화 | 재계약률 | 90% | 98% | |
| 신규 고객 창출 | 6. 신규 거래처 영업 강화 | 샘플 제시 건수 | 30건 | 50건 | |
| | 7. 신규 가망고객 발굴 | 발굴업체 수 | 10사 | 20사 | |

컨설턴트 : 어떻습니까?

특판팀장 : 좋은데요.

컨설턴트 : 가만…. 4항과 6항의 표현이 중복되어 있고, 또 4항의 샘플 제시 강화가 결국 위의 낙찰률과 직접 관련이 있어서 좀 중복된 감이 있습니다. 말씀하신 것처럼, 그 사람들 입맛에 맞는 샘플을 많이 제시하는 것이 낙찰률과 이어진다면서요?

특판팀장 : 맞습니다, 맞고요. 좀 이상해 보이기는 합니다.

컨설턴트 : 그러면 두 개를 합해서 '제품 업그레이드를 통한 거래유지'가 어떻습니까? 그리고 영업 강화를 좀 구체적으로 표현할 방법은 없나요? 이건 표현상의 문제이지만, 이 목표 설정서는 부하, 상사와 커뮤니케이션을 위한 수단이기 때문에 가급적 구체적일수록 좋죠.

특판팀장 : 구체적으로…. 한 번 고쳐 보죠.

(이후 컨설턴트/특판팀장의 옥신각신….)

컨설턴트 : 자, 다 되었습니다.

**〈표 11-12〉 최종 정리된 목표**

| 업무<br>구분 | 중점과제 | KPI | | | 비고 |
| --- | --- | --- | --- | --- | --- |
| | | 성과항목 | 실적 | 목표 | |
| 재무적<br>성과과제 | 1. 매출 목표 달성 | 매출액 | 94.8억 원 | 110억 원 | |
| | 2. 손익 목표 달성 | 손익 | 7.7억 | 10.1억 | |
| 기존<br>거래처 유지 | 3. AA, BB 대상 제품 업그레<br>이드를 통한 계약유지 | 낙찰률 | 90% | 95% | 샘플 제시<br>10→15건 |
| | 4. 일반업체 대상 경쟁업체<br>동향파악 및 대응 강화 | 계약유지율 | 90% | 98% | |
| 신규고객<br>창출 | 6. 기존 접촉 업체 신규거래<br>창출 | 샘플 제시<br>건수 | 30건 | 50건 | |
| | 7. 신규 가망고객 발굴 | 발굴업체 수 | 10사 | 20사 | |

특판팀장 : 이게 올해 제가 다 해야 할 일입니까?

컨설턴트 : 당연하죠. 팀장님께서 다 말씀하신 것 아닙니까? 제가 지어낸 것 하나도 없습니다.

특판팀장 : 그야 그렇지만…. 이거 다 하려면 거의 죽음이네요.

컨설턴트 : 죽는 거야 원래 영업맨들이 매출 목표 달성을 위해 죽는 것 아닙니까? 죽어도 뭐하다가 죽는지는 알아야 되고, 상사도 그걸 알아줘야죠.

특판팀장 : 정말로 이렇게 정리하고 보니까 뭘 해야 할지가 확실히 눈에 잡히네요. 그리고 팀원들도 무엇을 어떻게 관리해야 할지 알겠습니다. 정말로 열심히 한다고만 생각했지 이렇게까지 생각해 본 적이 없습니다.

컨설턴트 : 지금까지 저희가 한 것이 바로 목표설정의 기술이자 예술입니다.

특판팀장 : 정말 수고하셨습니다.

컨설턴트 : 수고하셨습니다. 다음으로 해야 할 일은 각 과제별로 실행계획을 수립하는 일이 남았습니다만, 비슷한 요령으로 구체적으로 수립하시면 됩니다. 그리고 중점과제에 대한 배점 비중은 팀장님과 사업부장님이 협의하셔서 중요도로 배점하시면 됩니다. 모든 팀에 대해서 재무적 성과과제의 총점은 50점 이내로 가져가려 합니다.

특판팀장 : 알았습니다.

(위의 목표설정서까지 나오는 데 두 사람이 약 4시간 정도 토론하였다.)


이상 특판팀의 목표 달성을 위한 과제들을 정리하여 로직트리를 그려보면 다음과 같다.

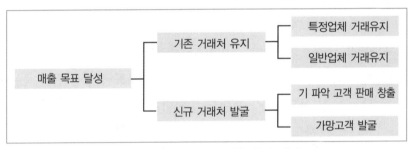

〈그림 11-5〉 특판팀의 매출 확대 방안


목표설정은 이렇게, 더 목표다운 목표를 도출하기 위해 상하 간에 토론함으로써 팀의 영업활동의 방향(로직트리) - 이 방향은 앞으로 수년간 유지될 수 있을 것이다 - 이 명료하게 그려지고, 이러한 방향에 따라 매년의 이슈(회사의 전략, 경쟁사 동향, 팀원들의 활동 반성)를 반영하여 구체적인 영업활동에 대한 과제와 KPI를 설정하는 과정이다.

## 3. 연구개발 부문의 목표설정하기

(1) 연구개발 부문의 업무 특성

다음은 컴퓨터 관련 제품을 생산, 판매하는 중견기업의 반기 경영회의 보고서 중 S/W 개발팀의 업무보고서이다. 이 회사는 매월 팀별로 이러한 업무계획서를 바탕으로 계획 대비 실적을 점검하고 또 다음 달의 업무계획을 검토한다. 이러한 월 경영실적 점검은 웬만큼 규모가 있는 기업이라면 수행하는 성과관리의 한 형태이다.

다음의 사례를 통해 앞장까지 설명한 성과관리와 무엇이 다른지를 생각해 보고, 또 어떤 것이 더 경영에 도움이 될지, 즉 회사의 발전에 기여하는 방법인지를 검토해 보자.

〈표 11-13〉 S/W 개발팀의 상반기 업무보고

| 개발 프로젝트 | 일정 | 달성률 | 개발진행률 | 비고 |
|---|---|---|---|---|
| 1. XX제품 방전 문제 해결 및 기능 추가 | 2011. 1~4 | 100% | 100% | |
| 2. XX제품 방전 문제 해결 및 기능 추가 | 2011. 5~8 | 100% | 85% | |
| 3. XX제품 보드개발에 따른 S/W 개발 | 2011. 1~6 | 50% | 50% | 보드개발 지연 |

하반기 계획도 이와 다르지 않다. 프로젝트 과제만 바뀔 뿐, 관리 항목은 전혀 다르지 않다. 즉, 오직 개발 일정만 관리된다.

이는 중소·중견 기업뿐 아니라 대기업 연구소에서도 가장 흔히 볼 수 있는 연구개발부서의 업무계획서이다.

　연구개발 업무는 거의 대부분이 담당자 한 명이 수행하기보다는 적어도 두 사람 이상이 팀을 이루고 프로젝트 형태로 추진된다. 어떤 업무에 프로젝트라는 명칭이 붙는다면, 그것은 최소한 프로젝트 수행기간이 명시되고, 그리고 진행하여야 할 상세 업무과제와 세부일정 그리고 담당자가 명시된 '프로젝트 수행계획'에 따라 진행된다. 만약 프로젝트 관리를 좀 더 잘 하는 회사라면 일정, 즉 개발 납기(Delivery) 외에 개발될 제품의 목표원가(Cost)와 개발된 제품이 구현할 기능, 사용자 편의성, 또는 사용자가 요구하는 품질수준과 관련된 품질(Quality)에 관한 목표를 미리 수립하고 일을 진행할 것이다. 예를 들어 스마트 폰 개발계획에는 다음 사항이 포함될 것이다.

〈표 11-14〉 대기업의 제품 개발계획서

| SMART PHONE #LSI_00243 개발계획 |
| --- |
| 1. 개발기한 : 20××/2/1~5/1(6개월)<br>2. 목표원가 : 530,000원<br>3. 품질 목표 :<br>　- 통화품질 : A급(통화품질 측정기준 3-1항에 의거)<br>　- UI 편의성 : 4.0 이상(사용자 필드 테스트 결과)<br>　- 디자인 : 4.5 이상(디자인 만족도에 관한 측정기준 5-1조에 의거)<br>　- 1회 충전 통화시간 : 8시간 이상<br>4. 상세 개발 일정 : 별첨 |

　위의 개발계획에는 이미 앞장에서 기술한 성과관리의 모든 내용이

들어 있다. 폰 개발이라는 중점과제와 QCD 측면의 KPI가 완벽하게 기술되어 있다. 그러므로 모름지기 프로젝트를 관리하는 것은 지금까지 서술한 성과관리 그 자체이며, 거꾸로 지금까지 이 책에서 설명한 성과관리라고 하는 것은, 직원들이 수행하는 중요한 업무(중점과제)만큼은 이러한 프로젝트를 수행하는 것처럼 해 보자고 하는 것에 다름이 아니다. 그러므로 연구개발부서에서는 대부분이 이런 정도의 연구개발 성과관리를 하고 있기 때문에, 특별하게 목표설정을 지도할 것이 없다.

하지만 과연 이것만 잘하면 정말로 회사가 다른 경쟁사에 비해 연구개발 경쟁력을 확보할 수 있을까? 만약 위의 목표가 상당히 도전적이고 타 경쟁사에 비해 더 높은 목표라면, 이것만 달성하면 다른 경쟁사에 비해 경쟁력을 확보하는 것은 일견 당연해 보인다.

### (2) 연구개발 부문의 목표설정

하지만 만약 이러한 어려운, 시련에 가까운 목표를 달성하는 것이 오직 개발 담당자들의 열성적인 노력 - 개발시한을 맞추기 위해 5개월 동안 밤잠을 자지 않고 - 에 의해서 이루어낸 성과라면 그것을 진정한 경쟁력이라고 할 것인가? 그리고 그 경쟁력이 다음 프로젝트에도 이어질 것인가? 통상적으로 연구개발팀장이나 팀원은 하나의 개발 프로젝트에만 참여하는 것이 아니라 동시에 여러 개의 프로젝트에 참여한다.

다음의 대화를 보자.

컨설턴트 : 팀장의 올해 계획된 5개의 S/W 개발 프로젝트를 정해 진 기한 내에, 정해진 KPI대로 수행하는 것이 중요하고 쉽지 않은 과제임에는 틀림없죠?

개발팀장 : 당연합니다. 이것 안 하면 큰일 납니다.

컨설턴트 : 그렇다면, 팀장님 산하에 올해 해야 할 프로젝트만 제대 로 수행하면 사장님께 잘했다고 칭찬받는 것 맞습니까?

개발팀장 : 물론 그렇죠. 목표 자체를 굉장히 도전적으로 잡았기 때 문에, 이것을 완수하는 것이 얼마나 어려운 일인지는 사 업부장도, 사장님도 잘 알고 있습니다.

컨설턴트 : 좋습니다. 그런데…. 진짜 할 수 있기는 한 겁니까?

개발팀장 : 글쎄요. 할 수 있다기보다는 해야 합니다.

컨설턴트 : 좋습니다. 질문을 이렇게 해 보죠. 팀장님이 5개의 프로 젝트를 완수하는 데 가장 큰 걸림돌이 무엇이라고 생각 합니까?

개발팀장 : 글쎄요. 일단 H/W개발팀에서 제품을 제때 개발해 주어 야 합니다.

컨설턴트 : 그 문제는 팀장님의 권한 밖이니까 일단 제쳐놓고요, 개 발팀 내에 문제는 없습니까? H/W만 제때 들어 오면 착착 순조롭게 개발이 됩니까?

개발팀장 : 그렇지는 않죠. 예를 들어 개발팀원 중 1명이 중간에 다 른 데로 이동하거나 퇴직해버리면 일정에 많은 차질이 생 깁니다. 그 친구가 개발하던 프로그램을 일일이 처음부 터 읽어서 해석을 해야 하는데, 이게 보통 일이 아닙니다.

컨설턴트 : S/W 프로그램 개발의 도큐멘테이션을 이야기하는 겁니까?

개발팀장 : 그렇습니다. 도큐멘테이션만 잘되어 있다면 다른 사람도 금방 그 프로그램을 이해할 수 있으니까요. 그리고 이것 하나 잘해 놓으면 다음 개발자도 그대로 잘 활용할 수가 있어 개발기간을 단축할 수 있습니다.

컨설턴트 : 아주 좋은 말씀해 주셨네요. 어쩌면 지금 말씀하신 도큐멘테이션이 개발 시한을 지키는 데 좋은 수단이 되겠네요.

개발팀장 : 물론 이번 프로젝트에는 도움이 당장 안 될지 모르지만 다음 프로젝트에는 큰 도움이 되겠죠. 중요한 줄은 알지만 늘 바쁜 개발 일정에 쫓기다 보면 못하고 그냥 지나가는 일입니다.

컨설턴트 : 이번에 한 번 시도해 보시죠. 5개를 전부 그렇게 하기는 힘들 것이고요. 5개 중에 하나의 프로젝트, 아니면 하나의 프로젝트 중에서도 범용성이 있는 특정한 모듈에 대해서만이라도 한 번 시도해 보시죠.

개발팀장 : 한 번 해볼 만하네요.

컨설턴트 : 다음에 또 문제가 되는 건 없습니까?

개발팀장 : 왜 없겠습니까? 얘기를 나누다 보니까 생각이 나네요. 팀원들이 또 하나 시달리는 문제는 이미 개발되어 납품된 제품에 대해 클레임이 자꾸 걸립니다. 전화로 오는 클레임에 대해 전화로 해결해 주는 수도 있지만, 어떤 때는 그것 해결하러 지방 출장까지 가야 합니다. S/W 개발업무가 고도의 집중력을 요하는 작업인데. 전화 한 번 받고 컴퓨터 이리저리 돌리면서 파일 찾다 보면 하던 일 잊어버리고…. 그러다 보면 능률이 많이 떨어지죠.

컨설턴트 : 그런 클레임으로 빼앗기는 개발시간 손실이 얼마나 될까요? 업무시간의 10%? 아니면 20%?

개발팀장 : 그건 정확히 잘 모르지만 하여튼 성가신 일임에는 틀림이 없습니다. 팀원들이 제일 많이 이야기하는 겁니다.

컨설턴트 : 그렇다면 차제에 한 번 해결해 보시죠?

개발팀장 : 어떻게요?

컨설턴트 : 그거야 저는 모르죠. 팀장님께서 더 잘 아시죠.

개발팀장 : …….

컨설턴트 : 그러니까 요는 그런 일을 하셔야 된다는 겁니다. 그래야 이번 5개 프로젝트를 무사히 시한 내에 완수할 수 있지 않겠습니까? 물론 팀원들을 닦달하면서 매일 밤샘시켜서 할 수도 있겠지만, 그것도 한계가 있죠.

개발팀장 : 그건 그렇습니다. 하지만….

컨설턴트 : 먼저 그런 클레임으로 인한 개발시간 손실이 어느 정도 되는지 한 번 측정해 보시죠. 중소기업을 가면, 품질 불량률 측정도 안 하는 데가 많습니다. 매번 품질 때문에 직원들도 귀찮아 죽겠다고 하고, 실제로 그로 인한 손실도 엄청난데도 말입니다. 품질이 문제가 있다면 제일 먼저 불량이 얼마나 나는지를 알아야 하지 않겠습니까?

개발팀장 : 그 다음에는요?

컨설턴트 : 그 다음은 당연히 그 시간을 얼마나 줄일 것인가를 목표로 세워야죠. 만약 그렇게 해서 그 시간을 줄여 개발에 투입할 수 있다면 개발기간이 단축되거나 조금은 팀원들이 덜 고생하면서 개발시한을 맞출 수 있겠죠.

개발팀장 : 한 번 해볼 만한데요.

컨설턴트 : 그러면 제목을 고객클레임 처리시간 단축쯤으로 해볼까요?

개발팀장 : 좋습니다. 한번 해볼 만하네요.

컨설턴트 : …….

컨설턴트 : 어떻습니까? 진짜로 해 볼만 합니까?

개발팀장 : 네, 재미있을 것 같은데요.

컨설턴트 : 그러면 팀장님의 목표는 이렇게 됩니다. 5개 프로젝트는 그냥 한 줄로 쓰시면 됩니다.

〈표 11-15〉 S/W 개발팀의 목표

| 중점과제 | KPI | | | 비고 |
|---|---|---|---|---|
| | 성과항목 | 실적 | 목표 | |
| 1. 개발 프로젝트 개발시한 준수 | 준수율 | 100% | 100% | 프로젝트별 추진일정 : 별첨 |
| 2. 프로그램 도큐멘테이션 작성 | 건수 | - | 1건 | |
| 3. 고객 클레임 처리시간 단축 | 처리시간/월 | ( )Hr | ( )Hr 20% 축소 | 2월 중 소요시간 측정 |

이 책의 앞장에서 기술한 성과관리의 효과 중 회사의 경영관리수준을 높이는 효과는 바로 3번 목표를 두고 하는 말이다. 이제 연구소는 연구개발 관리 수단으로서 연구원들이 시달리는 고객클레임을 관리함으로써 적어도 개발 시간의 낭비를 줄일 수 있을 것이다. 이것은 품질을 측정하지 않고 막연히 문제로만 느끼던 생산팀장이 성과관리를 통해 생산팀의 관리지표로서 품질기준을 추가하는 계기가 되는 것과 똑같은 효과이다.

## 4. 생산 부문의 목표설정하기

### (1) 업무 개요

생산 부문의 목표설정을 위해 생산팀장과 생산관리팀장의 사례를 비교해서 검토해 보고자 한다. 중소기업의 경우 대개 생산관리와 생산을 한 팀에서 하는 경우가 많지만 회사의 규모가 어느 정도 커지면 생산관리, 또는 지원기능과 직접 생산기능이 분리되어 생산관리(지원)팀과 생산팀의 두 팀으로 수평 분화하고, 다시 두 팀을 관장하는 생산부문장의 조직으로 수직 분화하게 된다. 두 팀의 기본적인 미션은 팀의 이름에서 알 수 있듯이 생산팀은 생산과 관련하여 제품의 생산, 설비의 운전, 생산 인원관리 등에 대한 책임을 지고, 생산관리(지원)팀은 생산계획 수립, 생산 지시(오더), 원재료 구매(요청)업무를 담당하게 된다. 이 정도의 지식을 바탕으로 다음의 사례를 보고, 생산 부문장의 입장에서 문제점을 찾아내고, 두 팀장의 올바른 목표가 무엇인지를 생각해 보자.

### (2) 생산 부문의 목표설정

〈표 11-16〉 잘못된 목표 사례

| 팀 | 중점과제 | KPI | | | 비고 |
|---|---|---|---|---|---|
| | | 성과항목 | 실적 | 목표 | |
| 생산관리팀장 | 생산 목표 달성 | 생산량 | 25,000개/년 | 30,000개/년 | |
| 생산팀장 | 생산 목표 달성 | 생산량 | 25,000개/년 | 30,000개/년 | |

## 가. 목표설정 해설

독자 여러분은 위에 적은 두 팀장의 목표가 확실히 잘못되었다는 것을 금방 이해할 것이다. 또 한편으로 '과연 이런 목표를 적어오는 팀장이 있을까'라고 생각할지도 모르겠다. 하지만 이런 경우는 나름대로 성과관리를 하고 있는 기업에서 흔히 나타나는 사례이다. 무엇이 잘못되었는지 하나하나 짚어 보자.

〈잘못 1〉 '생산 목표 달성'은 목표가 아니라 팀의 미션이다.

생산팀이나 생산관리팀의 목표인 '생산 목표의 달성'은 단순히 목표라기보다는 미션이자 팀이 존재하는 근본 이유이다. 이렇게 중점과제를 팀의 미션에 해당할 만큼 범위를 크게 설정하면 올바른 KPI가 도출되지 않는다. 위에 적은 바와 같이 생산량 30,000개가 목표가 될까? 만약 제품이 예상(경영계획)보다 잘 팔리지 않아 생산 오더 자체가 줄어들어 20,000개만 생산했다면 두 팀장의 목표를 달성하지 못한 것인가? 아니면 고객으로부터 제품의 주문이 예상을 뛰어 넘어 50,000개를 생산했다면 두 팀장의 목표를 초과 달성한 것인가? 우리 모두가 아시다시피 생산팀에서 생산하는 제품의 수량은 영업부서에서의 생산 오더에 달려 있다. 여기서 생산량 30,000개라고 하는 것은 어디까지나 매출 목표에서 산출한 경영계획의 일부일 따름이다.

그러므로 '생산 목표의 달성'과 같은 중점과제는 조직의 존재 이유로서 너무나 당연한 업무를 그냥 종이에 적은 데 불과하며, 더군다나 생산량 자체는 KPI가 되어서는 안 된다. 여기서 '안 된다'고 하는 것은, 이런 목표는 목표로서의 기능, 즉 현상을 개선하는 일도 아니며,

목표로서 담당자 스스로에게 동기를 부여하는 효과가 전혀 없기 때문에 있으나 마나한 목표라는 것이다. 하지만 이런 목표는 단기적인 목표는 될 수 있다. 웬만한 기업의 생산현장에 가면 생산라인별로 '6월 생산 목표 7,000대,' '6월 현재 생산량 5,600개'라고 적은 LCD 전광판을 자주 볼 수 있다. 이런 경우는 전 달까지 확정된 생산 오더 7,000대를 이번 달에는 무슨 일이 있어도 생산해 내야 하는 경우로서, 이런 경우라면 목표가 된다. 하지만 1년을 주기로 하는 성과관리에서 연간 목표를 수립하는 경우에는, 매월 또는 매일 확정된 생산계획을 100% 달성하겠다는 목표로서 월 평균 목표 달성률 100%를 KPI로 설정하는 것은 적정하며, 이 또한 생산 부문의 전형적인 지표형 목표가 된다.

〈잘못 2〉 생산팀장과 생산관리팀장의 목표가 같아서는 안 된다.

생산량 30,000개의 달성이 적절한 목표가 된다 하더라도 두 팀장의 목표는 동일해서는 안 된다. 이러한 목표는 생산 부문장의 목표는 되지만 두 팀장의 목표는 아니며, 생산관리팀장의 목표는 더욱 아니다. 앞에서 설명한 바와 같이 생산관리팀은 생산팀의 생산 목표를 달성하기 위해 효율적인(생산팀의 라인별 생산능력에 맞는) 생산계획을 수립하여야 하며, 또한 생산에 필요한 원재료를 필요한 시기에 공급할 책임이 있다. 그러므로 생산관리팀장은 이러한 자신의 업무책임 하에 있는 과제만을 목표로 세워야 하며, 그래야만 비로소 그 목표가 목표로서의 기능을 하게 되는 것이다. 또한 만약 생산관리팀과 생산팀이 뚜렷한 업무구분 없이 상호 긴밀한 협조(?) 하에 공동으로 생산 목표를 수행해 왔다면 차제에 두 사람의 업무분장을 명확히 하여 각자가 자신의 업무책임을 다할 수 있도록 해야 한다. 다시 말하지만 조직에서 공동책임이라고 하는 것은 거의 모든 경우 협조보다는 분란, 책임 회피, 목표 미달성의 문제만을 노출하게 하는 것이다.

## 나. 목표설정 지도

생산팀장의 목표는 앞 장에서 계속 사례로 많이 인용되었고, 또한 대부분의 기업에서 비슷한 내용으로 수립할 수 있기 때문에 여기서는 구체적인 목표설정 지도 사례를 생략하겠다. 일반적으로 생산팀장의 목표는 생산납기 준수(단축), 생산품질 개선, 공정 개선, 설비 유지보수, 환경 개선, 원가 절감(전력비, 생산소모품 비용 등)과 관련되어 설정된다.

다음은 생산관리팀장의 목표설정 지도 사례로서, 목표설정 요령에 대한 1차 교육 후 작성한 것이다.

〈표 11-17〉 생산관리팀장의 목표

| 중점과제 | KPI | | | 비고 |
|---|---|---|---|---|
| | 성과항목 | 실적 | 목표 | |
| 1. 생산계획 대비 납기 준수 | 납기 달성률 | 80% | 90% | |
| 2. 외주임가공 업체 유치로 생산 안정화 추진 | 공장 내 생산비중 | 20% | 40% | |
| 3. 품질관리 강화 | 제품 불량률 | 1.5% | 1.3% | |
| 4. 소모품비 비용절감 | 절감금액 | - | 50백만 원 | |

컨설턴트 : 첫 번째 과제부터 보죠. 생산계획 대비 납기 준수…. 이
　　　　　거 중요하죠. 그러니까 중점과제로 잡으신 거겠죠?
팀　　장 : 네, 그렇습니다.
컨설턴트 : 이거 생산팀장님하고 협의한 겁니까? 좀 전에 생산팀장과

이야기했거든요.

팀　　장 : 그러면 잘 아시겠네요. 당연히 생산팀장과 협조해서 납기를 준수해야죠.

컨설턴트 : 그건 그렇습니다. 문제는…. 만약 납기 준수가 안 된다면 누구 책임입니까? 아니면 납기 준수를 아주 잘 했다면 누가 칭찬을 받아야 합니까?

팀　　장 : 글쎄요…. 저하고 생산팀장하고 둘이서 같이 책임이 있겠죠.

컨설턴트 : 목표는 그렇게 정하면 안 된다고 교육시간에 말씀 드렸는데…. 목표는 어디까지나 본인의 책임과 업무에 관해서만 수립해야 합니다.

팀　　장 : 글쎄요…. 일을 그렇게 나누어서 해오지 않아서….

컨설턴트 : 그러면 생산팀 한 팀으로 하지 무엇 때문에 두 팀으로 나누었겠습니까? 제품생산의 납기 준수라는 목표는 같더라도 생산관리팀의 역할은 분명히 생산팀과는 다르지 않나요?

팀　　장 : 아무래도 저는 원재료 조달하고, 생산 스케줄 잡고, 현장 생산현황 관리하는 데 더 신경을 쓰죠. 생산팀장은 직접 생산에 더 신경을 쓸 것이고요.

컨설턴트 : 잘 아시네요. 그러면 생산납기 준수하려면 팀장님은 뭘 해야 합니까?

팀　　장 : 일단 원재료를 제때 공급해 줘야겠지요.

컨설턴트 : 맞습니다. 아까 생산팀장도 그런 얘기를 하셨어요. 우리가 생산을 하려 해도 원재료가 안 들어 와서 생산을 못

하는 경우도 더러 있다고요.

팀　　장 : 그런 경우가 있긴 있죠. 하지만 자주 있는 것은 아니죠.

컨설턴트 : 혹시 작년에 원재료 투입시기가 늦어진 경우가 몇 건이나 있는지 아십니까? 아니면 원재료 투입이 안 돼서 생산이 지연된 날짜가 며칠이나 되는지 알 수 있나요?

팀　　장 : 글쎄요…. 집계를 안 해봐서 잘 모르겠지만 아마도 기록을 찾아보면 알 수는 있을 겁니다.

컨설턴트 : 팀장님, 보십시오. 문제를 개선하려면 문제를 정확하게 알아야 합니다. 생산납기를 준수하려면 팀장님은 원재료 납기를 준수해야 되고, 생산팀장은 순수하게 생산에 소요되는 시간을 잘 관리해서 최종납기를 지켜야지요. 지금 막연히 두 팀장께서 납기 준수라는 목표만, 그것도 공동으로 설정했다고 해서 그것이 개선되기는 힘들죠. 각자가 각자의 역할을 다해야 하지 않겠습니까?

팀　　장 : 무슨 말인지 알겠습니다. 그러면 제 목표는 원재료 납기 준수가 되겠네요?

컨설턴트 : 그렇죠. 바로 그겁니다. 혹시 원재료 납기를 관리할 수 있는 방법은 있습니까?

팀　　장 : 네. 구매부서에 넘기는 구매요청서에 입고 일자, 주문 일자 등이 기록됩니다. 그리고 실제 입고 일자는 자재팀에 있고요.

컨설턴트 : 그러면 작년 현황 한 번 파악하셔서 작년도 실적 적으시고, 올해 목표 잡아 보시죠?

팀　　장 : 알겠습니다.

컨설턴트 : 다음 과제를 볼까요. 다른 과제들도 마찬가지입니다. 외주 임가공 업체 유치하는 일, 품질관리 강화, 소모품 비용절감. 이런 것 모두가 생산팀장과 협조해서 해야 될 일처럼 보이고요. KPI도 생산팀과 혼재되어 있는 것 같습니다. 제품 불량률 1.5%에서 1.3%로 낮춘다고 했는데, 이것도 좀 전에 이야기한 납기 준수와 똑같습니다. 불량률을 낮추기 위해서 팀장님과 생산팀장님의 업무분장이 어떻게 되어 있습니까? 그 업무 분장에 따라 목표를 설정하셔야지요.

팀    장 : 알겠습니다. 다시 고민을 더 해서 잡아보겠습니다.

컨설턴트 : 다시 말씀 드리는데 목표는 자기 업무에 관한 것만 세우시면 됩니다. 남의 것은 빼고요.

팀    장 : 알겠습니다.

컨설턴트 : 아 참! 하나만 더 말씀드릴게요. 소모품비 절감금액이 있는데, 이건 어떻게 산출된 건가요?

팀    장 : 전년도 총 구입금액의 10% 정도 잡은 겁니다.

컨설턴트 : 그렇다면 절감금액보다도 소모품 구입금액을 잡는 게 좀 더 정확해 보입니다. 그리고 혹시 생산이 늘어나면 소모품비도 그만큼 올라가지 않습니까? 그리고 생산이 줄면 자연히 소모품비도 줄어들 것이고요.

팀    장 : 네, 그렇죠. 그렇지만 늘 그렇게 잡아 왔습니다.

컨설턴트 : 그러시면 안 되고요. 산정 기준을 정확히 잡으셔야 합니다. 그래야 팀장님의 노력으로 절감된 금액이 정확히 집계되고, 그래야 팀장님의 성과로 상사에게 품 잡을 수도

있는 것이죠.

팀    장 : 그렇게 해 보겠습니다.

〈표 11-18〉 정리된 생산관리팀장의 목표

| 중점과제 | KPI | | | 비고 |
|---|---|---|---|---|
| | 성과항목 | 실적 | 목표 | |
| 1. 원재료 조달 납기 준수 | 납기 달성률 | 75% | 90% | |
| 2. 외주임가공 업체 유치로 생산 안정화 추진 | 유치업체 수 | – | 2개 업체 | 8월 말까지 |
| 3. 품질관리체계 확립 및 시행 | 시행일자 | – | 7월부터 | 6월 관리체계 개선안 보고 |
| 4. 소모품비 비용절감 | 구매금액 | 500백만 원 | 450백만 원 | 전년도 매출기준 |

## 5. 지원 부문의 목표설정하기

### (1) 지원 부문의 업무 특성

흔히 영업 부문이나 생산 부문의 목표설정은 쉽지만 지원 부문의
목표설정은 어렵다고 말한다. 그 이유는 간단하다. 영업 부문은 매출,
생산 부문은 품질이라는 성과지표를 쉽게 떠올릴 수 있지만 지원 부
문은 업무 수행의 성과를 떠올리기 힘들기 때문이다. 하지만 지금까지
목표설정의 기술을 학습한 사람이라면 이제는 결코 그렇지 않다는 것
을 이해할 것이다. 컨설턴트로서의 경험으로 보면 오히려 지원 부문의
목표설정이 더 쉽다. 그 이유는 인사, 총무, 재경, 기획팀의 경우는 물
론 정기적으로, 반복적으로 수행되는 업무도 많이 있지만 새로운 일
을 기획하고 입안하는 일이 많기 때문이다. 즉, 지원 부문은 일 자체
를 과제 중심으로 수행하기 때문에 중점과제를 찾는 일이 훨씬 용이

하다. 따라서 지원 부문의 목표는 지표형 목표의 설정이 어렵기 때문에 필연적으로 과제형 목표로 설정되게 된다.

지원 부문의 업무 미션은 두 가지로 볼 수 있다. CEO의 스텝으로서 회사 전체의 정책을 입안하고 직접부서로 하여금 그 정책을 수행하도록 하는 업무와 직접부서에 대한 지원부서로서 직접부서가 업무를 원활히 수행할 수 있도록 인적, 물적 지원을 수행하는 것이다. 그러므로 지원 부문은 주로 사장의 구체적인 지시나 전략 목표에 따라 새로운 정책이나 제도, 기준을 입안하거나 고객(직접부서)이 요청하는 사항에 대해 구체적인 방안을 입안하고 보고하는 일을 수행한다. 이러한 업무들은 많은 경우 그 자체로서 중점과제가 되기 때문에 일단 목표설정단계에서 반 이상의 산은 넘은 것이나 다름없다. 그러므로 각 과제에 대한 KPI만 설정하면 되며, 앞에서 설명한 바와 같이 새로운 제도나 정책을 기획하는 일은 대개 제도나 정책을 입안하고 최종 승인을 받는 '완료시기(납기)'가 KPI가 된다. 왜냐하면 대부분 이러한 제도나 정책의 외부적인 공헌, 즉 그것이 실행되어 실제로 제도가 지향하는 원래의 목적이 나타나기까지는 상당한 기간이 소요되기 때문에 제도 실행의 당해 연도에는 외부적인 공헌을 KPI로 설정할 수가 없기 때문이다.

외부적인 공헌과 관련하여 지원 부문의 성과에 있어 더 큰 문제는 오히려 다른 데 있다. 새로 시행되는 제도나 정책은 반드시 그 시행 목적을 가지고 있지만, 단순히 시행하는 데만 급급하고, 그것이 지향하는 목적(외부적인 공헌)에 대해서는 확인을 하지 않는다는 것이다. 새로운 인사평가제도를 시행했다면 그 제도의 시행목적인 평가의 공정성(향상)을 확인하여야 할 것이며, 직원들의 사기진작을 위해 직원단

합대회를 시행했다면 직원들의 만족도를 측정하여야 하며, 새로운 전산시스템을 도입하였다면 그로 인해 실제로 그 시스템을 활용하는 부서에서 업무가 질적, 양적으로 개선되었는지를 확인하여야 한다. 그래서 새로운 제도나 정책이 실행된 다음 연도에는 실제 그 목적의 달성정도를 측정하고, 그 수준을 향상하는 것을 목표로 설정하여야 하는 것이다. 그래야만 지원부서의 담당자 스스로도 외부적인 공헌을 확인할 수 있을 것이며, 따라서 자기가 하는 일의 의미, 일의 보람을 느낄수 있다. 나아가 현업부서로부터도 '규정이나 기준만 양산하는 부서'가 아닌 실제로 직원들을 지원하고 회사에 기여하는 주요부서로서 인정받을 수 있다.

지원 부문의 목표설정 사례로서 인사팀, 회계팀, 구매팀, 기획팀의 4개 팀에 대해 기술하겠다.

## (2) 인사팀의 목표설정 사례

**〈표 11-19〉 대기업 인사팀 대리의 사례**

| 중점과제 | KPI | | | 비고 |
|---|---|---|---|---|
| | 성과항목 | 현수준 | 목표 | |
| 1. 인사평가 마감기간 준수 | 준수율 | 100% | 100% | |
| 2. 고성과자 유지 | 유지율 | 90% | 95% | |
| 3. 내부직원 전환배치 실시 | 전환배치 실시율 | – | 100% | |

### 〈목표 1〉 인사평가 마감기간 준수, 준수율 100%

이 목표는 외형상, 목표의 명확성이나 측정 가능성의 측면에서 제대로 된 목표인 것처럼 보이며, 내용적으로도 경영에 임팩트가 큰 중요한 과제임에 틀림이 없다. 왜냐하면 인사평가라고 하는 것은 연간 인사일정에 따라 하지 않으면 안 될 중요한 업무이며, 또한 일정을 지키지 못하면 그 뒤에 이어질 직원들의 연봉조정, 승진심사 등 인사관리에서 가장 중요한 일들이 지연될 수 있기 때문이다.

하지만 목표는 현실을 개선할 수 있는, 현재보다 더 나은 상태이어야 한다는 점에서 작년에도 100% 준수하던 일을, 아니면 매년 준수해 오던 일을 또 다시 100% 준수를 목표로 잡는 것은 목표가 될 수 없다. 또한 설사 작년에는 못하던 일을 올해 100% 한다고 하더라도, 준수율이라는 단어는 부적절한 단어이다. 인사평가는 년 1회 기간을 정해서 수행하는 업무이기 때문에 1회적으로 일어나는 업무에 대해서는 준수율보다는 '완료일자'를 KPI로 하는 것이 낫다.


### 〈목표 2〉 고성과자 유지 : 유지율 95%, 또는 퇴직률 5%

이런 목표는 적절하다. 90%를 95%로 끌어 올리는 일이 얼마나 도적적인가는 그 회사의 현실을 파악해야 알 수 있는 것이지만, 일단 성과를 개선하는 목표이며, 정량화의 측면에서 목표의 요건을 갖추고 있다. 다만 성과의 관리, 측정을 위해 고성과자에 대한 기준, 예를 들어 '인사평가 A등급 이상인 직원'과 같은 조건을 명확히 설정하여야 할 것이다.


### 〈목표 3〉 내부직원 전환배치 실시 : 실시율 100%

이것은 일견 목표로서 절절해 보이지 않는다. 대기업의 경우 직원들의 전환배치 업무는 연간 정기적으로 1회, 또는 필요에 따라 수시로 발생되는 업무이며, 이 업무를 100% 실시하는 데 특별한 어려움이나 도전성이 보이지 않는다. 하지만 만약 회사에서 실시하는 연간 전환배치 계획이, 예를 들어 전직원의 10%를 전환배치 한다는 기준을 시행함에 있어 일선 관리자들의 반발 등으로 항상 목표 인원을 이동시키지 못하는 경우라면 100% 실시율은 목표가 될 수 있다. 이런 경우를 제외하고 일상 업무로서 전환배치 계획에 따라 전환배치를 단순 수행하는 것은, 그냥 개인의 직무일 뿐 성과관리에서 추구하는 목표는 아니다.

〈표 11-20〉 공기업 인사지원팀 과장의 사례

| 중점과제 | KPI | | | 비고 |
|---|---|---|---|---|
| | 성과항목 | 현수준 | 목표 | |
| 1. 부서 내 칭찬 릴레이 활동 진행 | 실시 횟수 | – | 1회/월 | |
| 2. 계층별 간담회를 통한 활기찬 조직만들기 | 간담회실시 횟수 | – | 1회/분기 | |
| 3. 관리자 면담 기법 교육 | 교육 횟수 | 2회/년 | 4회/년 | |

### 〈목표 1〉 부서 내 칭찬 릴레이 활동 진행과 〈목표 2〉 활기찬 조직 만들기

부서 내 칭찬 릴레이 활동 진행이나 계층별 간담회를 만약 올해 처음 실시한다면 올해에 한해서 '횟수'를 KPI로 설정할 수 있다. '실시 횟수'라는 KPI는 외부적인 공헌이 아니기 때문에 좋은 목표라고 할 수는 없으나, 이 두 가지 과제의 성격상 일단 몇 차례 시행 후에 외부적인 공헌, 즉 조직 활성화의 효과가 나타나는 업무이기 때문에 시행 첫 시기에는 실시한다는 것 자체가 목표가 될 수 있다. 하지만 이듬해에는 반드시 외부적인 공헌으로서의 성과를 측정하여야 하며, 목표 또한 칭찬 릴레이 활동이 지향하는 '조직 활성화'의 수준으로 설정되어야 한다.

조직 활성화의 측정방법 중 가장 널리 쓰이는 방법으로 직원들을 대상으로 한 설문지 조사법이 있다.

<표 11-21> 중견기업 경영지원팀 과장의 사례

| 중점과제 | KPI | | | 비고 |
|---|---|---|---|---|
| | 성과항목 | 현수준 | 목표 | |
| 1. 직원 정착률 제고 | 퇴직률 | 7% | 5% | |
| 2. 직원 인당 매출액 증대 | 인당 매출액 | 1.5억 원 | 2억 원 | |
| 3. 인당 부가가치 증대 | 인당 부가가치 | 8백만 원 | 10백만 원 | |

### <목표 1> 직원 정착률 제고, 퇴직률 5%?

<표 11-19>의 고성과자 유지와 비슷한 내용으로 적절한 목표라고 할 수 있다. 여기서는 정착률 제고라고 하는 과제에 대해 좀 더 살펴볼 필요가 있다.

정착률을 제고하는 일은 인사부서와 현업이 공동으로 수행할 책임이 있는 업무이다. 이는 제7장 중점과제의 설정에서 설명한 기획 담당자와 실행 담당자가 다른 경우에 해당하는 과제이다. 직원들의 정착률을 제고하기 위해, 또는 퇴직률을 낮추기 위해 인사 담당자는 퇴직자 면담 강화 등 일선관리자의 직원관리 강화를 위한 교육을 실시하거나, 면담 매뉴얼을 작성해서 배포하거나, 또는 퇴직자들의 면담을 통해 이들의 애로를 발굴하고 그 애로를 해결하는 적절한 시책을 수립할 것이다.

또한 현업관리자는 인사부서의 교육을 받고, 또는 배포된 매뉴얼을 참고하여 면담을 강화함으로써 소속 부하들의 퇴직을 예방할 수 있을 것이다. 이런 활동의 결과 퇴직률이 낮아진다면, 일견 그 성과에 대한 공(功)을 인사 담당자와 일선관리자가 공유해야 하는 것처럼 보이지만, 이런 경우는 전사적인 퇴직률을 관리하고 개선대책을 수립한 인사 담당자가 그 공(功)을 독차지하는 것이 맞다. 대부분의 경우 기획 담당자는 특정한 과제의 수행을 위한 기획뿐 아니라 실행에 대해서도 원칙적으로 책임을 져야 하기 때문이다.

### 〈목표 2〉 직원 인당 매출액 증대와 〈목표 3〉 부가가치 증대

퇴직률에 대해서는 전적으로 인사 담당자의 책임이라고 할 수 있으나 인당 매출액이나 인당 부가가치는 결코 인사 담당자의 책임으로 돌릴 수가 없고, 따라서 이것은 잘못된 목표이다. 그 이유는 명확하다. 인당 매출액이나 부가가치라는 KPI에는 인사 담당자를 포함하여 적어도 두 사람(부서) 이상의 성과책임이 포함되어 있기 때문이다. 쉽게 이해하겠지만 매출은 영업부서의 책임이며, 부가가치는 그 정의를 쉽게 표현해서 총 매출액에서 총 매입액을 차감한 금액이라고 한다면, 회사의 거의 모든 부서가 부가가치에 책임이 있다.

그러므로 이런 목표는 개인이나 일개 조직의 목표가 될 수 없고, 다만 전사적인 경영 목표나 관리지표는 될 수 있다. 전사적인 경영 목표는 앞에서 설명한 바와 같이 전사 목표가 하부 전개(Breakdown)되는 과정에서 각 조직과 개인의 업무분장에 따라 단위 과제로 분해되어 부여된다. 총 직원의 수에 대한 책임은 인사부서에, 매출에 대한 책임은 영업부서에, 부가가치에 대한 책임은 비용을 발생시키는 모든 부서에 부여되어야 한다. 그러므로 경영지원팀의 인당 부가가치에 대한 책임은 인원수에 한정되어야 하며, 이 경우 중점과제는 '인력 충원 억제' 등이 되어야 한다.

## (3) 회계팀의 목표설정 사례

**〈표 11-22〉 중견기업 회계팀장의 사례**

| 중점과제 | KPI | | | 비고 |
|---|---|---|---|---|
| | 성과항목 | 현수준 | 목표 | |
| 1. 매월 경영실적 보고 | 보고일자 | 월 20일 | 월 15일 | |
| 2. 세법 변경에 따른 결산기준 수립 | 시행일자 | – | 10/1 | |
| 3. ABC 원가회계제도 도입 | 시행일자 | – | 8/1 | |
| 4. 법인세 감면 확대 | 감면금액 | 3.5억 원 | 5억 원 | |

### 〈목표 1〉 매월 경영실적 보고

사장의 지시나 경영진의 요청에 의해 매월 20일 보고되는 경영실적을 5일을 당겨 15일에 보고해야 하는 경우라면 적절한 목표가 된다. 실제 회사의 매출실적이나 각 부서에 흩어진 비용을 취합, 집계하여 일정을 지키는 일은 항상 회계팀으로서 쉽지 않은 일이며, 이것을 5일을 당긴다는 것은 대단히 도전적인 일이다. 이런 업무는 보고일자를 KPI로 하기보다는 시행 시기를 KPI로 하는 것이 더 적절하다. 즉, 매월 15일로 경영실적을 당겨서 보고하기 시작하는 시기, 예를 들어 '6월'로 설정하는 것이다.

**〈표 11-23〉 회계팀장의 정리된 목표**

| 중점과제 | KPI | | | 비고 |
|---|---|---|---|---|
| | 성과항목 | 현수준 | 목표 | |
| 1. 매월 경영실적 보고일자 단축 | 단축시행일자 | – | 10/1 | 현 월 20일 → 월 15일 |

### 〈목표 2〉 세법 변경에 따른 결산기준 수립

이 과제는 정부의 세법이 변경됨에 따라 세무에 관한 결산을 변경시키는 과제로서 하지 않으면 회사의 경영에 큰 손실을 끼칠 수 있기 때문에 반드시 납기(법적 요구일자)를 지켜 수행하여야 할 중요한 과제로서 충분히 목표가 된다. 다만 이런 유형의 과제 – 정부정책의 변경이나 환경변화에 따라 하지 않으면 안 되는 과제 – 의 경우 특별한 외부적인 공헌을 찾기는 어렵다. 굳이 외부적인 공헌을 찾는다면 법규위반으로 인해 회사가 처벌을 받지 않은 것 정도가 아닐까 한다.

### 〈목표 3〉 ABC 원가회계제도 도입

회사의 원가회계기준을 체계화하기 위해 ABC 원가기법을 도입, 시행하는 것 또한 적절한 목표이며, KPI로 설정한 시행일자도 적절하다. 나아가 담당자는 올해 도입한 ABC 원가회계 기준이 조직에 제대로 정착되고, 또 그 과제가 지향하는 효과, 예를 들어 정확한 원가의 산출이 이루어지는지를 지속적으로 관리(Follow-up)하여야 하며, 아울러 그러기 위해서는 이 과제에 이어서 차기의 목표는 정착화의 수준이거나 효과의 수준을 향상시키는 목표를 수립하여야 한다. 아울러 그 수준을 측정할 수 있는 측정 도구를 만드는 일도 당연히 수행하여야 한다.

### 〈목표 4〉 법인세 감면 확대

회계 담당자의 노력으로 법인세를 감면할 수 있다면 그것은 당연히 좋은 목표가 되며, KPI는 당연히 그 노력으로 인한 법인세 감면 금액이 될 것이다. 〈목표 4〉에서 한 가지 보완 사항으로는 법인세가 더 늘어나거나 축소되는 데 영향을 미칠 수 있는 회사의 전체 손익에 따른 법인세의 변동부분을 제외하는 일이다. 올해 법인세 감면 금액으로 5

억 원을 달성했다 하더라도 그것이 경영상의 손익에 영향을 받았다면, 그만큼 회계 담당자의 성과에서는 가감되어야 할 것이기 때문이다.

## (4) 구매팀의 목표설정 사례

〈표 11-24〉 중견기업 구매팀장의 사례

| 중점과제 | KPI | | | 비고 |
|---|---|---|---|---|
| | 성과항목 | 현수준 | 목표 | |
| 1. 원재료 단가 인하 | 원가절감 | 4.5억 원 | 5억 원 | |
| 2. 주요 납품업체 선정 및 육성 | 선정업체 수 | − | 20개 | |
| 3. 거래선 평가기준 수립 | 시행일자 | − | | |
| 4. 공용부품 확대 | 원가절감 | | 3억 원 | |

### 〈목표 1〉 원재료 단가 인하

구매부서의 업무 미션은 어떤 회사를 막론하고 일정한 품질의 원재료(제품)를 '보다 싼 가격에 적기에 구매하는 일'이다. 물론 회사의 전략에 따라 구매 가격이나 납기의 중요도의 차이가 있을 수 있으나, 구매부서의 중점과제는 이 두 미션과 관련하여 도출된다.

그런 의미에서 〈목표 1〉의 원재료 단가 인하라는 중점과제는 거의 매년 도출되는 과제라 할 수 있다. 단지 문제가 될 수 있는 것은 원가절감, 또는 절감금액에 대한 측정기준이 명확히 수립되어 있는지의 여부이다. 원재료 단가 인하로 인한 절감금액은 구매량에 따라 총 금액이 달라지며, 또한 수입품의 경우 환율에 따라서도 변동될 수 있다. 이러한 구매 담당자 본인의 노력과 무관한 외부적인 변수들을 제외한 성과만이 '나의 성과'가 되는 것이다.

나의 성과만을 가려내는 간단한 방법으로는 매출액이나 생산량 또는 '전년도 기준'으로 고정시키는 방법이 있다(이것은 비고란에 표시하면 된다). 그리고 단가를 인하하는 것도 목표가 되지만, 물가상승의 시기에 거래처의 요구에 따라 가격을 인상할 수밖에 없는 상황에서는 상승금액이나 인상률을 일정 수준으로 억제하는 노력이 필요하다. 이 경우 중점과제는 '원재료 단가 인상 억제'로 할 수 있을 것이다. 이 경우 KPI를 도출하는 것이 쉽지는 않지만, 한 가지 방안으로서 작년, 또는 최근 3년간 평균단가 인상률을 기준으로 올해의 인상률 목표를 설정할 수 있을 것이다.

위에 적은 목표는 앞서 말한 구매부서의 미션 중 '저렴한 가격의 원재료 구매'에 치중되어 있으며, 두 번째 미션인 '적기 구매'가 누락되어 있다. 적기 구매가 되지 않음으로써 가장 고통을 받는 부서는 구매부서의 직접 고객인 생산부서이다. 적기 구매에 관한 과제와 그 과제의 중요성은 부서의 고유 미션을 검토함으로써 발견되기도 하지만, 제3장에서 설명한 고객(생산부서)의 소리를 주의 깊게 청취함으로써 포착해야 하는 것이다.


### 〈목표 2〉 주요 납품업체 선정 및 육성

여기에 대해서는 대략 다음과 같은 상황을 가정할 수 있다.

"회사에 원재료를 납품하는 거래처가 영세하고, 다른 마땅한 거래처를 찾지 못하는 상황에서, 이들의 기술부족 등으로 인해 자주 품질불량이 발생하고 생산에 차질을 초래하고 있다. 이에 대해 경영진은 주요 거래처에 대해 기술지도 등을 통해 이들을 육성하여 문제를 해결하려는 결정을 내렸다."

이러한 가정에서 〈목표 2〉는 적절한 목표가 아니다. 세부적으로 중점과제는 적절하되 KPI가 부적절하다.

간단히 이 과제의 추진 과정을 보면 다음과 같이 추정할 수 있다.

① 주요 거래처 선정기준 수립/보고 → ② 주요 거래처 선정 → ③ 거래처 교육 및 기술지도 → ④ 거래처의 능력 향상 및 납품 원재료 불량 감소

이상에서 볼 때 〈목표 2〉의 KPI에 해당하는 ②단계 과제까지는 별로 도전적으로 보이지 않으며, 또한 ①단계에서 ④단계까지 나타나는 품질 향상의 성과를 확인하기까지는 그렇게 많은 시간이 걸릴 것 같지 않아 보인다(물론 회사의 구체적인 상황에 따라 달라질 수 있다).

그러므로 〈목표 2〉의 KPI는 중점과제 추진의 최종 성과인 불량이 개선된 항목(Item) 수, 또는 특정 아이템의 불량(개선)률이 목표가 되어야 할 것이다.

〈표 11-25〉 구매팀장의 정리된 목표

| 중점과제 | KPI | | | 비고 |
| --- | --- | --- | --- | --- |
| | 성과항목 | 현수준 | 목표 | |
| 2. 주요 납품업체 선정 및 육성 | 불량률 | 8.0% | 5.0% | - 20개 업체 선정<br>- 주요 아이템 10개 대상 |

### 〈목표 3〉 거래선 평가기준 수립

이 과제는 지금까지 주먹구구로 선정하던 거래처를 일정한 기준에 따라 업체를 선정함으로써 거래처 선정을 둘러싼 내·외부적인 시비를 제거하고 단가나 납기, 품질 측면에서 비교적 실력이 있는 거래처를 선정하겠다는 취지에서 추진하는 업무이다. 만약 선정기준을 수립하는 일이 어려운, 즉 도전적인 과제라면 시행 시기라는 KPI는 적절하다. 하지만 간단히 기준을 만들어 시행할 수 있는 일이라면 시행 시기보다는 평가기준을 만들어 시행하는 목적, 즉 우수 거래선을 선정, 유지

하고 불량한 거래처를 걸러냄으로써 나타나는 외부적인 공헌을 KPI
로 설정하여야 한다.

### 〈목표 4〉 공용부품 확대

이 과제도 〈목표 2〉와 같이 원가절감을 KPI로 설정할 때는 몇 가
지 조건이 추가되어야 한다. 즉, 절감의 기준점을 명확히 하여야 한다.
또한 비슷한 규격의 비슷한 기능을 가진 부품을 공용화하는 경우라
면 오히려 원가절감금액보다는 공용화 아이템 수를 KPI로 하는 것이
더 명확할 수 있다. 다양한 거래처의 비슷한 부품을 공용화하는 것은
대량구매로 인한 단가의 직접적인 인하 외에도 주문의 일원화, 거래처
관리, 입고관리의 단순화 등의 유무형적 효과가 더 많이 발생하기 때
문에 원가절감 측면이 적다 하더라도 반드시 추진할 만한 과제이며,
또한 성과의 측정이 명확해질 수 있다.

### (5) 기획팀의 목표설정 사례

**〈표 11-26〉 대기업 기획팀장의 사례**

| 중점과제 | KPI | | | 비고 |
| --- | --- | --- | --- | --- |
| | 성과항목 | 현수준 | 목표 | |
| 1. 사업계획 수립 | 확정일자 | 1월 말 | 1월 말 | |
| 2. 경영 보고서 적시 보고 | 보고일자 준수율 | 80% | 100% | |
| 3. XX 사업전략 수립 | 보고일자 | – | 8월 말 | |
| 4. 신규사업 발굴 | 발굴 건수 | | 2건 | 사장 승인 |

기획부서의 업무는 두 가지로 구분할 수 있다. 하나는 사장의 스
태프(Staff)로서 사장의 구체적인 지시를 수행하는 업무가 있고, 다

른 하나는 사업계획 수립, 전략수립, 신규 사업 발굴 등 고유 업무이다. 첫 번째 유형의 업무는 기본적으로 성과관리의 대상이 되기 어렵다. 또 사장의 지시가 수시로 발생하기 때문에 연초에 연간 목표를 설정하는 것은 쉽지 않다. 하지만 이미 연중에 계획된 업무라면, 그 중 중요한 업무는 목표가 될 수 있을 것이다. 하지만 고유 업무에 대해서는 연간 계획을 수립할 수 있다는 측면에서 연초에 목표를 설정할 수가 있다. 기획부서의 기획업무는 대부분 외부적인 공헌으로서의 성과를 측정하기가 대단히 어려운, 거의 불가능에 가까운 업무가 많다. 제대로 세운 사업전략의 성과를 어떻게 측정할 수 있을까? 또한 사업계획을 제대로 수립하는 일의 성과를 측정하는 일도 마찬가지이다. 그러므로 기획부서의 목표(KPI)는 대부분 보고일자나 완료시기 등의 과제완료형 KPI로 설정될 수밖에 없는 특징이 있다. 다시 말해 기획부서가 중점과제를 제대로 수행하는지의 여부는 사장 보고시기나 승인 완료시기로 판단할 수밖에 없으며, 기획안의 질적인 측면(외부적인 공헌)은 사장 혼자서 평가할 수밖에 없기 때문에, 이것을 KPI로 할 수는 없는 것이다.

### 〈목표 1〉 사업계획의 수립

이 목표는 적절한 목표가 아니다. 그 이유는 목표로서 향상된, 또는 새로운 업무도 아니며, 또한 외부적인 공헌도 아니기 때문이다. 사업계획 수립과 관련하여 목표를 수립한다면, 사업계획의 확정 일자를 단축하거나(많은 회사에서 매년 사업계획은 예정된 일자를 초과한다), 사업계획 수립 프로세스를 제대로 정립하는 일이 될 수 있을 것이다.

### 〈목표 2〉 경영보고서 적시 보고

기획부서는 경영 전반에 걸친 다양한 실적을 사장이나 경영회의에 매월 수차례 보고하고 있으며, 이 또한 보고일자를 지키지 못하는 경우가 많다. 그러므로 보고일자를 준수하는 것은, 만약 보고일자의 준수 여부를 건건이 측정할 수만 있다면, 좋은 KPI가 될 수 있다.

### 〈목표 3〉 사업전략 수립과 〈목표 4〉 신규 사업 발굴

이 두 가지 목표는 그 자체로서 목표가 될 수 있다. 사업전략을 수립하는 것은 완료시기가 KPI로 될 수밖에 없으며, 신규 사업 발굴이라고 하는 업무는 일단 보고하여 사장으로부터 승인받는 것으로 완료될 수밖에 없다. 물론 이듬해 구체적인 실현 단계에서 신규 사업 추진이 무산될 수도 있지만, 이미 그 일은 기획팀장의 책임은 아닌 것이다.

# 제3부

# 과제실행과
# 성과평가

# 제12장
## 실행과 중간점검

## 1. 과제의 실행과 문제 해결 기법

　내가 조직에 기여할 수 있는 가장 중요한 과제(중점과제)와 과제수행으로 달성할 성과지표(KPI)가 확정되면, 이제 과제를 수행하는 일만 남아 있다. 앞 단계에서 연초에 목표설정과 더불어 개별 목표에 대한 실행계획도 수립하였지만, 그 실행계획은 대개 연초 1개월 안팎의 목표설정기간 동안에 수립된 계획이기 때문에 내실 있는 실행계획을 수립하기 힘들다. 모든 일에 대해 완벽하고 세부적으로 실행계획을 수립한 후 실행한다는 것은 애초에 불가능하며, 어쩌면 시간 낭비일지 모른다. 하지만 지금까지 힘들게 만들어 온 '목표'라는 고지가 있기 때문에 우리의 노력의 방향과 노력의 수준은 정해져 있다. 이제 그 고지를 향해 돌진하면 되는 것이다.

　'목표'라는 것을 다시 한 번 돌이켜 보면, 현재보다 향상된 상태이기 때문에 목표를 달성하기 위해서 직원들은 지금까지 해오지 않던 새로운 업무, 새로운 도전에 직면하게 된다. 따라서 지금까지 수행해 온 방식과는 다른 새로운 방식이나 새로운 일(과업)을 찾아야 하며, 또한 성과 측정을 위해 측정 도구들을 만들어야 한다. 개선과 향상은 항상 창의적인 사고와 학습을 전제로 한다. 그러므로 목표 달성을 위한 실행 과정에서 나보다 경험이 더 많은 상사의 조언이 필요하고, 인터넷이라는 '도사님'이 필요하고, 때로는 나의 문제를 이미 잘 해결해 나가고 있는 일명 선진기업에서 배워야 하며, 내 문제를 해결해 줄 전문가를 찾아가 교육이나 지도를 받아야 한다. 이것이 성과관리의 '자발적인 학습' 효과이다.

현재 하고 있는, 지금까지 해 온 성과수준과 목표로 설정된 성과수준에는 당연히 간격(Gap)이 벌어져 있다. 앞에서 설명한 바와 같이 혁신전문가들은 이것을 '문제'라고 부르고, 그 간격을 메우는 것을 '문제 해결'이라고 부른다. 또한 이 책에서는 목표를 달성하는 것, 즉 현재와 목표의 간격을 메우는 일을 성과라고 정의하였다. 결국 목표를 달성하여 일정 성과를 이루는 것은 '문제 해결'이며, 실행의 참된 의미는 바로 이 문제 해결의 과정인 것이다.

여기서는 아주 간략하게 문제 해결의 기법을 소개하겠다. 여기서 소개하는 문제 해결기법은 문제의 크기(문제가 회사 전략을 수립하는 것이던지, 아니면 생산현장의 부품 불량을 개선하는 것이던지)나 종류에 관계없이 모든 문제에 적용할 수 있으며, 또한 큰 문제를 해결하는 작은 과제, 또 그 과제를 해결하는 세부과제의 해결에도 문제 해결의 모든 단계가 적용된다. 이미 우리는 '내 업무의 성과를 올리기 위해 무엇을 할까?'라는 큰 문제를 놓고, 그 해결의 과제로서 '목표'를 선정하였고, 그 목표를 달성하기 위해 다시 문제 해결 과정을 밟고 있는 것이다.

　문제 해결 기법에 관해서는 시중에 많은 서적이 나와 있고, 또 거의
모든 교육기관에서 문제 해결과정을 운영하고 있기 때문에 상황이 허
락하는 한 교육에 참석하거나 개별적으로 학습하기를 권장한다. 참고
로 대기업에서는 신입사원 필수교육으로 '문제 해결 기법'을 가르치고
있다.

　직원들이 개인의 목표를 달성하기(문제를 해결하기) 위해, 지금 소개
하는 문제 해결의 전(全)단계를 모두 체계적으로 밟기는 대단히 어렵
다. 또한 전단계를 밟지 않고도 쉽게 문제의 현상과 원인을 찾아내고
실행에 많은 노력을 기울여야 하는 문제(목표)도 있다. 하지만 모든
'개선'에는 기본적으로 이 모든 단계가 적용되기 때문에, 성과를 올리
려 하는 직원이라면 이 과정을 항상 염두에 두어야 한다.

## (1) 문제 해결의 과정

　〈그림 12-1〉은 문제 해결의 전체 단계를 그림으로 표시한 것이다.
문제 해결은 일반적으로 테마선정, 현상분석, 원인 파악, 해결안 수립,
실행의 총 5개의 단계로 진행된다.

　〈그림 12-1〉에서는 각 단계를 다시 두 단계로 나누어 시계방향으로
표시하였다.

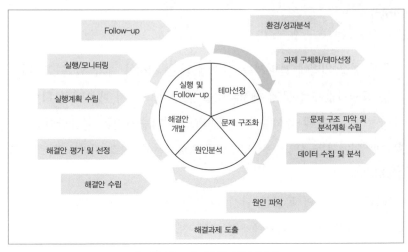

〈그림 12- 1〉 문제 해결 단계

### 제1단계 : 테마선정

문제 해결의 제일 첫 단계는 〈그림 12-1〉에서 과제 구체화, 테마선정으로 표기되어 있는 '무엇을 해결할 것인가'라고 하는 문제 해결의 대상(중점과제)과 목표수준(KPI)을 정하는 단계이다. 이것은 바로, 지금까지 우리가 해 온 '목표'를 설정하는 일이며, 이미 우리는 이 단계를 통과하였다(그림의 환경/성과분석으로 표시된 과정은 제7장의 업무 요구사항의 취합/분석과정과 동일하다).

앞으로 설명의 편의를 위해 테마(중점과제)를 생산팀장의 목표인 '설비관리 강화를 통한 고장(무작업)시간 단축'을 예로 들겠다.

### 제2단계 : 현상분석

다음 단계는 문제(고장)의 현상을 세부적으로 파악하는 단계이다. 설비고장이 일어나는 현상, 고장발생 횟수를 측정하거나 고장으로 인한 무작업 시간을 측정하는 것이다. 이러한 문제에 관한 세부 데이터를 수집하기 위해서는 먼저 문제의 구조를 파악하는 것이 효율적이다. 문제의 구조를 파악한다는 것은, 고장이 발생하는 것을 어떤 형태로 조사할 것인가를 결정하는 것이다. 즉, 고장의 유형이나 고장 부위, 또는 시간대별, 아니면 계절별로 분해하여 현상을 파악한다는 것이다. 앞에서 로직트리와 브레인스토밍에 대해 잠깐 설명한 바와 같이, 이 또한 생산 담당자들의 브레인스토밍을 거쳐 로직트리를 그려봄으로써 문제를 구조화시킬 수 있다.

〈그림 12-2〉는 생산 담당자들의 브레인스토밍을 거쳐 로직트리를 도표로 설비고장의 문제를 구조화시킨 것이다. 왼쪽 그림에서 소문자와 번호(a1, a2, b1, b2)는 직원들이 제안한 고장에 대한 다양한 의견들이며, 이것들을 비슷한 것끼리 일차 분류한 것이 대문자와 번호(A1, B1, C1)로 표시된 것이며, 이것이 다시 비슷한 것끼리 묶여져 대문자(A, B, C)로 분류된 것이다.

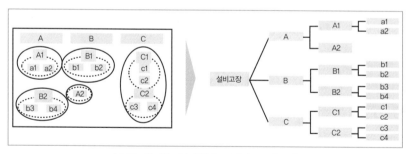

〈그림 12-2〉 브레인스토밍과 로직트리

### 제3단계 : 원인분석

이 단계는 전 단계에서 분석된 유형별 세부 문제에 대해 그 원인을 파악하는 단계이다. 즉, 설비 고장의 유형 중의 하나, 예를 들어 전기 장애로 인한 고장이 왜 발생하는지를 파악하는 것이다. 고장 유형별로 설비고장을 일으키는 원인들이 다양하게 있을 수 있고, 또한 한 가지 원인이 여러 가지 고장을 일으킬 수도 있다. 이러한 여러 가지 원인 중 가장 고장을 많이 일으키는 핵심원인을 찾는 것이다. 일반적으로 문제의 원인을 찾아 왜(Why, 왜 그 고장이 발생하지?)를 반복하다 보면 고장의 핵심원인을 찾을 수 있다.

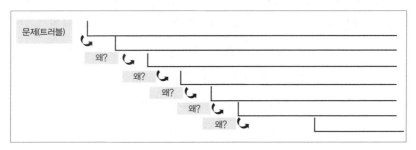

〈그림 12-3〉 원인 파악을 위한 5 WHY

### 제4단계 : 해결과제 선정

이 단계는 파악된 문제의 원인을 제거하기 위해 무엇을 할 것인가를 결정하는 단계이다. 앞 단계에서 파악된 고장의 핵심원인들을 어떻게 제거할 것인가를 찾아 그것을 해결의 대상으로 하자는 것이다. 이러한 해결과제는 여러 가지로 도출될 수 있다. 여러 해결과제 중 많은 고장의 원인을 일거에 해결할 수 있는 핵심과제 3~4개를 선정하고, 이를 해결하면 목표(고장시간 감소)를 달성할 수 있는 것이다. 대개 생산현장에서 발생하는 문제는 앞 단계에서 파악된 핵심원인을 제거하는 것 자체가 해결과제가 될 수 있다.

이 단계에서 다시 한 번 해결방법에 대해 담당자들의 브레인스토밍과 로직트리가 필요하며, 또한 이 단계는 문제 해결을 위한 창의적인 아이디어와 학습과 벤치마킹, 전문가의 지도, 상사의 조언이 가장 필요한 순간이다.

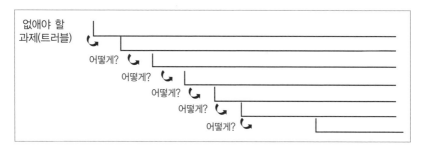

〈그림 12-4〉 원인 해결을 위한 5 HOW

## 제5단계 : 실행

드디어 문제 해결의 마지막 단계이다. 지금까지가 머리를 쓰는 단계라면 이제는 몸으로, 발로 뛰는 단계이다. 이미 우리는 성과를 올리기 위해 해결과제로서 목표를 선정하였고, 또 그 과제를 달성하기 위한 실행계획을 수립하였다. 이와 똑같은 방식으로 내 목표 달성을 위한 과제를 해결하기 위해 지금까지의 4단계를 밟아온 것이다. 이제 실행만이 남아 있으며, '실행이란 그냥 하는 것이다. 그저 몸으로, 발로, 문제 해결을 위해 앞 단계에서 도출한 방법대로 열심히 노력할 따름인 것이다.

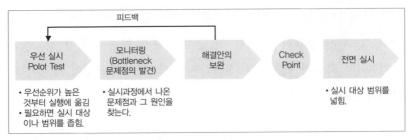

〈그림 12-5〉 실행의 단계

## 2. 중간점검 요령

(1) 중간점검의 목적

직원들이 각각의 목표 달성을 위해 중점과제의 실행이 시작되었다면 이제 본인이나 상사는 그 진행 상황과 성과에 관한 진척 정도를 정기적으로 점검하고 관리하여야 한다.

중간점검의 가장 큰 목적은 다음과 같다.

첫째, 설정된 목표와 실행계획에 따라 진척사항을 파악하는 것이다.

둘째, 과제의 효과적인 실행을 위하여 담당자의 애로를 청취하고, 지도·조언하며, 지원 사항을 파악하고, 애로를 해결하기 위해 상하협의하는 것이다.

셋째, 경영·업무 환경의 변화에 따라 목표를 수정(과제의 변경, KPI의 상향 또는 하향조정)한다.

## (2) 경영회의와 중간점검

다음은 성과관리를 하지 않은 회사에서의 경영회의 내용을 대략 정리한 것이다.

- 영업부서는 매출처별, 제품별로 상세한 매출계획 대비 실적과 신규거래선 확보 등 주요 업무를 보고한다.
- 생산부서는 제품별 생산실적과 더불어 생산 관련 주요 업무의 진행사항을 보고한다.
- 연구개발부서는 연초에 수립된 개발계획에 따라 진척 사항을 보고한다.
- 품질관리부서는 제품별, 공정별 품질 불량률을 집계하여 보고한다.
- 구매/자재부서는 원재료 입출고 현황과 재고에 대한 간략한 분석을 곁들여 보고한다.
- 기획/재경부서는 이달의 경영실적을 분석하여 매출, 손익, 월별 추이를 보고한다.
- 인사총무부서는 채용인원, 근태, 급여지급실적과 주요 업무를 보고한다.

영업부서의 매출 계획(목표)과 같이 자연스럽게 관리되는 업무를 제외하고는 어디에도 '목표'는 보이지 않으며, 현황 및 현황에 대한 분석 보고만 있을 뿐이다. 이 내용을 성과관리, 즉 실행형 성과관리를 하고 있는 회사의 경영회의의 내용과 비교해 보자.

- 영업부서는 매출실적과 더불어 매출 확대를 위한 중점과제의 진척 사항과 성과를 보고한다.
- 생산부서는 제품별 생산실적과 더불어 공정 개선을 위한 활동 내용과 성

과를 보고한다.

- 연구개발부서는 제품개발 진척 사항과 더불어 제품개발 기간 단축을 위한 활동내용과 성과를 보고한다.

- 품질관리부서는 제품별, 공정별 불량률 보고와 더불어 불량 개선 활동의 진행사항과 성과를 보고한다.

- 구매/자재부서는 원재료 입출고 현황과 재고에 대한 간략한 분석 외에 구매단가 인하 실적을 보고한다.

- 기획/재경 부서는 이달의 경영실적을 분석하여 매출, 손익, 월별 추이와 더불어 새로운 전산시스템의 개발 상황을 보고한다.

- 인사총무부서는 채용인원, 근태, 급여지급실적과 인사평가제도 개선 결과를 보고한다.

이상과 같이 목표 중심의 경영회의를 운영하게 되면, 각 부서가 수행한 단순한 업무 실적이나 현황분석(이것은 당연히 하여야 한다)에 더하여 '목표'라고 하는 기준점을 바탕으로 중점과제의 진행 사항과 그로 인한 성과를 중심으로 회의가 진행된다. 이러한 생산적인 회의를 통하여 CEO나 상사는 팀장의 과제 수행상의 문제점을 발굴하고, 또한 발굴된 문제에 대해 적극적으로 지원, 해결할 수 있는 방안을 도출하여 과제추진의 실행력을 제고할 수 있게 되는 것이다.

경영회의 운영 요령과 보고 양식은 대략 다음과 같다.

경영회의 운영기준
- 관리주기 : 월 1회 정기

- 참 석 자 : 팀장, 임원, CEO
- 보고내용(표지 및 양식 1, 2)
• 중점과제별 KPI 실적 및 익월 계획
• 주요 업무 추진 내용(중점과제/돌발과제/기타과제)

## 보고양식

### 〈표 12-1〉 중점과제 추진실적

| 중점과제 | 연간 목표 | | 당월 실적 | | | 연간 누계 | 비고 |
|---|---|---|---|---|---|---|---|
| | 성과항목 | 목표 | 목표 | 실적 | 달성도 | | |
| | | | | | | | |
| | | | | | | | |
| | | | | | | | |
| | | | | | | | |
| 계 | | | | | | | |

### 〈표 12-2〉 주요 추진 내용 및 계획

| 과제구분 | 과제명 | 당월 추진 내용 | 익월 추진 계획 | 비고 |
|---|---|---|---|---|
| 중점과제 | | | | |
| | | | | |
| | | | | |
| 돌발과제 | 연초에 예상하지 못하고 당월에 돌발적으로 발생한 중요 이슈에 대해 기재함. | | | |
| 기타과제 | 목표설정서에 기재된 중점과제 이외에 팀 내 주요 진행과제를 기재 | | | |
| | | | | |

## (3) 팀 단위의 중간점검

### 〈표 12-3〉 중간점검 절차

| 무엇을 | 누가 | 어떻게 | 활용자료/양식 |
|---|---|---|---|
| 1. 중간점검일자 확인통보 | 상사 | – 각 담당자별 중간점검일자 확인<br>– 부하에게 중간점검일자를 통보하여 면담준비 | – 기 설정된 업무 목표 |
| 2. 목표 대비 업무 진도 점검 | 상사 | – 각 목표별 업무추진현황에 대한 자료를 취합, 검토<br>– 목표 대비 추진실적을 비교 파악<br>– 목표 대비 추진실적의 차이가 발생하는 원인을 분석하고 해결방안 및 기회를 모색 | – 업무 실적 및 차기 계획<br>  보고서(부서 자율)<br>– 업무수행 관련 각종 문<br>  서(보고서, 품의서)<br>– 사내외의 해당업무 관련<br>  자의 의견 청취<br>– 기타 필요 자료 |
| 3. 문제점 및 지원사항 면담 | 상사/<br>부하 | – 실적의 좋고 나쁨에 대한 부하의 의견수렴<br>– 업무수행상 어려움/추가지원사항<br>– 문제해결을 위한 해결방안/기회 사원의견을 고려하여 해결방안/기회를 제시하고 협의<br>– 해결방안/기회를 실행하기 위해 필요한 조치 혹은 행동에 대해 계획을 협의하고 확정 | – 코칭 요령 참조 |
| 4. 목표 수정 협의 | 상사/<br>부하 | – 경영상의 여건 변화, 업무 환경의 변화, 새로운 긴급 현안의 대두 등으로 필요한 경우 새로운 목표를 설정하거나 기존 목표의 달성 수준을 조정함. | |
| 5. 수정 목표 승인 | 차상<br>위자 | – 평가자가 제출한 수정 목표 내용을 검토하여 승인. 단, 승인이 이루어지지 않는 경우는 목표면담 재실시 후 승인과정 거침. | |
| 6. 점검결과 기록 | 상사 | – 지도내용을 정리 기록<br>– 중간점검결과를 피평가자에게 통지 | – 중간점검 일지(별첨) |
| 7. 사후관리 | | – 중간점검 일지 : 상사, 부하 각 1부씩 보관<br>– 목표 수정시(수정된) 목표설정서 원본 인사부서에 제출 | |

팀 단위의 중간점검은 회사 차원의 중간점검과 같이 공식적일 필요는 없다. 하지만 적어도 주 1회 정도는 팀장과 팀원 전원이 모여 상호간의 업무를 공유하고, 또 진행사항을 점검하는 것이 바람직하다. 또

한 개별 과제에 대한 구체적이고 상세한 점검, 코치, 지도는 담당자와 팀장간의 수시로 진행될 수 있다.

팀 단위의 중간점검의 표준적 진행 절차와 방법은 〈표 12-3〉과 같다. 이 절차는 팀장의 성향이나 업무 성격에 따라 다양하게 응용될 수 있을 것이다. 참고로 중간점검을 충실히 하기 위해 〈표 12-4〉와 같은 점검일지를 작성하는 것도 고려해 볼만하다.

〈표 12-4〉 중간점검 일지

| 소속 | | 성명 | | 상사 | |
|---|---|---|---|---|---|
| 일자 | | / | | / | |
| 점검내용 | 잘한 점 | | | | |
| | 부족한 점 | | | | |
| 지원 및 협조요청 사항 | | | | | |
| 기타 관찰사항 | | | | | |

• 목표수정

| 변경 내용 | 변경 사유 | 적용일자 | 확인 | |
|---|---|---|---|---|
| | | | 부하 | |
| | | | 상사 | |

## Visual Planning

Visual Planning이란 조직 및 개인의 업무 추진 현황을 시각적으로 표현하여 업무 실적 및 문제점을 한눈에 파악함으로써 팀장이나 팀원이 동시에 공유하도록 하는 혁신기법의 하나이다. 팀 단위의 성과나 중점과제의 추진 상황을 그래프로 시각적으로 표현한 〈표 12-5〉와 같은 차트를 팀 내 적절한 공간에 부착하여 팀의 성과관리에 활용해 볼 수 있을 것이다.

〈표 12-5〉 Visual Planning 사례

| 결재 | 팀장 | 임원 |
|---|---|---|
| | | |

품질경영팀 KPI 진행 현황

작성일 : XXXX년 X월 X일

| KPI 성과항목 | 목표 | 배점 | 진행 상태 | D-3월 | D-2월 | D-1월 | 당월 | 누계 | 당월 주요 추진 내용·향후 계획 |
|---|---|---|---|---|---|---|---|---|---|
| 수입검사 Lot 불합격률 | 5% | 30 | | 4% | 7.5% | 3.8% | 4.5% | 5.2% | |
| 출하검사 Lot 불량률 | 3.5% | 20 | | 3.0% | 4.0% | 2.5% | 2.6% | 3.7% | |
| 고객 클레임 건수 | 5건 | 20 | | 1건 | | 2건 | 3건 | | |
| | | | | 1건 | | 1건 | 1건 | | |
| 계 | | 100% | | | | | | | |

# 3. 리더(상사)의 역할

이 책의 제1부에서 성과관리는 관리자의 리더십 실현의 구체적인 장
(場)이라고 하였다. 직원들이 항상 일상적이고 반복적인 일만 수행한
다면 관리자의 할 일은 관리하고 통제하는 일만 하면 될 것이다. 하지
만 성과관리에서 관리자는 중간점검을 통해, 목표 달성, 현상의 개선
이라는 겪어보지 않은 새로운 도전에 직면한 부하들을 지도하고 코치
하는 중차대한 역할을 수행해야 한다. 드디어 관리자, 리더로서의 진
면목을 보여 줄 때가 온 것이다. 팀장의 풍부한 경험과 지식, 인적 네
트워크를 최대한 동원하여 부하의 애로를 해결하고 목표 달성을 도움
으로써 진정한 리더가 될 수 있다.

또한 지도·코칭의 요령에 대해서는 리더십 서적을 통해 수많은 전문

가들이 이미 설파하고 있기 때문에 여기서는 핵심내용만을 간추려 소개하고자 한다.

## 리더의 코칭·피드백 매뉴얼

### 1) 코칭의 기대효과
- 부하사원의 부진한 성과문제 극복
- 부하사원의 능력개발
- 생산성 향상
- 부하사원의 승진과 조직 내 인정
- 우수한 부하의 유지
- 긍정적인 업무 환경 조성

### 2) 코칭의 중요성
바쁘게 일하는 관리자는 성과 점검이나 코칭, 평가를 별로 좋아하지 않는다. 그 이유는 첫째, 기대에 못 미치는 직원을 앞에 두고 이야기하기 좋아하는 관리자는 거의 없다. 둘째, 성과 점검 및 평가를 위해서는 많은 부하들 개개인에게 시간을 투자하여야 하나, 시간은 관리자의 가장 귀중한 자산으로서, 거기에 투자할 시간이 늘 부족하다는 점 때문이다. 그럼에도 성과 점검 및 평가는 올바른 사고방식으로 접근하여 훌륭히 수행하기만 한다면, 관리자로서 가장 노력해 볼 가치가 있는 방법이다.
　　　　　　　　　　　　　- 《코칭과 멘토링》, 하버드 경영대학원 지음

### 3) 코칭의 4단계
- 관찰 : 부하의 업무태도나 능력에 대해, 관찰을 통하여 강점과 약점을 파악
- 부하와의 코칭의 목적, 상사가 생각하는 문제의 중요성, 그 문제가 해결되지 않을 경우에 발생할 결과에 대한 분명한 이해, 코칭일자, 방법

등 코칭 계획의 수립

• 효과적인 코칭은, 부하직원이 상사의 코칭을 듣고 반응하여 그 내용의 가치를 평가할 수 있는 의견과 조언으로 나타남. 이 과정에서 상호 피드백의 교환은 가장 중요한 부분임.

• 코칭 결과에 대해 부하의 행동변화, 성과변화를 모니터링하여 추후 코칭, 지원 등의 발판으로 활용함.

관찰

준비

코칭

팔로업

### 4) 중간 점검(평가) 요령

• 1단계 : 준비한다.

〈자기 평가기회 제공 및 평가항목〉

– 당신은 어느 정도나 목표를 성취했는가?

– 당신은 어떤 목표를 초과했는가?

– 현재 어떤 특별한 목표와 씨름을 하고 있는가?

– 무엇 때문에 목표를 향해 가지 못하는가?

(불충분한 자원 / 훈련 부족 / 경영진 지시 부족 / 기타 요인)

• 2단계 : 중간점검 회의를 주관한다.

– 협력 풍토조성

– 평가의 목적과 양측 모두에게 주는 이익을 상기시켜라.

– 자신의 자기평가에 대한 의견을 청취한다.

(당사자가 할 말을 다 할 때까지 가로막지 말고 기다려라.)

• 3단계 : 좋은, 나쁜 성과를 둘 다 식별해 낸다.

– 직원의 성과가 계획된 목표와 어떻게 다른지 이야기한다.

– 직원의 목표와 실제성과 기대성과의 차이를 찾고, 차이를 발견하면, 이것을 토론 및 피드백의 초점으로 삼아라.

• 4단계 : 성과 차이의 근본 원인들을 찾는다.

– 직원과 의견 불일치 부분의 요지를 명확히 표명하게 하라.

- 업무와 관련하여 특정한 견해를 피력하라.
- 선택하라 / 정말로 중요한 쟁점을 고수하라.
- 진심에서 우러나오는 칭찬을 하라.
- 피드백의 방향을 문제 풀이 및 새로운 방향을 찾는 쪽으로 잡는다.
• 5단계 : 성과 차이 메우기를 계획한다.
- 기회를 제공한다. 직원에게 기회를 주면 그는 해결책에 대해 좀 더 책임을 지고 일이 잘되면 그것에 더 전념을 하게 된다.
- 어떤 가정이든 이의를 제기하고, 그 계획을 강화할 아이디어를 제공하라.
- 특정목표 / 일정표 / 행동단계 / 훈련과 코치, 필요하다면 실천에 대한 설명
• 6단계 : 성과 목표를 재평가한다.
- 새로운 목표를 수행할 능력이 있는지, 목표의 세부사항과 중요성을 이해하고 있는지 확인해야 한다.
• 7단계 : 기록하라.
- 회의와 회의의 주된 요점과 회의 결과를 문서화하는 것이 매우 중요하다.
• 8단계 : 후속조치
- 차기 더 어려운 목표의 달성과 더 높은 성과를 내게 하기 위한 훈련과 코칭, 기타 다른 지원이 더 많이 필요해진다.
- 차기 관리 목표는 발전계획에 대한 진척상황을 점검하는 것이어야 한다.

- 《성과창출법》, 하버드 경영대학원 지음

### 5) 부하들이 성과가 부진한 4가지 이유

첫 번째는 역량 부족으로 인한 좋지 못한 과정입니다. 경영의 훌륭한 스승이었던 에드워즈 데밍은 비즈니스 리더들에게 만족스럽지 못한 성

과의 원인은 대부분 좋지 못한 과정에 있다고 경고했습니다. 업무수행의 과정에 본래부터 결함이 있다면 아무리 부하들에게 소리를 지르고, 상여금으로 매수하고, 위협해도 더 나은 결과를 얻지 못할 것이라고 경고했습니다. 더 나은 성과를 원한다면 결과를 낸 사람들에게서 잘못을 찾기 전에 업무수행 과정을 살펴보라고 충고했습니다.

두 번째 이유는 개인적인 문제들입니다. 일과 상관없는 어떤 요소가 성과 부족의 근본 원인일 때도 있습니다. 이런 경우 부하직원은 일과 생활의 균형 문제로 갈등을 겪고 있을 수 있습니다. 즉, 회사와 자기 가족에게 의무를 다하라는 요구는 사실 서로 타협하기가 어려운 사안입니다. 무엇이 문제인지 당신이 알게 된다면 그 문제들을 완화할 수 있을지 모릅니다.

세 번째 이유는 직장 내 인간관계의 갈등입니다. 직장 내에 사람들을 한데 풀어놓으면 언제든지 갈등의 소지가 생기게 마련입니다. 질투, 이성에 대한 짓궂은 호기심, 주목을 얻기 위한 경쟁, 승진 경쟁, 단순한 본능적 반감 등이 갈등을 야기해서 성과에 지장을 줄 수 있습니다. 그 분란의 진상을 철저히 규명할 수 있다면 갈등을 해소할 수 있을 것입니다.

네 번째 이유는 과중한 업무입니다. 아무리 헌신적인 직원일지라도 너무 많은 업무를 너무 빠른 속도로 요구한다면 지쳐 나가떨어질 것입니다. 그러므로 작업을 어떻게 할당할 지에 유의해야 합니다. 직원들이 터무니없는 기준을 높게 잡을 수도 있기 때문입니다.

— 《성과창출법》, 하버드 경영대학원 지음

### 6) 피드백 요령

① 업무의 목표와 목적을 분명히 밝혀라. 부하가 업무상의 문제가 있다는 점을 증명하는 유일한 방법은 업무에 대한 기대수준과 실제 성과를 비교 평가해주는 것이다.

② 그 직원과 만나기 전에 미리 상세한 내용을 모두 파악하라. 목표

설정서, 수시로 기록한 메모 등 구체적인 행동과 관련하여 직원과 했던 대화기록을 사전에 검토하라. 즉석에서 처리하려고 하면 안 된다.

③ 문제가 되는 부분을 미리 당사자에게 구체적으로 알려라. 예를 들면 계속해서 늦게 출근하는 사람에게는 이렇게 말할 수 있다. "업무 시간에 대해 자네와 함께 이야기를 했으면 좋겠네." 해결책에 대해 논의할 여지가 있는지, 아니면 구체적으로 언급할 요구사항이 있는지 그 사람에게 물어라. 예를 들면 "업무시작 시간에 대해 얘기할 준비를 하고 오게."

④ 일단 회의가 시작되면 명랑한 분위기를 유지하라. 그렇게 해야 생산적인 면담에 필요한 분위기가 조성될 수 있다.

⑤ 문제가 되는 행동과 그 행동이 당신과 다른 사람들에게 미치는 영향을 설명하라. 예를 들면 "지난달에 자네는 주마다 며칠씩 30분 늦게 출근했네. 그 때문에 동료들이 일을 제시간에 마치기가 어려워졌어. 그리고 자네는 모든 사람들에게 좋지 않은 본보기가 되고 있네."

⑥ 그 문제를 둘러싼 전후 관계를 언급하라. "우리가 이 문제를 놓고 이야기한 게 처음이 아니야. 내 기록에 따르면 우리는 이 문제를 6주 전에도 논의했고 지난 12월에도 했네. 그런데 문제는 계속되고 있잖나."

⑦ 그 행동이 당신과 다른 사람들에게 미치는 영향을 구체적으로 설명하라. 예를 들면 이렇게 말하라. "자네가 빼먹은 시간을 야근이나 점심시간에 메우는 걸로 알지 마. 그게 해결책이 될 수는 없어. 우리는 팀으로 운영되기 때문에 한 사람이 빠지면 다른 3~4명이 하고 있는 일을 망칠 수가 있네."

⑧ 그 직원의 대답을 적극적으로 들어라. 다음에 무슨 얘기를 할지 생각하느라 정신을 딴 데 팔지 마라. 그 사람이 하는 말을 열린 마음으로 들어주어라.

⑨ 한 가지 제안이나 요구사항을 전한 뒤에는 반드시 제대로 이해했는지 확인하라. 예를 들면 이렇게 말하는 것이다. "내가 제안하고 싶

은 것은 제시간에 출근할 수 있도록 집에서 잘 준비하라는 거야. 그러면 우리의 업무도 훨씬 쉬워질 것이고, 팀의 모든 사람들이 더 편안해질 걸세." 그리고 당신의 제안을 제대로 이해했는지 확인하라. 예를 들면 이렇게 말하는 것이다. "내가 왜 제시간에 출근하라고 하는지 이해되나?"

⑩ 다음 단계에 대한 합의 사항이나 약속사항을 확인하라. "자, 이제 자네는 매일 아침 9시까지 출근하겠다고 약속했네." 또한 말한 내용과 합의사항을 반드시 기록해두어라. 그리고 그 직원이 합의한 내용을 제대로 지키고 있는지 점검하라.

– 《매니저의 업무기술》, 하버드 경영대학원 지음

# 제13장
# 성과의 평가와 보상

## 1. 성과평가 개요

### (1) 성과의 측정과 평가

직원들이 일정기간 중점과제를 수행한 결과로 나타나는 성과는 KPI의 측정기준에 따라 측정된다. 전산화가 어느 정도 이루어진 기업이라면 매출액이나 손익, 불량률, 생산성 등을 실시간으로 집계, 측정할 수 있을 것이다. 또한 과제완료형 KPI의 경우에는 중점과제가 목표한 시기에 완료(완료시기)되었는지, 또는 신규매장을 연말까지 목표한 개수만큼 개점(개점매장 수)을 했는지 여부는 쉽게 판단이 가능하다. 이렇게 측정된 결과는 성과평가의 기초가 된다.

성과평가(評價, Evaluation)는 말 그대로 측정 결과에 대해 그 가치를 평가하는 일이다. 즉, 회사 전체의 관점에서 측정된 성과가 잘한 결과인지, 잘했다면 얼마나 잘한 것인지, 아니면 잘못한 결과인지, 잘못했다면 얼마나 잘못한 것인지를 판단하는 행위이다. 이러한 평가를 통해 연봉이나 승진 등 회사에서 시행하는 보상기준에 의거하여 개인별로 보상의 크기가 결정된다.

(2) 목표 달성도 평가

성과평가는 목표설정에서 시작되는 성과관리의 마지막 단계이다. 성
과관리에서 성과평가는 측정된 성과와 설정된 목표간의 비율, 즉 목
표 달성도를 기준으로 이루어진다. 목표 달성도는 예를 들어, 매출 목
표를 100억 원으로 설정하고, 실제 매출액으로 95억 원을 달성한 경
우 달성도는 95%가 된다.

〈표 13-1〉 성과(업적)평가 양식

| 중점과제(CSF) | 중요도 (배점) | KPI | | 실적 (달성도) | 평가 | | |
|---|---|---|---|---|---|---|---|
| | | 성과항목 | 목표 | | 본인 | 1차 | 2차 |
| | | | | | | | |
| | | | | | | | |
| | | | | | | | |

이러한 목표 달성도 95%를 평가하기 위해서는 별도의 평가기준이
있어야 한다. 일반적으로 성과평가 기준은 목표 달성도를 일정한 구간
으로 나누어 각 구간별로 등급을 부여하는 방식으로 설계한다. 〈표
13-2〉는 전형적인 목표 달성도 평가기준으로서 평가등급은 대개의 경
우 S(탁월), A(우수), B(보통), C(미흡), D(불량)의 5개 등급이 적절하
다. 이 기준에 의하면 목표 달성도 95%는 B등급으로 평가 받게 된다.

〈표 13-2〉 목표 달성도 평가기준

| 평가등급 | S | A | B | C | D |
|---|---|---|---|---|---|
| 목표 달성도 | 110% 이상 | 100~109 | 90~99 | 80~89 | 79% 이하 |

목표 달성도는 목표 대비 성과의 비율로 나타나기 때문에, 정량화된 목표, 정량적으로 측정되는 성과를 기반으로 하는 성과관리에서는 〈표 13-2〉의 모든 목표에 대해 성과평가의 전사적 기준으로 적용할 수도 있다.

만약 모든 목표가 정량화되고, 또한 그것이 정확히 측정되며, 개별 목표에 대해 〈표 13-2〉와 같이 등급을 판정하는 기준(평가기준)이 각각 설정되어 있다면 평가자의 주관이 개입될 여지는 없을 것이다. 즉, 측정된 성과는 등급판정 기준에 따라 기계적으로 등급이 부여되기 때문에 〈표 13-1〉에서의 '평가'란에 있는 본인이나 1, 2차 평가자의 평가 결과는 동일할 것이다. 이런 경우에는 인위적으로 가치를 매긴다는 의미인 평가(Evaluation)라는 단어보다는 기계적 '판정'이라는 단어가 더 적합할 것 같다. 목표의 성격에 따라 이렇게 기계적으로 '판정'될 수 있는 것도 있지만 많은 경우, 목표(KPI)를 정량화하려는 지금까지의 노력에도 불구하고 성과를 평가하는 데는 여러 가지 사유로 평가자의 주관이 개입된다. 여기에 대해서는 뒤에서 상세히 설명할 것이다.

(3) 보상

개인의 연간 목표는 5~7개가 설정되어 있으므로 개인의 성과평가의 결과는 이들 개별 목표의 평가등급별 점수(예를 들면, S=100점, B=80점, D=60점)에 각각의 중요도(배점)를 곱하여 합산한 점수로 집계된다. 이렇게 집계된 점수는 또 하나의 평가체계인 역량평가 점수와 합산되어 최종적으로 개인의 인사평가 결과로서 집계된다. 집계된 인사평가의 결과는 별도의 연봉제 기준이나 승진기준에 반영되어 직원들의 개별적인 보상을 결정하게 된다. 더 나은 성과에 따른 더 많은 보상은 직원들의 성과 향상에 대한 높은 동기를 유발하여 차기의 성과 향상에 더욱 노력을 기울이게 만드는 것이다. 평가 결과에 따른 구체적인 보상기준은 인사제도의 문제이며, 이에 대해서는 나의 첫 번째 저서인 《연봉제의 원리》를 참조하기 바란다.

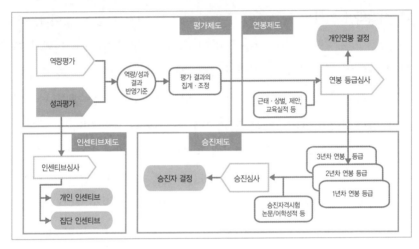

〈그림 13-1〉 평가와 보상의 연계구조

## 2. 객관적인 평가의 조건

(1) 업적기술식 평가

성과관리에서는 목표 달성도를 기준으로 성과를 평가하는 반면, 성과관리가 확산되기 이전 90년대까지의 전통적인 성과평가 방식은 〈표

13-3〉에서 보는 바와 같이 연말에 개인이 본인 스스로 1년 동안 한 일을 업무의 양 - 얼마나 많은 일을 했는지? - 과 질적인 측면 - 질적으로 정확했거나 업무를 개선한 바가 있는지? - 에서 기술하고 상사가 평가하는 방식이었다. 이른바 업적기술(記述)식 평가로서 업적을 기술해서 그 내용을 보고 평가한다는 의미이다.

〈표 13-3〉 업적기술식 성과평가표

| 평가구분 | 배점 | 주요업무 기재 | 본인평가 | 1차평가 | 2차평가 |
|---|---|---|---|---|---|
| 업무의 양 | 50점 | | | | |
| 업무의 질 | 50점 | | | | |
| 계 | 100 | | | | |

업적기술식 평가는 성과를 평가하는 잣대가 없기 때문에 순전히 상사의 주관적인 평가에 의존할 수밖에 없다. 반면 목표 달성도의 평가는, 우리가 지금까지 명확화, 정량화, 측정 가능하게 만들려고 노력해 온 'KPI'라는 훌륭한 평가 잣대가 있기 때문에 상사의 주관은 상당 부분 제한될 수밖에 없으며, 따라서 평가는 객관적이고 정확해질 수 있다. 그래서 그 평가 결과는 신뢰성과 타당성을 가지고 보상에 적극 반영할 수 있는 것이다.

다음 표를 보면 두 가지 평가방법의 차이는 명확해진다.

〈표 13-4〉 성과관리에 의한 목표 달성도 평가기준

| 평가등급 | S(탁월) | A(우수) | B(보통) | C(미흡) | D(불량) |
|---|---|---|---|---|---|
| 평가기준 | 목표 대비 달성도 110% 이상 | ... | 목표 대비 달성도 100% | ... | 목표 대비 달성도 90% 이하 |

<표 13-5> 업적기술식 방식의 평가기준

| 평가등급 | S(탁월) | A(우수) | B(보통) | C(미흡) | D(불량) |
|---|---|---|---|---|---|
| 평가기준 | 상사의 기대를 현저히 초과 | … | 상사의 기대에 부합 | … | 상사의 기대에 현저히 미달 |

## (2) 객관적인 평가의 조건

하지만 평가의 정확성과 객관성의 관점에서 볼 때 목표 달성도 평가방식과 업적기술식 평가방식 사이에 본질적인 차이가 있는 것은 아니다. 즉, 목표 달성도의 평가는 객관적인 반면 업적기술식 평가방식이 주관적이라는 것은 평가방법에서 오는 차이가 아니라, 평가의 기준을 얼마나 객관적으로 수립했는가에 달려 있는 것이다. 예를 들어 업적기술식 평가방식 하에서 영업사원의 성과평가를 다음 〈표 13-6〉과 같은 객관적인 기준에 따라 평가를 한다면 이것이 주관적인 평가인가?

〈표 13-6〉 영업사원의 평가

| 평가등급 | S(탁월) | A(우수) | B(보통) | C(미흡) | D(불량) |
|---|---|---|---|---|---|
| 평가기준 | 전년 매출액 대비 120% 증가 | … | 전년 매출액과 동일 | … | 전년 매출액 대비 90% 이하 |

이와 같은 평가기준은 매출액뿐 아니라 정량적으로 측정할 수 있는 모든 성과에 대해 적용 가능하기 때문에 목표가 없어도 객관적인 평가가 가능하다. 또한 만약 성과관리를 위해 연초에 목표를 설정하더라도 평가기준을 만들지 않거나 정성적으로 만들었다면 성과의 평가는 별수 없이 평가자의 주관에 따라 좌우될 수밖에 없다. 예를 들어 목표 달성도가 95%였을 때 평가기준이 미흡하다면 평가등급을 A나 B, 또는 C로 평가자가 임의로 결정할 수 있다는 것이다.

이와 같이 성과의 정확하고 객관적인 평가만을 목적으로 한다면 굳이 그 어려운 과정을 거쳐 목표를 설정하고 관리해야 하는 성과관리의 방식이 아니더라도, 업적기술식 방식에 의해 객관적인 평가는, 평가기준을 수립하는 데 약간의 노력을 투입함으로써 가능해진다.

그러므로 정량적인 목표설정이라고 하는 것은 평가의 객관성을 확보하는 충분조건도 필요조건도 아니다. 평가의 객관성을 확보하기 위해서는 성과를 정확히 정량적으로 측정할 뿐 아니라, 측정된 성과에 대한 정량화된 평가기준을 마련하고, 그 기준에 의해 평가해야 하는 것이다.

이 대목에서 다시 한 번 강조하지만 성과관리는 가급적 목표를 정량화하는 것을 권장한다. 하지만 이는 결코 성과의 객관적인 평가가 목적이 아니라, 회사의 구성원들이 구체화된 목표를 위해 노력을 집중하게 하고 상사로서 성과의 중간점검을 통해 과제의 실행력을 높이는 데 더 큰 목적이 있으며, 나아가 목표의 동기부여 효과에 따라 직원들 스스로 목표 달성에 매진하게 하는 데 목적이 있는 것이다.

## 3. 성과평가 기준의 설계

### (1) 성과평가의 3가지 방법

앞에서 성과평가의 기준으로서 목표 달성도에 따라 등급으로 평가하는 방법을 설명했지만, 이것 이외에도 성과관리를 시행하는 회사에서 발견되는 두 가지 사례가 더 있다.

**가. 측정된 성과를 목표 달성도가 아닌 측정값 자체를 등급화하는 방법**

예를 들면 영업사원의 매출 목표가 100억 원인 경우, 다음과 같이 평가기준을 설계할 수 있다.

〈표 13-7〉 매출 실적별 등급 기준

| 평가등급 | S(탁월) | A(우수) | B(보통) | C(미흡) | D(불량) |
|---|---|---|---|---|---|
| 매출실적 | 110억 원 이상 | 100~109억 원 | 90~99억 원 | 80~89억 원 | 79억 원 이하 |

또한 생산 담당자의 불량률 목표를 3.5%로 설정했다면, 다음과 같은 평가기준을 설계한다.

〈표 13-8〉 불량률 실적별 등급 기준

| 평가등급 | S(탁월) | A(우수) | B(보통) | C(미흡) | D(불량) |
|---|---|---|---|---|---|
| 불량률 실적 | 3.2% 이하 | 3.5~3.3% | 3.8~3.6% | 4.0~3.9% | 4.1% 이상 |

이런 방식은 완료일자 등 과제완료형 목표의 경우에 특히 유용하다. 인사팀장이 인사평가제도를 개선하는 과제를 7월 30일로 완료하는 것을 목표로 설정한 경우에는 이렇게 평가할 수 있다.

〈표 13-9〉 완료일자별 등급 기준

| 평가등급 | S(탁월) | A(우수) | B(보통) | C(미흡) | D(불량) |
|---|---|---|---|---|---|
| 완료일자 | 7/19일 이전 | 7/30~7/20 | 8/1~8/10 | 8/11~8/20 | 8/21일 이후 |

이상과 같은 방법은 결국 모든 목표(KPI)에 대해 각각의 성과평가

기준을 정하는 방법으로, 성과평가의 정확도나 신뢰도를 높이는 방법으로 활용되기도 한다. 하지만 이런 방식으로 평가기준을 설정하는 것은 또 다시 엄청난 노력이 투입되어야 한다. 예를 들어 직원이 50명인 경우 1인당 5개의 목표를 세운다면 250개의 개별 목표가 발생하고, 또한 모든 KPI는 전부 다르기 때문에, 개별로 설정해야 하는 평가기준은 똑같이 250개가 되어야 한다. 평가기준 수립에 이 정도 노력을 투입한다면 과연 평가가 정확하고 신뢰도가 높다고 할 수 있을까? 대답은 불행히도 '아니다'이다.

개별 목표별로 평가기준을 수립할 경우 이 기준을 수립하는 주체는 목표설정의 당사자(부하와 상사)가 될 수밖에 없다. 하지만 이들이 설정하는 실적 구간의 적정성을 누군가 검증하지 않는다면 절대로 그 평가는 신뢰할 수 없다. 상하 간에 협의하여 결정하는 목표에 대해서도 부서 간에 '난이도'의 문제가 발생하는 것처럼, 성과평가 기준을 현업에 맡길 경우 필연적으로 관대화의 문제가 발생한다. 예를 들어 영업팀은 A등급 구간을 목표 대비 110%~100%(S등급은 111% 이상)로 설정한 반면, 생산팀은 105%~95%(S등급은 106% 이상)로 설정하였다면, 목표 대비 실적이 97%로 측정된 양 팀원의 평가는, 영업팀원이 B등급, 생산팀원은 S등급으로 한 등급이 차이가 나게 된다.

〈표 13-10〉 목표 달성도 구간별 평가등급

| 팀 | S(탁월) | A(우수) | B(보통) | C(미흡) | D(불량) |
|---|---|---|---|---|---|
| 영업팀 | 111% 이상 | 100~110% | 90~99% | 80~89% | 80% 미만 |
| 생산팀 | 106% 이상 | 95~105% | 85~94% | 75~84% | 75% 미만 |

물론 이런 문제를 해결하기 위해 전담 인원을 배정하여 개별성과의

평가기준을 전사적인 관점에서 설정하게 되면 확실하게 객관성과 신뢰성이 올라갈 수 있다. 하지만 평가등급별로 '성과의 적정한 구간'을 만드는 일은, 회사의 모든 업무와 성과의 성격을 이해하지 않고는 거의 불가능한 일이다. 결론적으로 이런 방식의 평가는 객관성과 신뢰성이라는 편익과 기준을 수립하는 데 투입되는 비용의 두 변수를 가지고 시행 여부를 판단여야 하겠지만 대개의 경우, 기업 현실에서 결코 가능한 방법도 필요한 방법도 아니다. 목표를 설정하고, 개별 KPI에 대해 측정기준을 만들고, 또 나아가 이것들에 대한 평가기준까지 만들어야 하는 직원의 입장에서, 성과관리가 '관리를 위한 관리,' '평가를 위한 성과관리'가 아닌, 과제의 실행을 점검하고 지원하기 위한 성과관리가 되게 하기 위해서는 이와 같은 더 이상의 '기준 만들기'는 그만해야 할 것 같다.

그럼에도 불구하고 이런 방식의 평가는, 제4장에서 설명한 경영조직의 성과관리, 즉 평가형 성과관리에는 대단히 유용하고, 또한 반드시 필요하다. 여기에 대해서는 뒤에서 다시 한 번 설명하겠다.

### 나. 목표 달성도를 그대로 점수로 반영하는 방법

앞에서 본 방법들은 성과를 일정한 구간으로 나누어 등급으로 평가하는 방법인 반면, 목표 달성도 자체를 그대로 점수화하는 사례도 있다. 예를 들면 달성도가 95%는 95점, 90%는 90점, 105%는 105점 등으로 평가하는 방법이다. 개인의 성과평가 점수는 개별 목표의 달성도 점수에 중요도(배점)을 곱한 점수를 합산하여 산출한다. 개인별 성과(목표 달성도)의 사소한 차이, 1점이나 그 이하의 차이를 그대로 반영한다는 측면에서 합리적이고 객관적인 평가라고 할 수 있다. 하지만 이 방법은 평가점수로 직결되는 목표 달성도의 변수로서, 목표가 대단히 합리적으로 설정되고 성과의 측정이 대단히 정교한 경우에 타당하지만, 1점이나 1점 이하의 차이를 '성과의 차이'로 직원들이 인정할 만큼 측정방법의 합리성과 성과 측정의 정확성을 확보하는 것은 거의 불가능에 가깝다. 바꾸어 말하면 이런 방식의 평가는 평가기준상의 객관성은 있으나, 점수로 나타난 평가 결과에 대해 직원들이 납득하기 어렵고, 이런 단점 때문에 이런 방식의 평가는 실패하기 쉽다.

위에 적은 두 가지의 성과평가 방법은 나름대로의 장점에도 불구하고 일반 기업의 현실에서는 적용이 어렵다. 전사적인 기준으로서 목표 달성도를 등급으로 평가하는 방법만이 가장 일반적인 방법이며 나름대로 현실적으로 적용 가능한 방법이다.


## (2) 목표 달성도의 계산 기준

성과평가를 일정 구간으로 나누어 등급으로 평가할 경우, 맨 먼저 생각해야 하는 것은 목표 달성도의 산출 기준이다. 이 기준은 KPI의 성격에 따라 약간 상이하다.

목표 달성도는 KPI의 유형에 따라 두 가지 방식으로 계산된다.
• 상향식 KPI : 매출액, 고객 만족도, 납기 준수율 등과 같이 수치가 높을수록 성과가 높은 KPI의 경우에는 그대로 성과 ÷ 목표 × 100으로 계산한다.
• 하향식 KPI : 불량률, 고객클레임 건수, 직원 퇴직률 등과 같이 수치가 낮을수록 성과가 높은 경우에는 목표 ÷ 성과 × 100으로 역

수가 된다.

또 하나 목표 달성도를 계산하는 데 있어 KPI에 따라서 미묘한 문제가 있다.

일반적으로 제품을 대량 생산하는 제조업체의 경우 불량률의 측정단위로 PPM(Parts Per Million)을 사용한다. 예를 들어 작년의 불량률이 30PPM이고, 올해 목표를 28PPM으로 설정하고(그만큼 불량률이 일종의 극한에 도달해 있다는 말이다), 실제 성과가 29PPM으로 측정된 경우 목표 달성도는 앞의 산식에 따라 28PPM ÷ 29PPM × 100 = 96.7%가 되며, 위의 평가기준에 의하면 A등급이 된다. 비록 1PPM 개선하는 것이 팀장의 각고의 노력에 의한 것이라 하더라도 이 정도의 성과에 대해 '우수' 수준으로 평가하는 것은 정서적으로 와 닿지 않는다. 또한 이 경우 작년도 수준의 성과(30PPM)를 달성하더라도 목표 달성도는 93%(28 ÷ 30 × 100)가 된다. 작년에 비해 전혀 개선이 안 되었음에도 불구하고 93% 이상의 달성도가 산정되는 것은 뭔가 이상하다. 이런 경우 개선도의 개념을 적용하면 이렇게 높은 달성률을 일부 완화할 수 있다.

개선도를 가지고 계산해 보면 다음과 같다.

원래의 목표가 이전 실적인 30PPM에서 2PPM을 개선하는 28PPM 이었으므로 개선 목표는 2PPM이 된다. 이 중에서 실적은 29PPM으로 1PPM 개선한 것이 된다. 이 경우 개선도로서 목표 달성도를 계산하면 1PPM(개선실적) ÷ 2PPM(개선 목표)으로 50%가 된다. 이 달성도는 앞에서 계산한 단순 달성도인 96.7%와는 현저한 차이가 있다. 두 개 중 어느 하나를 적용할 수 있고, 아니면 2개를 함께 적용할 수도 있을 것이며, 이를 판단하는 것은 직원들의 '정서'와 합의(납득성)이다.

목표 달성도가 계산되었다면 다음으로 목표 달성도의 구간에 따라 등급을 평가하는 기준을 설계하여야 한다.

다음은 등급평가의 기장 기본이 되는 기준이다.

〈표 13-11〉 목표 달성도의 평가등급 구간

| 평가등급 | S(탁월) | A(우수) | B(보통) | C(미흡) | D(불량) |
|---|---|---|---|---|---|
| 목표 달성도 | 110% 이상 | 100~109 | 90~99 | 80~89 | 79% 이하 |

이 기준은 아주 단순하면서도 많은 성과의 평가에 적용할 수 있지만 제도 설계자가 약간 고민을 해야 할 하나가 있다. 등급별 목표 달성도 구간을 설정하는 일이 그것이다.

상기 기준에서는 목표를 100% 이상 달성했을 때 A등급으로 평가했고, 거의 달성한 경우를 B등급 '보통'으로 평가했다. 앞에서 계속 목표의 도전성을 강조해 왔고, 실제로 목표를 도전적으로 설정하는 것도 현실이다. 그렇다면 그 도전적인 목표를 달성하는 것(목표 달성도 100%) 자체로서 탁월(S등급)한 성과가 아니겠는가? 이렇게 판단한다면 목표 달성도의 구간은 한 등급씩 좌로 이동하여 설계하면 된다.

하지만 이런 기준을 적용하기 위해서는 다음의 조건이 충족되어야 한다.

첫째, 성과의 측정이 명확한 측정기준에 의해 정확하게 측정되고, 그 결과가 신뢰성이 있어야 한다.

둘째, 외부적인 공헌으로서 표현되는 성과이어야 한다.

매출이나 불량률, 원가절감액, 생산성, 납기 준수율 등은 외부적인 공헌(회사의 성과 향상에 직접 기여함)으로서의 성과라는 데는 이의가 없을 것이다. 만약 이런 성과를 회사 차원에서 전산시스템으로 관리하거나 별도의 담당자를 두어 전사적으로 집계(측정)하게 된다면, 그 측정 결과에 대한 신뢰도는 대단히 높아진다. 그러므로 이 경우에 한하여 위에 적은 평가기준을 그대로 적용할 수 있다.

## (4) 응용형 평가기준의 설계

### 가. 측정의 신뢰도 문제

하지만 대부분의 성과는, 특히 과제 중심의 성과관리에서의 성과는 과제의 수행과 밀접하게 관련되어 있다. 이 때문에 성과는 낱낱으로 개별화되어 전사적인 관리(측정)가 어렵거나 또는 굳이 전사적인 관리가 필요 없이 업무 수행자 스스로 관리하는 경우가 많다. 성과의 정확한 측정이라는 것이 비용의 한계로 말미암아 적절한 수준(덜 합리적이거나 구체적이지 못한 기준)에서 머물 수밖에 없고, 또한 그 측정 자체를 담당자 스스로 하게 된다면 측정 결과에 대한 신뢰도는 대폭 제한될 수밖에 없다(이것은 업무 현실에서 피할 수 없는 측정의 한계이며, 신뢰도의 한계이다). 그렇다고 연말 성과평가의 시기에, 정확한 측정을 위해 상하 간에 많은 시간을 투입할 수 있는 상황도 아니다. 이와 같이 신뢰도가 낮은 측정 결과를 가지고 위의 기준을 그대로 적용하는 것은 분명히 무리가 있다. 그러므로 성과의 평가에서 성과 측정의 신뢰도를 감안하지 않을 수 없다. 신뢰도를 감안한다는 것은 결국 일정 부분 상사의 개인적인 판단이 개입한다는 것이고, 그만큼 정성적인 평가가 불가피하다는 것이다.

### 나. 과제완료형 성과의 평가

과제완료형 성과는 제5장에서 설명한 바와 같이 몇 가지 이유로 인해 성과의 본질적인 속성인 외부적인 공헌성을 유보하고 과제의 완료 상태, 즉 완료시기나 완료 건수 등으로 설정된 목표이다.

제품개발, 품질관리체계의 도입, 전산프로그램 개발, 인사평가체계 개선과 같은 과제는 대개 '납기(완료일자)'를 목표(KPI)로 설정한다. 이 경우 완료일자의 측정은 아주 정확하게 할 수 있다. 하지만 그것을 점수화하여 평가할 경우 어떤 것이 합리적인가? 한 달을 빨리 완료하면 100점인가? 일주일이 늦으면 80점인가? 논리적으로 타당한 기준을 정하기가 쉽지 않다. 또한 완료일자를 성과항목으로 하는 수많은 과제에 대해 업무(중점과제)의 성격을 감안하여 이를 정량적으로 기준을 수립하는 것 또한 쉬운 일이 아니다.

뿐만 아니라 '완료시기'라는 KPI에는 필연적으로 품질의 문제를 수반한다. 정해진 완료시한에 과제를 완료했지만, 과연 완료된 결과물의 품질은 목표설정 당시에 의도하거나 기대했던 품질을 충족했는가가 문제가 된다. 물론 완료시기를 KPI로 정할 때 이미 '완료가 되었다'를 판단하는 기준을 측정기준으로 수립하기는 했지만, 이 역시 추상적일 수밖에 없다. 예를 들면 인사팀장의 중점과제인 '인사평가체계 개선'의 완료시기를 '사장이 결재하는 날짜,' 연구개발팀장의 중점과제인 '제품개발'의 완료일자를 '생산이나 품질부서에서 새로 개발된 제품을 양산하기로 합의한 시기' 등으로 정할 수는 있다(여기에 대해서는 제9장의 'KPI로서 완료시기' 참조).

하지만 사장이 결재를 하더라도, 또는 양산하기로 관련부서가 합의하더라도 결재한 사장이나 합의한 관련부서의 입장에서 그 결과물(개선안, 개발된 제품)의 품질에 대해 만족하는 경우와, 약간 불만족한 상황이지만 그래도 승인을 할 수밖에 없는 상황도 있을 수 있다. 만약 그렇다면 그 성과에 대한 평가는 달라져야 한다. 그렇다고 목표설정단계에서 평가제도 개선안이나 제품개발의 품질 수준에 대해 명확히 설정하는 것 또한 대단히 어려운 일이다. 그러므로 완료시기의 평가는 일정 부분 정성적이 될 수밖에 없게 된다.

이러한 문제는 '건수'를 목표로 하는 경우에도 비슷하게 적용된다. 예를 들어 생산부서에서 제안 건수를 목표로 하는 경우, 과연 제안 건수만 많으면 성과가 있는 것인가? 제안 건수에 대한 측정기준으로서 품질적인 요소(제안으로 인해 발생되는 절감 비용이나 효율성 증가)로 건수를 제한(10만 원 이상 등)할 수 있겠지만 효과금액 100만 원이 되는 제안을 5건 한 사람과 10만 원 이상 제안을 20건 한 사람 중에서 누가 더 성과가 높다고 평가할 수 있는가?

이상과 같이 과제완료형 성과는 성과의 품질적 요소(나중에 외부적인 공헌으로 측정되는 요소)가 결여되어 있기 때문에 성과평가 시기에 이를 감안하지 않을 수 없으며, 품질적 요소의 평가는 결국 정성적인 평가에 의존할 수밖에 없다.

또한 어떤 KPI의 경우에는 정량적이고 합리적인 기준을 찾는 것 자체가 불가능해 보이는 경우가 있다. 여기서 '대단히 어렵다,' '불가능해 보인다'는 것은 결국 성과평가에 있어 어느 정도 정량화를 포기하고 정성적인 요소를 인정한다는 의미이다.

〈표 13-12〉 성과의 측정과 평가의 문제

| 구분 | 문제점 | KPI 예시 |
|---|---|---|
| 성과 측정의 신뢰도 문제 | • 모든 KPI의 측정 기준을 만드는 것은 대단히 어렵다.<br>• 개인이 수행하고 측정하는 KPI는 신뢰도가 낮다. | • 고객접촉 건수<br>• 업체지도 횟수 |
| 성과의 품질의 문제 | • 과거완료형 KPI는 성과의 품질을 엄밀히 고려하지 않는다.<br>• 하지만 성과의 평가에는 일부 반영되어야 한다. | • 인사평가제도 개선 일자<br>• 제품개발 일자 |

## 다. 응용형 평가기준

이상에서 본 바와 같이 개별 목표에 대한 각각의 평가기준을 수립하는 것은 대기업이나 중소기업을 막론하고 편익에 비해 비용이 더 많이 투입된다. 그렇다고 평가에 대한 기준을 전혀 설정하지 않는 것은 평가의 객관성에 중대한 문제를 야기한다. 〈표 13-13〉은 이러한 비용과 편익의 관점에서 적절한 수준으로 타협한 성과평가의 기준이다. 이 기준은 성과 측정기준의 합리성, 측정의 주체에 따른 측정 결과의 신뢰도, 과제완료형 성과의 품질적 요소를 (정성적으로) 감안하여 기본형 평가기준을 응용한 것이다.

〈표 13-13〉 KPI 유형별 성과평가 가이드

| KPI 유형 | KPI 예시 | 평가등급 | | | | |
|---|---|---|---|---|---|---|
| | | S | A | B | C | D |
| 전사 또는 조직적 차원에서 별도의 담당자에 의해 관리되는 지표 | 매출, 손익, 재고, 제품별 판매율, 품질, 원가 절감 등 | 111% 이상 | 101~110 | 95~100 | 81~94 | 80 이하 |
| 정량적인 목표이나 지표관리가 불분명하거나 담당자 스스로 관리하는 지표 | 원가절감, 납기 준수율, Lead Time 등 | – 달성수준 : 111% 이상<br>– 객관적인 측정 및 방법에 의거 | – 달성수준 : 100% 이상<br>– 나름대로 타당한 근거에 의거 | – 달성수준 : 95~110%<br>– 나름대로 타당한 근거에 의거 | – 달성수준 : 81~100%<br>– 객관적인 근거 부족 | – 달성수준 : 94% 이하<br>– 근거 없음. |

| | 완료 시한 | 5월까지 완료 | 조기 완료 타 과제 추가 수행 | 여유있게 일정 준수 | 빡빡하게 일정 준수 | 약간의 지장 초래 | 중대한 지장 초래 |
|---|---|---|---|---|---|---|---|
| 과거 완료형 | 건수 | 클레임 건수, 신규매장 수 제안 건수 | - 달성수준 : 111% 이상 - 질적인 측면에서 기대 충족 | - 달성수준 : 100% 이상 - 질적인 측면에서 기대에 약간 미흡 | - 달성수준 : 95~110% 이상 - 질적인 측면에서 기대에 약간 미흡 | - 달성수준 : 81~94% | - 달성수준 : 80% 이하 |
| 기타 | | 정성적이거나 불명확한 KPI | 성과의 양적·질적 측면에서 상사의 기대수준을 현저히 초과함. | 성과의 양적·질적 측면에서 상사의 기대수준을 일정수준 초과함. | 성과의 양적·질적 측면에서 상사의 기대수준을 가까스로 달성 | 성과의 양적·질적 측면에서 상사의 기대수준을 미치지 못함. | 성과의 양적·질적 측면에서 상사의 기대수준을 현저히 미치지 못함. |

## (5) 하위 직급자의 성과평가

성과관리의 대상은 전직원이 아니고 '회사가 부여한 특정한 임무를 수행함에 있어, 임무 달성을 위한 방법이나 절차에 대해 일정 수준 이상의 권한과 책임, 자율을 가지고 수행하는 사람'에 국한된다. 따라서 하위 직급으로 갈수록 독자적인 목표설정과 독자적인 업무 수행이 어렵기 때문에 하위 직급자의 경우 목표설정을 하지 않거나 설정하는 목표의 수 자체를 적게 하는 것이 현실적일 수 있다. 하지만 앞에서 설명한 바와 같이 목표를 설정하는 것과 성과의 평가를 객관적으로 하는 것과는 다른 문제이며, 하위 직급자의 경우 목표를 설정하지 않거나 목표의 수 자체를 적게 설정하는 것 자체가 객관적인 성과평가에는 아무런 영향을 주지 않는다. 또한 성과라고 하는 것이 이전보다 개선된(향상된) 외부적인 공헌이라면, 그것이 사전에 목표로 설정되었건 사후에 측정되었건 간에 성과는 존재하게 된다. 하위 직급자의 일상적, 단순반복적인 일의 외부적인 공헌은 틀림없이 '납기'와 '정확도', 또는 '고객 만족도'가 될 것이다. 이러한 단순반복적인 업무에 대한 목표를 세우고 관리하는 것은 불가능한 일이 아니지만, 누차 설명한 측정과 관리의 비용문제로 인해 굳이 목표를 사전에 수립할 필요는 없어 보인다. 따라서 하위 직급자의 경우는 다음 〈표 13-14〉에서 보는 바와 같이 목표가 없는 업적기술식 평가방법과, 목표를 설정한 경우에 목표 달성도를 평가하는 혼합된 방법이 유용하다.

〈표 13-14〉 하위 직급자의 성과평가표

| 평가 구분 | 중점과제 | | 배점 (%) | KPI | | 실적 | 달성도 | 평가 | |
|---|---|---|---|---|---|---|---|---|---|
| | | | | 성과항목 | 목표 | | | 본인 | 평가자 |
| 목표 달성도 평가 | 1. | | | | | | | | |
| | 2. | | | | | | | | |
| | 3. | | | | | | | | |
| | 총계 | | 30 | | | | | | |

| 평가 구분 | 평가착안점 | 배점 (%) | 주요 업무 기술 | 평가 | |
|---|---|---|---|---|---|
| | | | | 본인 | 평가자 |
| 업적 기술식 평가 | • 비슷한 직급의 동료에 비해 또는 전년도에 비해 양적으로 더 많은 일을 수행했는가? | 20 | | | |
| | • 수행한 업무는 납기나 품질의 측면에서 상사의 지시나 기준을 충분히 충족했는가? | 20 | | | |
| | • 개선된 방법을 적용하여 투입원가(시간·비용)를 감축하거나 고객 만족을 증대한 사례가 있는가? | 30 | | | |
| | 총계 | 70 | | | |
| 총계 | | 100 | | | |

## (6) 경영조직의 성과 측정과 평가

지금까지 과제형 목표를 중심으로 한 팀장의 성과를 평가함에 있어, 필연적으로 대두되는 성과 측정의 신뢰도 문제와 평가의 객관성의 문제를 설명하였다. 이러한 문제는 결국 성과의 정확한 측정과 객관적인 평가로 인해 야기되는 팀장의 성과 향상(노력)에 비해, 투입되는 측정과 평가의 비용이 더 높다는 현실적인 판단을 전제로 한 것이다.

하지만 팀장이나 팀원의 성과가 아닌 회사 전체의 경영성과, 임원조직의 성과평가는 어떨까? 나아가 정부에서 시행하는 공기업의 경영평가는 어떠해야 할까? 이 경우에는 팀장의 성과평가와는 달리, 성과 측정의 신뢰도와 평가의 객관성은 아무리 강조해도 지나치지 않으며, 이를 위해 상당한 비용을 지불할 필요가 있다. 경영조직의 경영평가 결과는 곧 사장이나 임원의 승진, 해임, 이동 그리고 소속 구성원의 인센티브와 연봉 인상과 연계된다.

이러한 중차대한 경영 의사결정의 근거로서의 성과 측정과 평가가 이루어지기 때문에, 경영조직의 성과관리는 제4장에서 언급한 바와 같이 필연적으로 지표형 목표를 근간으로 한 평가형 성과관리를 시행하게 된다. 평가 중심의 성과관리는 평가지표로서의 KPI와 이에 대한 상세한 설명과 정의, 측정기준 그리고 개별 KPI에 대한 복잡하고 정교한 평가기준으로 구성된다. 따라서 이를 위한 성과관리기준은 거의 수십 페이지에 달하며, 정부에서 발행하는 공기업의 경영평가 기준은 거의 책자 수준으로 내용이 상세하고 엄밀하게 작성되어 있다.

개별 KPI별로 측정기준과 평가기준을 만들어 평가하는 방식은 이외에도 거래관계에서 발주 회사(갑)가 납품 회사(을)를 평가할 때에도 유용하며, 이 경우 성과평가의 결과로서 보상은 거래관계의 계속, 중단, 단가 인상 또는 인하로 부여될 것이다.

마지막으로 위의 사례와는 약간 성격이 다르지만, 평가 중심의 성과관리가 유용한 또 하나의 경우가 있다. KPI가 매년 거의 동일하며, 몇 개의 KPI(대개 20여 개 안팎)로 수십, 수백 개의 조직(책임자)을 평가하는 경우가 그것이다. 이런 경우의 사례로서 금융기관의 지점(장) 평가나 유통업의 판매지점(장) 평가를 들 수 있다.

객관적이고 신뢰성 있는 평가를 위해 비용과 편익을 계속해서 언급하고 있는 바, 만약 개별 목표에 대한 평가기준을 수립하여 정확히 성과를 평가하는 비용에 비해, 그로 인한 편익이 더 큰 경우에는 당연히 개별 KPI에 대해 상세한 평가기준을 수립할 수 있다.

은행 등 금융회사의 경우, 수백 개의 영업지점들이 거의 똑같은 영업업무를 수행하고 있기 때문에, 국내의 모든 금융회사에서는 지점의 성과를 평가하기 위해 상세한 성과 측정과 평가기준을 운영하고 있다.

**〈표 13-15〉 금융기관의 목표(일부)**

| 구분 | 목표항목(KPI) | 배점 | 20XX년 목표 |
|---|---|---|---|
| 재무 관점 | 영업이익 | 300 | |
| | ROA | 200 | |
| 고객 관점 | 우수고객 확보율 | 100 | |
| | 고객 만족도 | 200 | |
| 성장 관점 | 총 수신 금액 | 300 | |
| | 보험 영업 | 100 | |

**〈표 13-16〉 성과 측정 및 평가기준(일부 요약)**

| 목표항목 | 배점 | 성과 측정 방법 | 평가기준 |
|---|---|---|---|
| 영업이익 | 300 | 자금수익금 + 수수료-예상 손실 | 달성률 70% 이하 : 3점<br>달성률 70~80% : 5점<br>달성률 80~90% : 7점 |
| ROA | 200 | 당기 실적 + 전년 대비 상승률 | 개선도와 실적 그리드에 의한 점수 판정 |

## (7) 성과의 입증(立證)책임

전사적인 차원에서 명확한 기준에 의해 관리·측정되는 성과는 성과의 입증책임의 문제가 발생하지 않는다. 하지만 이런 성과를 제외하고 과제형 목표와 같이 담당자 본인에게 개별화되어 담당자가 스스로 관리하는 성과의 경우에는 성과의 입증책임의 문제가 발생한다. 개별화된 성과를 상사가 평가하기 위해서는 성과에 대한 객관적인 사실들이 제시되어야 한다. 객관적인 사실(Facts)이라 함은 성과를 입증할 수 있는 여러 가지 자료, 즉 성과의 측정기준과 방법, 측정 결과와 관련한 보고서, 메일 등을 말한다. 이러한 성과를 입증하는 자료를 제시할 책임은 당연히 그 성과에 대해 정확히 평가를 받고 싶어 하는 피평가자 본인에게로 돌아간다. 품질 불량률을 KPI로 설정한 부하는 불량률의 측정 결과를 제시하여야 하며, 납기 준수를 KPI로 설정한 부하는 납기 준수를 입증할 문건을 평가자에게 제시하여야 한다. 평가자(상사)는 피평가자가 제시한 입증 자료를 바탕으로 진위 여부와 측정의 객관성을 검토하여 등급으로 평가하게 된다. 만약 KPI나 평가 결과가 완벽히 객관적으로 측정될 수 있다면, 상사의 평가는 (사전에 설정된) 기준에 따라 등급을 기계적으로 매기면 될 것이며, 이 경우 본인 평가나 1, 2차 평가 결과는 동일할 것이다. 이 경우 평가자로서 상사의 역할은 성과의 측정에 대한 객관성을 확인하는 일이 될 것이다.

## 4. 성과평가의 마지막 문제와 해결방안

(1) 문제의 제기

회사의 직원들은 대단히 복잡하고 다양한 업무상황에서 업무를 수행하며, 회사 전체의 목표 달성을 위해 다른 직원과 협조하고 때론 경쟁하면서 맡은 바 임무를 달성하기 위해 노력한다. 그 노력의 결과로서 직원들은 특정한 성과를 발휘하고, 그 성과들이 집결되어 회사 전체의 경영 목표를 달성하는 것이다. 직원들의 모든 노력들은 상호 유기적으로 연관되어 있으며, 항상 전후 공정으로 연결되어 있다. 이러한 업무 상황에서 개인의 역할과 책임에 한정되는 특정한 과제를 분리하여 '내 것'으로 만드는 과정에서, 다음과 같은 몇 가지 풀기 어려운 애로에 봉착하게 된다. 이런 유형의 문제는 성과의 평가에 관한 문제라기보다는 성과관리의 본연적인 한계라고도 할 수 있을 것이며, 정량적인 평가를 저해하는 또 다른 요소들이기도 하다.

- 상호의존성의 문제
- 우연적인 요소의 문제
- 성과책임의 전·후임자의 문제
- 투입 비용의 문제
- 난이도의 문제

유형별 문제의 내용과 해결방안을 살펴보자.

(2) 상호의존성의 문제

회사의 모든 업무는 상호의존적이며, 모든 직원 또한 상호의존적이다. 대개 공정으로 불려지는 업무의 연계는 특정 업무를 중심으로 전공정과 후공정으로 표현된다. 생산부서는 구매부서의 후공정이며, 제품 출하부서는 생산부서의 후공정이다. 결산 담당자는 영업부서의 매출마감 담당자의 후공정이며, 생산팀장은 생산관리팀장의 후공정이다.

이와 같이 회사의 모든 직원의 업무는 상호 연관되어 있기 때문에 개인의 목표를 처음부터 끝까지 혼자서 달성하는 경우는 없다. 제품이 제대로 생산되지 않아 매출 목표를 달성하지 못한 영업사원, 제품개발이 제때 이루어지지 못해 납기를 달성하지 못한 생산팀장, 협업 부서에서 전표가 넘어오지 않아 결산 목표일을 맞추지 못하는 결산 담당자와 같이 본인은 열심히 노력했으나 전 공정의 잘못으로 목표를 달성하지 못한 성과를 어떻게 평가할 것인가?

업무의 상호의존성의 문제에 관한한은 다음과 같은 해결방안을 생각해 볼 수 있으며, 많은 기업에서 이런 방식으로 해결해 나가고 있다.

이 문제는 CEO의 입장에서 보면 정답은 대단히 명쾌하다. 조직 내 업무의 의존성, 관련성의 측면에서 개인의 성과가 다른 사람의 업무에 영향을 받는다는 것은 너무나 당연한 일이다. 따라서 개인이 목표를 달성하기 위해서는 다른 사람이 내 성과에 바람직한 영향을 줄 수 있도록, 또는 내 성과를 방해하는 일이 최소화되도록 최대의 노력을 기울여야 한다. 내 업무에 영향을 미치는 다른 직원의 협조를 구하는 일, 어쩌면 이것이 조직에서 일을 하는 가장 기본적인 방법일 것이다.

업무의 상호의존을 이유로, 즉 전 공정의 잘못으로 목표 달성을 못하는 것은 사고나 사고에 가까운 전 공정의 문제가 없는 한, 담당자 개인의 책임 회피에 지나지 않는다. 본인의 성과를 평가함에 있어 상호의존성의 문제를 제기하는 직원은 '일 못하는 사람'이다.

모든 성과에는 우연적인 요소가 들어있다. 제2장에서 설명한 성과함수에도 우연적인 요소는 '기회요인'이라는 단어로 표현되어, 성과의 변수로서 작용하고 있다. 열심히 하지 않았지만 우연히 손 큰 고객을 만나 판매 목표를 거뜬히 달성한 영업사원, 열심히 했으나 고객의 사정으로 매출 목표를 달성하지 못한 영업사원, 공장의 화재로 말미암아 생산납기를 지키지 못한 생산팀장, 이런 직원들의 성과를 어떻게 평가할 것인가? 또는 이러한 불운을 뚫고 목표를 달성한 직원의 성과에는 어느 정도의 추가 점수를 주어야 할까?

이러한 우연적인 요소의 문제는 기업에서 개인이나 조직의 성과를 평가할 때 늘 대두되는 문제이지만, 사회적으로나 인사관리학자의 입장에서나 뚜렷한 해답이 제시되어 있지 않다. 이런 문제는 사람을 평가하는 데 있어 해묵은 논쟁인 결과주의, 혹은 과정주의와 결부된 일종의 철학적인 문제이기도 하다. 성과를 평가하는 결과주의나 과정주의에 관한 시각 차이는 조직 내 개인 간, 상하 간, 성과가 높은 개인과 낮은 개인 간에 상당한 시각 차이를 보이고 있어, 전체 조직적으로 어떤 기준을 채택할지조차도 명확히 결정하기가 쉽지 않다. 내 생각으로는 과정주의나 결과주의 중 어느 하나를 채택하여 모든 성과를 평가하는 것은 무리가 있어 보인다. 과정을 중시하면 결과가 무의미해지고, 결과를 중시하면 행운을 맞이한 직원의 성과는 과대평가되고, 불운에 처한 직원의 가상한 노력은 무시된다. 이런 점을 고려한다면, 성과의 평가는 기본적으로 결과주의를 채택하되, 그 결과를 이룩한 개개인의 과정, 즉 노력의 정도, 행운과 불행을 일정 부분 고려할 수 있는 장치가 있어야 할 것이다.

위원회 방식의 인사결정 과정(영어로 Collaboration이라고 한다), 즉 인사위원회는 바로 이러한 장치로 활용될 수 있다.

### (4) 성과책임의 전·후임자의 문제

특정기간의 성과는 특정기간 동안 투입한 개인이나 조직의 노력과 위에 적은 우연적인 요소 외에 이전에 투입한 노력, 전임자의 노력이나 성과에도 상당한 영향을 받는다. 성과와 노력간의 인과관계로 말미암아 노력과 성과는 필연적으로 시간 차이가 발생한다. 즉, 노력이 먼저 투입되고 성과가 그 결과로서 나중에 나타난다. 또한 이전 기간에 이룩한 성과가 당해 기간의 성과에 영향을 미칠 수 있다. 예를 들어 올해 영업사원이 이룩한 특정의 영업활동은 다음 해에 구체적인 매출로 연결될 수 있을 것이다.

성과관리는 성과의 '관리'를 위해 필연적으로 기간을 설정하며, 그 기간은 대개 매년 1월 1일부터 12월 31일까지 1년간, 또는 중간에 6월 30일을 넣어 반년으로 설정한다. 노력에 대한 결과, 또는 성과의 결과가 이러한 성과관리 기간을 이월하여 발생하는 경우, 그 기간을 전후로 담당자가 변경되었을 때 성과책임에 관한 전·후임자의 문제가 발생한다. 기업에서 발생하는 전·후임자의 문제는 두 가지 유형으로 나타난다.

**노력과 성과의 시차 문제**

성과에 대한 전·후임자의 책임(평가)에 관해 가장 흔히 논쟁이 되는 문제는, 과거의 노력, 즉 전임자의 원인행위에 따라 후임자가 누리는,

또는 부담해야 할 성과책임 문제이다. 이 문제는 담당자 개인에게는 발생할 여지가 별로 없다. 왜냐하면 개인의 목표는 성과관리기간 동안의 노력으로 달성할 수 있는 직접적인 결과를 성과로 표현하는 것 – 그렇게 하는 것이 목표설정이었으므로 – 이기 때문이다. 이러한 문제는 주로 사업단위의 조직의 책임자, 사업부장이나 본부장, 그룹계열사 사장의 경우에 주로 발생한다. 전임 경영자가 교육훈련에 많은 투자를 하여 인재양성을 하였고, 후임자는 그렇게 육성된 인재를 활용하여 탁월한 경영성과(재무적 성과)를 달성한 경우, 전임자가 R&D에 많은 투자를 한 결과로서 후임자의 기간 내에 좋은 제품이 개발되고, 그로 인해 매출이나 수익이 급상승한 경우에 그 성과책임을 누구에게 돌릴 것인가? 반대로 전임자가 원가절감 차원에서 원재료에 가격인하를 적극 추진한 결과 전임자의 (재무적) 경영성과는 올라간 반면, 후임자는 지나치게 싼 구매 가격으로 말미암아 많은 원재료 불량이 발생하고, 이로 인해 매출 감소로 이어지는 경우의 책임은 누가 질 것인가? 바로 이런 문제 때문에 '성과관리는 경영자로 하여금 장기투자를 소홀히 하고 자기의 임기 내에 가시적인 성과를 낼 수 있는 과제에만 매달리게 한다'고 많은 사람들이 지적한다.

하지만 이러한 문제는 균형성과표(BSC)에 의해 대부분 해결이 가능하다. 앞에서 설명한 바와 같이 경영자의 성과관리의 도구(Tool)로서 BSC의 접근법이야말로 이러한 노력과 성과의 시차 문제로 인한 문제를 해결할 수 있는 유일한 수단이다.

BSC는 경영자의 성과지표를 재무적 성과지표만이 아닌 장·단기성과, 과정과 결과를 어우르는 균형 잡힌 관점에서 경영 목표를 수립하도록 권장하고 있다. 단기 목표로서의 재무적 성과나 원가절감 목표,

R&D 투자나 인재육성과 같은 장기목표를 경영성과의 목표로 설정하고, 이를 평가한다면 전·후임자의 문제는 상당부분 감소시킬 수 있을 것이다.

### 이전 성과의 추후 리스크 문제

특정한 업무의 성과는 항상 어느 정도 리스크를 포함하고 있으며, 그러한 리스크는 추후 관련된 업무의 성과에 영향을 미치게 된다. 만약 그러한 리스크가 초기 성과의 발생 시기에, 또는 거슬러 올라가 목표설정 시기에 충분히 예상 가능하다면, 그러한 리스크는 목표설정에 반영할 수 있거나, 또는 성과의 평가 시기에 반영할 수 있을 것이다. 예를 들어 앞의 사례에서, 전(前) 기간에 진행된 원가절감으로 인해 이후 기간에 불량이 발생할 리스크를 계량적으로 예측할 수 있다면, 전임자의 성과에 원가절감 금액뿐 아니라 불량 발생 가능성을 금전으로 환산한 손실금액을 산정하여 원가절감 금액에서 그 금액을 차감한 순 금액으로 평가할 수 있을 것이다. 하지만 대부분의 경우 이러한 예측은 대기업이라 하더라도 거의 불가능하다. 왜냐하면 특정 원재료(부품)의 원가와 불량률의 상관관계를 측정하는 것은 그 자체로서 엄청난 비용을 수반하는 일이기 때문에 굳이 이를 측정하지 않는다.

리스크가 있는 성과의 가장 대표적인 경우는 영업사원이 수행하는 매출이다. 매출, 또는 판매라고 하는 것은 본질적으로 '채권의 미수'라고 하는 리스크를 안고 있다. 그래서 모든 회사는 회사의 장기간 운영에 따른 평균적인 미회수 채권을 '대손'이라는 계정과목으로 매출실적에서 차감하거나 손익에 반영하고 있다. 하지만 이러한 매출의 리스크로서 미회수 채권 또는 이를 포함한 손익의 문제는 영업사원 개인에게는 발생하지 않는다. 영업사원 개개인에게 매출과 비용 그리고 손익에 대해 책임을 지게 하는 경우는 없기 때문이다. 그래서 이 문제 또한 개인이 아닌 매출과 손익을 동시에 책임지는 사업단위, 또는 그러한 책임을 지는 영업부서의 조직단위에서 발생하며, 전·후임자의 문제 또한 조직책임자의 변경에 주로 한정된다.

매출의 리스크가 성과관리에 가장 큰 영향을 미치는 사례가 바로, 금융기관 지점장의 성과관리이다. 금융기관의 모든 영업점(지점장)은 대출(기업으로서는 매출)에 상당한 노력을 기울이고 있으며, 대출 상품은 기업의 상품판매와는 달리 오랜 기간에 걸쳐 대출금과 이자를 회수함으로써 이익을 실현한다. 또한 금융기관의 지점장은 대개가 일정기간 근무 후 타 지점으로 이동한다. 이런 상황에서 전임자가 대출한 대출금에 대한 원금 및 이자의 회수 책임은 후임자에게 전가된다. 만약 대출금이 정해진 기간 내에 회수되지 않는다면 그 책임은 손익의 형태로 후임자의 성과평가에 반영된다. 이 경우 후임자의 성과평가에 전임자의 잘못된 대출에 대한 책임을 전가하는 것이 올바른 일인가? 잘못된 일인가? 아니면 더 나은 방법이 있는가?

결론부터 이야기하면, 전임자의 부실대출 책임은 후임자에게 전가될 수밖에 없으며, 모든 금융기관에서 이 방법으로 지점장의 성과(손익)를 평가하고 있다. 그 논리적인 근거를 간단히 설명하면 다음과 같다.

첫째, 부실대출의 책임, 또는 전임자이든 후임자이든 누군가가 부담하여야 한다. 둘째, 지점 성과관리는 지점장 개인의 성과가 아니라 해당 지점의 성과관리이며, 따라서 만약 부실대출에 대한 책임을 지점 이동 후에도 지게 한다면 그것은 지점 성과관리가 아닌 지점장 개인의 성과관리가 된다. 지점 성과관리 외에 별도로 지점장 성과를 관리하려면 부실채권에 관한 또 하나의 성과관리체계를 운영하여야 한다. 셋째로 만약 전임 지점장이 퇴직을 하게 된다면 그 책임은 누가 질 것인가? 마지막으로 부실대출의 문제는 전지점장들이 똑같은 정도로 리스크를 후임자에게 주거나 전임자의 리스크를 부담하기 때문에 장기적으로 지점장 개인에게 주는 리스크는 동등하다.

대략 이러한 이유로 당해 기간 동안에 발생한 본인의 대출, 전임자의 부실대출로 인해 발생한 손실을 모두 평가하여 현재 지점장의 성과로 평가하는 것이다.

### (5) 투입비용의 문제

직원들이 업무를 수행하는 데는 항상 비용이 투입된다. 비용에는 담당자의 밤늦은 시간까지의 연장근무 등과 같은 노력도 포함될 수 있으나, 여기서는 직접 현금으로 지급되는 비용만을 비용이라고 하자. 또한 비용이 투입됨으로써 성과는 담당자의 노력과 무관하게, 또는 담당자의 노력에 비해 더 크게 나타날 수 있다. 앞 장에서 KPI를 설정할 때, 이러한 회사의 비용투입으로 인해 나타나는 성과는 가급적 배제하고 본인의 노력에 의해서 나타나는 성과만을 KPI로 하여야 한다고 설명하였다. 예를 들어 신규 생산설비를 투입함으로써 생산성이 향상된 경우, 생산성 향상의 전부를 생산팀장의 성과로 볼 수 없는 것이다. 하지만 특정한 성과에 대해 비용투입과 본인 노력의 기여한 정도를 분리하는 것 또한 그렇게 쉬운 일이 아니다. 예를 들어 똑같은 일을 하는 두 영업사원의 경우, 한 사람은 접대비를 적게 쓰고 목표를 달성한 반면, 한 사람은 접대비를 아주 많이 써서 매출 목표를 달성한 경우, 접대비의 투입이 매출 목표 달성이라는 성과에 기여한 바를 어떻게 분해하여 측정할 것이며, 또한 두 사람의 '순전히 노력에 의한 성과'를 어떻게 평가할 것인가? 또는 연봉제를 도입하면서 인사 담당 자가 스스로 학습하고 노력하여 조금 미흡하지만 스스로 설계한 경우와, 비용을 지불하여 외부컨설팅을 받아서 더 나은 품질의 제도를 설계한 경우, 누가 더 성과가 있는 것인가? 이와 같이 성과의 평가는 투입된 비용에 따라 달라질 수 있다. 하지만 이러한 비용에 따른 성과 의 크기에 관한 평가기준을 수립하는 것은 현실적으로 어려운 일이며, 또한 불필요한 일이라 할 것이다.

## (6) 난이도의 문제

가끔씩 성과관리나 인사관리에 관한 프로젝트 보고서나 서적에서 성과를 평가할 때 난이도를 포함하는 경우가 발견된다. 난이도 평가 는 피평가자가 달성한 성과에 대해, 달성하기가 어려운 정도를 판단하 여 그것을 성과의 크기에 반영하는 방법이다. 난이도를 객관적이고 정 량적으로 평가하기 위해서는 성과의 난이도에 대한 또 하나의 측정기 준이 필요해 보인다.

난이도 측정기준이 없다면 필연적으로 평가자의 주관에 따라 평가 를 하게 되고, 그만큼 정성적인 평가가 늘어나게 될 것이기 때문이다.

하지만 이러한 난이도의 문제는 성과관리 본연의 문제나 한계가 아 니라, 성과관리 컨설턴트나 인사 담당자들의 목표설정과 성과평가에 대한 그릇된 이해에서 비롯된 것이다.

무엇보다도 특정 성과나 목표에 대해 난이도를 사전적으로 설정하거나 사후적으로 평가한다는 것은 목표설정의 논리와 대단히 모순된다. 한 개인의 목표설정서에 기재된 목표는 목표설정의 원칙에 따라 전부 도전적으로 (난이도가 높게) 설정된 것이며, 도전적인 정도(난이도)는 모두 같은 것으로 가정(假定)하여야 한다. 만약 목표설정단계에서 KPI를, 담당자의 입장에서 난이도를 낮게 설정한다면 당연히 관리자는 그것을 높게 조정하여 다른 과제, 다른 담당자와 비슷한 수준으로 조정하여야 한다. 부하들의 성과의 총합이 상사의 성과로 본다면, 부하의 목표가 도전적이지 않다는 것은 곧, 상사 자신의 목표 또한 도전적이지 않다는 것을 의미한다. 그러므로 또한, 만약 목표설정 시에는 미처 파악하지 못했지만 과제 수행의 과정에서 그것이 난이도가 낮게 설정된 것으로 판명된다면, 예를 들어 연간 판매 목표를 5,000만 원으로 설정한 영업사원의 경우, 반기가 지나고 영업환경이 호전되어 상반기에 그 목표를 다 달성했다면, 그 담당자의 목표는 중간점검 과정에서 당연히 상향 조정되어 도전적으로 (난이도가 높게) 변경되어야 하는 것이다.

그러므로 설정된 목표나 달성한 성과에 대해 난이도를 별도로 반영하거나 평가하는 것은 도전적인 목표의 설정이라는 목표설정의 기본 원칙에서 벗어나는 일이다. 난이도는 목표설정단계에서 상하 간의 목표, 즉 KPI의 목표수준을 설정, 또는 변경할 때 이미 반영되어야 한다.

# 제14장
# 집단평가와 보상

## 1. 제도의 의의

지금까지 우리는 개인(팀장도 개인이다)의 성과 향상을 위해 목표설정, 실행관리, 성과의 측정과 평가에 이르는 개인의 성과관리 전반을 살펴보았다. 여기서 다시 한 번 개인의 성과와 조직의 성과, 나아가 회사 전체의 성과의 관계를 되돌아보자.

조직의 성과는 개인 성과의 총합이라는 관점에서 개인의 성과 향상은 곧 조직의 성과 향상과 직결된다는 것이 이 책 전반에 걸친 일관된 논리이다. 즉, 회사의 경영 목표는 조직의 계층을 따라, 조직과 개인의 업무분장에 따라 분할(Breakdown)되어 최종적으로 개인(조직책임자 포함)의 목표로 할당된다. 그러므로 개인의 목표가 회사의 경영 목표와 제대로 정렬(Alignment)된다는 조건하에서 직원 각자가 자신의 목표 달성을 위해 최선을 다하게 되면 상위조직의 목표, 나아가 회사의 경영 목표는 달성된다는 것이다.

하지만 앞장의 성과의 상호의존성에서 설명한 바와 같이 회사 내의 모든 업무는 상호의존적이며, 모든 직원 또한 상호의존적이다. 이 말은 직원 개개인, 개별 조직간의 상호 협력을 통하여 상위 조직의 목표를 달성한다는 것이다. 그래서 제7장에서 기술한 바와 같이 목표설정 단계에서 '고객의 소리'를 청취하여 타인이나 타 조직에 협력해야 할 사항을 파악하는 것이 대단히 중요하다. 생산팀에서 영업팀이 요구한 납기를 준수하는 일, 구매팀에서 생산팀이 요구한 원재료 납기를 지키는 일이 바로 타 조직에 대한 협력이며, 이런 종류의 중요한 협력 의무는 대체로 팀의 미션에 포함되며, 아울러 팀장의 중점과제의 대상이 되어야 한다. 하지만 이렇게 중점과제에 포함되지 않는, 하나의 중점과제로 표현하기에는 너무나 다양하거나 사소한 일상적인 협력 행위도 얼마든지 있을 수 있으며, 이러한 사소한 협력(또는 비협력)이 누적적으로 작용하여 조직 전체의 성과에 크게 영향을 미칠 수도 있다.

이런 관점에서, 오직 개인의 성과와 보상에만 중점을 두는 정책은 직원 개개인이 단기적인 성과만을 추구하거나 동료 직원들이나 조직 간에 불필요한 경쟁을 유발시켜, 정보공유나 협력을 소홀히 함으로써 공동목표 달성을 저해하는 부작용을 초래할 수도 있다. 또한 나아가 자신이 속한 조직이나 회사에 대한 소속감이나 충성심의 결여로 귀결될 수 있다. 이러한 개인 성과관리의 단점을 보완하는 것이 조직 평가와 보상제도이다. 조직 평가와 보상제도는 조직 성과를 그 조직에 속한 개인의 보상에 연계시킴으로써, 개인의 성과에 집중된 관심과 동기를 조직 전체 공동의 성과를 향해 그 방향을 돌리고, 조직이라는 공동의 목표 달성을 위한 협력과 조직에 대한 귀속감을 높이기 위한 제도이다.

조직 평가·보상제도가 개인에게 조직의 목표에 대한 동기를 불러일으키는 과정을 개략적으로 살펴보면 다음과 같다. 여기서 먼저 모든 평가는 보상과 연결되었을 경우에만 동기를 유발시킬 수 있다는 점을 상기하자. 즉, 직원들은 목표를 달성하면 어떤 보상이 주어질 것이라는 것이 전직원에게 공포되어 이미 알고 있는 경우에만 그 목표 달성을 위해 노력한다는 것이다.

〈표 14-1〉은 사업부의 영업이익 80억 원을 사업부 산하의 모든 팀장에 대하여 공동목표로 설정한 경우의 평가기준이다.

〈표 14-1〉 사업부 평가기준(영업이익 목표 80억 원)

| 평가등급 | S(탁월) | A(우수) | B(보통) | C(미흡) | D(불량) |
|---|---|---|---|---|---|
| 목표 달성률 | 110% 이상 | 100~109 | 90~99 | 80~89 | 79% 이하 |

만약 직원들이 열심히 노력하여 사업부의 실적이 85억 원을 기록하게 되면, 목표 달성도가 106%로서 위의 평가기준에 따라 A등급으로 평가될 것이다. A등급으로 평가받게 되면 〈표 14-2〉의 집단 보상기준에 따라 경영성과급을 150%로, 평균 100%보다 50%를 더 받게 된다. 즉, 사업부 산하의 모든 팀장이나 팀원에게 평균 150%의 경영성과급이 지급된다는 말이다. 이러한 조직 평가와 보상기준에 따라 직원들은 더 많은 성과급을 받기 위해 사업부 공동목표, 즉 사업부 이익의 창출을 위해 원가절감이나 상호협력, 정보공유 등 필요한 활동에 적극 동참하게 된다.

〈표 14-2〉 집단 보상기준(월 기본급 대비 지급비율)

| 평가등급 | S(탁월) | A(우수) | B(보통) | C(미흡) | D(불량) |
|---|---|---|---|---|---|
| 경영성과급 | 200% | 150% | 100% | 75% | 50% |

## 2. 조직 성과의 평가

목표를 설정, 실행하고 성과를 측정·평가하는 일련의 성과관리체계는 개인이나 조직에게 달리 적용되어야 할 이유는 전혀 없다. 즉, 개인의 성과관리나 조직의 성과관리는 동일하다는 의미이다. 그 이유는 조직의 목표는 조직책임자 개인의 목표가 되며, 조직의 성과는 조직책임자 개인의 성과이며, 마찬가지로 조직의 성과평가의 기준이나 평가 결과는 조직책임자 개인의 그것과 완전히 똑같은 것이기 때문이다. 그러므로 조직 성과평가의 방법이나 기준이 별도로 존재하는 것이 아니라 앞장에서 기술한 방법이나 기준에 따라 조직책임자 개인의 성과를 평가하면 되는 것이다. 다만 사업부를 포함한 그 이상의 경영 조직의 성과를 평가한다고 할 때, 사업부장이나 사장 개인의 평가라기보다는 '조직'의 성과평가로 표현하는 것이 더 적절해 보이지만, 이것은 어디까지나 정서적인 문제이며 평가기준 자체가 달라질 것은 전혀 없다. 그러므로 조직 평가와 보상제도에서 이슈가 되는 것은 평가가 아니라 그 평가의 결과를 어떻게 소속된 개인의 보상에 연결하느냐 하는 집단적인 보상기준에 관한 문제인 것이다.


## 3. 집단 보상의 방법

(1) 집단 보상기준의 설계

먼저 조직 평가 결과에 대해 회사가 그 조직에 대해 부여할 수 있는 보상의 수단을 살펴보자. 집단 보상의 수단으로 가장 전형적인 것이 경영성과급이다. 일반적으로 경영성과급은 회사 차원에서 경영실적에 따라 성과급 지급 재원이 결정된다. 다음으로 가능한 보상 수단으로서 승진관리에 있어서의 승진 T/O가 있을 수 있고, 다음으로 연봉제도에서 연봉 등급상 5개의 등급에 대한 인원 T/O가 있다. 그리고 연봉 인상을 위한 연봉 인상률(재원)도 조직 별로 차등이 가능한 보상 수단이 된다. 집단 보상기준을 설계하는 일은, 이러한 회사가 가진 다양한 보상수단을 조직 평가의 결과에 따라 조직 구성원에 대해 차등적으로 적용하는 기준을 만드는 일이다. 보상 수단별로 집단 보상의 기준은 대략 〈표 14-3〉과 같이 설계할 수 있다(여기서 집단 보상을 조직 보상으로 표현할 수도 있지만, 일반적으로 집단 보상이라는 용어가 더 널리 쓰이고 있다).

〈표 14-3〉 조직 평가에 따른 집단 보상기준

| 보상수단 | 차등화 기준 | 평가등급 | | | | |
|---|---|---|---|---|---|---|
| | | S | A | B | C | D |
| 경영성과급 | 월 기본급 대비 지급률 | 200% | 150% | 100% | 75% | 50% |
| 승진 T/O | 승진 대상자 대비 승진 T/O | 150% | 125% | 100% | 90% | 80% |
| 연봉 등급 T/O | 등급별 기준 T/O 대비 추가 T/O | SA등급 T/O 10% 추가 | SA등급 T/O 5% 추가 | 등급별 기준 T/O | CD 등급 5% 추가 | CD 등급 10% 추가 |
| 연봉 인상률 | 평균 인상률 대비 인상률 가감 | 평균 인상률 +1.0% | 평균 인상률 +0.5% | 평균 인상률 | 평균 인상률 −0.5% | 평균 인상률 −1.0% |

(2) 조직 평가를 개인의 평가에 포함하는 방법

다음은 제1장의 〈표 1-1〉을 그대로 옮겨온 것이다.

<표 14-4> A회사의 생산팀

| KPI지표 구성 | KPI지표 세부사항 | | 단위 | 배점 | 작년 실적 | 올해 목표 |
| --- | --- | --- | --- | --- | --- | --- |
| | 지표명 | 계산식 | | | | |
| 사업부 공유지표 | 사업부 영업이익 | 영업이익 | 억 원 | 20 | 40억 원 | 50억 원 |
| 팀 성과지표 | 월 생산계획 대비 달성률 | 생산실적/생산계획 X100 | % | 10 | 98% | 100% |
| | 적정재고 유지율 (제품&상품) | 재고실적금액/재고 계획금액X100 | 백만 원 | 10 | 12억 원 | 10억 원 |
| | 원가절감(TCM) | TCM 금액산출 | 백만 원 | 10 | 8천만 원 | 1억 원 |
| | 가동률(직진율) | 가동시간/부하시간 X100 | % | 10 | 65% | 70% |

〈표 14-4〉는 A회사의 생산팀장의 목표설정서이지만 제일 상단에 상위조직인 사업부 공동지표로서 '사업부 영업이익'이 포함되어 있다. 이런 사례는 성과관리를 시행하는 많은 회사에서 발견되며, 사업부 공유지표가 팀장의 목표에 포함된 이유도 쉽게 이해할 수 있다. 이것은 생산팀이 소속된 사업부 전체의 영업이익에 따라 팀장의 성과평가가 달라진다는 의미이며, 그것은 곧 '생산팀장도 생산팀의 업무 자체에만 관심을 두지 말고 사업부 전체의 이익 목표 달성에도 관심과 노력을 기울이라'는 취지이자 메시지인 것이다. 이런 방식의 목표설정서나 개인의 성과평가 방식은 팀원에게도 그대로 적용할 수 있다. 즉, 팀원의 성과평가에 팀 전체의 성과평가 결과를 일정 비율로 반영하고, 나아가 그 평가 결과가 팀원 개인의 보상에 연결됨으로써 팀 목표에 대한 관심과 노력에 대한 동기를 부여하고자 하는 것이다.

하지만 조직의 목표를 개인의 평가지표에 포함하는 방법은 제도의 취지를 살리는 데 결코 바람직한 방법은 아니다. 그 이유는 개인의 성과는 어디까지나 개인의 성과이며, 개인 성과의 평가는 오직 그 개인의 성과에 귀속되어야 하기 때문이다. 그럼에도 불구하고 개인의 성과에 추가하여 조직의 성과를 개인에게 반영하는 것은 필시 나 아닌, 다른 사람의 성과를 내 성과에 가감시키는 것이라 할 수 있다. 이런 방식의 개인평가는 인사관리상 다음과 같은 문제를 야기한다.

만약 〈표 14-4〉의 생산팀장의 경우 사업부의 영업이익이 적자를 기록하여 20%의 배점을 하나도 받지 못한 상황이라면, 아랫단의 팀 성과지표를 100% 달성한다고 하더라도 생산팀장이 받을 수 있는 점수는 배점기준상 80점에 불과하다. 80점의 평가 점수를 개략적으로 등급화하면 B등급에 해당한다. 그러므로 이 사업부의 팀장들이 받을 수 있는 성과평가 등급은 B 이하가 된다. 나아가 이 평가등급은 연봉이나 승진 등 보상제도에 연계되어 평균 이하의 연봉 인상이 되거나 승진이 늦어진다. 과연 이것이 합리적인가? 아마도 이 사업부에서 가장 뛰어난 인재는 이러한 결정을 결코 용인하지 않을 것 같다.

그러므로 조직의 평가 결과를 직접 보상에 연결하지 않고 개인의 평가에 반영하여 간접적으로 보상에 연결하는 것은 합리성의 관점에서나 조직 목표에 대한 동기부여의 실효성 측면에서 결코 바람직한 방법이 아니다.

이상과 같은 문제점에도 불구하고 많은 중견·중소기업의 경우 〈표 14-4〉와 같은 방법으로 개인을 평가하는 사례는 적지 않게 발견된다. 나아가 팀원의 성과평가에도 팀의 성과를 반영하고 있는 바, 대략 이유를 추정해 보면 다음과 같다.

우선, 집단 보상기준과 같은 별도의 제도 설계가 필요 없다는 것이다. 앞서 말한 바와 같이 집단 평가·보상제도는 사전에 평가기준과 차등 보상기준이 동시에 전직원에게 공포되어 숙지되어야 한다. 하지만 중견·중소기업의 경우 이런 제도를 별도로 설계하는 것이 결코 쉬운 일이 아니다(하지만 알고 보면 결코 어려운 일도 아니다). 순전히 이런 이유로 기존에 운영하고 있는 개인 평가항목(목표설정서)에 단순히 집단 평가항목을 포함시키는 방법을 택하고 있다. 또한 이런 방식이 나름대로 직원들에게는 효과가 있다고 판단하는 것이다. 실제로 인사평가에 의해 직원들의 연봉이나 승진을 제도적으로 실행하고 있는 회사에서 막연히 '조직 성과를 개인의 인사평가에 반영한다'는 사실만으로도 직원들의 행동(동기부여)에 영향을 미칠 것이라는 짐작은 충분히 가능하며, 실제 행동에 영향을 미칠 수도 있다. 하지만 이런 방식을 장기적으로 운영하게 되면 필연적으로 조직 내 최우수자가 이탈하는 문제가 발생한다. 내가 아무리 열심히 해도 사업부의 실적이 나빠서, 팀의 실적이 나빠서 승진도 늦고 연봉 인상도 덜 된다면, 결코 우수한 직원은 그 조직에 남아 있지 않는다. 그러므로 약간의 어려움을 무릅쓰고서라도 별도로 집단 보상의 기준을 설계하여 운영할 필요가 있다.